SINGLE for Educational
CASE Research
DESIGNS

教育研究中的
单一被试设计

〔美〕克雷格·H. 肯尼迪
（Craig H. Kennedy）
——著——

韦小满　陈　墨
杨希洁
田　霖
——等译——

华夏出版社
HUAXIA PUBLISHING HOUSE

目 录

前 言 ·· 1

第一篇 背景 ·· 1
  第 1 章 　做实验 ··· 3
  第 2 章 　单一被试设计的历史 ································ 15

第二篇 实验策略 ·· 33
  第 3 章 　功能关系 ·· 35
  第 4 章 　直接实验复制与系统实验复制 ····················· 57
  第 5 章 　实验问题 ·· 75

第三篇 测量 ·· 89
  第 6 章 　行为的量化 ··· 91
  第 7 章 　记录系统 ·· 107
  第 8 章 　观察者间一致性 ····································· 125

第四篇 实验设计 ·· 135
  第 9 章 　A-B-A-B 设计 ·· 137

第 10 章　多成分设计 151
第 11 章　多基线设计 167
第 12 章　重复习得设计 181
第 13 章　简式实验设计 189
第 14 章　组合设计 199

第五篇　数据分析 211
第 15 章　视觉化数据分析 213
第 16 章　社会效度 241

参考文献 259

译后记 271

前 言

20世纪80年代初,当我开始学习行为分析的时候,几本最新出版的教科书帮助我逐步了解了单一被试设计。当我从本科生成长为研究生,再成为教授的时候,我注意到包含有关单一被试研究内容和设计问题的教材并没有做到与时俱进。我推测,出现这种状况的原因主要是研究者中普遍有一种想法,就是把已发表的期刊论文当成研究方法论创新的最好来源。当研究者受困于新的、以前从未分析过的问题时,他们一般都采用已有的、与他们新提出的实验问题相符合的研究方法。换言之,成功的研究者并非模仿而是创新。这是我极为赞同的一句话,也是我试图教给学生的东西。作为一名大学教师,我有幸教授单一被试设计方法论方面的课程,并因此需要一本学术上严谨且包含现代信息和例子的教科书。在这种情况下,我开始着手编写这本书。

这本书不是为我的学术界同行们编写的,就像他们的研究清楚表明的那样,他们在研究程序方面(包括单一被试设计)已经接受过良好的训练。这本书适合对学习如何运用单一被试设计做分析感兴趣的学生。我不打算把一组必须严格遵循的规则编成法典。这样对待实验法是与研究和科学进步的概念相对立的,无论其属于哪个学科,遵守这些规则恐怕是许多学生学习实验设计的方式。我编写这本书的目的是让未来的研究者懂得如何看待单一被试设计的使用。实验设计总是应该服务于解决实验问题的。实验问题在研究中极为重要,只有由实验获得的数据才能与之相提并论。实验设计仅仅是安排在各种情况之间做分析比较的程序,也就是说,实验设计只是研究者用来回答实验问题的工具。

我打算把这本书作为研究生层次的教科书,它应该属于高级课程学习的教材。编写单一被试设计方法论的教科书所遇到的各种复杂问题之一就是,这条研究途径与行为分析密不可分地联结在一起。二者同时产生,而且对彼此的成功做出了贡献。单一被试设计最初在实验行为分析中作为分析行为加工过程的工具而被开发。直到应用行为分析的诞生,人们出于比较实用的目的,才考虑使用单一被试设计。因为不需要有关行为加工过程的学科知识，使得学生学习有关单一被试设计的基本元素（如测量、多基线设计等）变得相对容易，然而，当遇到更高级的设计概念时，常常要依据行为加工过程的分析来理解。因此，若要掌握比较复杂的单一被试设计方法，还需要有足够的行为分析的应用知识。这使我在编写一本容易理解的单一被试设计的教科书时必须对二者做出"困难的"平衡。而我已尽力在这两者之间取得平衡，希望我真的做到了。

在逐步领会单一被试设计和行为分析的过程中，西德曼的《科学研究策略》（*Tactics of Scientific Research*, Sidman, 1960）和约翰斯顿、彭尼帕克的《行为研究的策略和方法》（*Strategies and Tactics of Behavioral Research*, Johnson & Pennypacker, 1993）这两本书对我的帮助尤其大。对于熟悉这些方法的人来说，这两本书对我理解行为分析和实验设计所产生的影响是显而易见的。

本书由五篇组成。第一篇通过论述人们为什么做实验以及回顾单一被试设计的思想文化史，为使用单一被试设计建立了基础。第二篇论述了在做单一被试实验过程中的一些策略问题，重点在于建立功能关系、复制的种类、实验问题的提出等方面。第三篇介绍了对采集有用的信息很关键的各个专题，包括量化行为、记录发生的事件、制定一致性的数据采集协议。第四篇介绍了各种特定的设计方法。有些方法在以前的教科书中出现过；有些方法来自研究文献，这些方法比较新，以前没有被写入单一被试方法的著作中。第五篇探讨了如何理解由实施单一被试研究所获得的数据的问题。总之，我写这些篇章的目的是为读者理解单一被试设计的基本元素打下基础，以便将来能对这种独特的实验方法有更深入的了解。

本书存在一定的局限性。首先，我过分依靠自己的研究来说明某些想法和概念，对此我必须表示歉意。频繁地引用自己的研究绝不代表我的工作有多么重要，而只是反映研究者对自己的研究最熟悉这个事实。对本人而言，这是最容易获得的材料来源。另外，本书的第 2 章介绍了单一被试设计、行为分析和教育的简短历史，其内容反映了我在行为分析和教育方面所受过的专业训练以及对这几个领域的历史的个人兴趣。由于我编史的技能尚未发展完善，因此错漏在所难免。

无论什么时候，只要有机会，我都会力推年轻研究者的研究，重视单一被试设计领域里下一代领头人的工作。我希望年长的同事们能欣赏这种明智的做法，不要对此有意见，毕竟下一代是我们的未来。

在这本教科书的出版过程中，阿林和培根出版社（Allyn and Bacon）的执行编辑弗吉尼亚·拉尼根（Virginia Lanigan）给了我非常宝贵的帮助。此外，我还要感谢斯泰西·巴特菲尔德（Stacy Butterfield）、埃里克·卡特（Erik Carter）、琼·格里姆（Joan Grim）、梅利莎·克尔（Melissa Kerr）和克里斯滕·米勒（Kristen Mueller），他们在选修我的单一被试设计课时阅读了本书的部分篇章，提供了极富见地的批评意见。这本书也在很大程度上得益于我与我尊贵的同事特拉维斯·汤普森（Travis Thompson）和马克·沃勒里（Mark Wolery）之间的多次交谈。我要感谢对本书之前的版本做过评论的珍妮弗·麦科马斯（Jennifer McComas）和弗雷德·斯普纳（Fred Spooner），以及皇后学院的弗雷达·布朗（Fredda Brown）、普杜大学的特蕾莎·泰伯·道蒂（Teresa Taber Doughty）、西佛罗里达大学的利莎·M. 里斯（Leasha M. Reeseh）和范德堡大学的马克·沃勒里等几位评论家。我还要感谢梅利莎·罗杰斯（Melissa Rogers）帮我编辑和起稿。最后，我要感谢我的搭档蒂纳·许韦纳（Tiina Hyvöner），他包容了我连自己也不十分清楚基于什么原因而表现出的怪癖和执念。

实验设计并不存在什么规则。

——默里·西德曼（Murray Sidman），引自《科学研究策略》

Background

第一篇 背景

第 1 章 做实验

教育实践中大多数增益的获得，都因研究者开展了实验研究。无论这些增益是通过团体比较法、人种学、流行病学、经济分析法，还是通过单一被试设计（single-case design）获得的，各种方法的运用过程皆是实验过程。20 世纪初，运用实验法以便更好地了解教育实践的做法得到了不同团体的学者，如约翰·杜威（John Dewey, 1958）、乔治·贺伯特·米德（George Herbert Mead, 见 Baldwin, 1987）、B. F. 斯金纳（B. F. Skinner, 1954）和约翰·B. 华生（John B. Watson, 1924）等的拥护。这些学者都曾提到：若想获得系统性的进步，就需要通过研究，使教育避免受到能够左右教育政策的政治、个人偏见和时尚的影响。

尽管建立一个普遍有效果又有效率的教育系统还有很长的路要走，但是在 20 世纪末，研究者所付出的努力已经使教育的面貌发生了很大的改观。如今在学校里被认为司空见惯的东西，例如，同伴促进教学、循证决策、课程本位评估、系统性教学、代币经济、融合教育、基于拼读的阅读策略、参与普通教育课程，以及许许多多其他的做法，都是过去几十年教育研究的成果。

通过开展实验回答各种没有现成答案的问题，已经带来了如前所述的种种进步。通过巧妙地提出问题，运用一组技术对现象进行系统的研究，能够比较清楚地揭示不同事件之间的关系。从某种意义上说，研究者要明确地提出像"事物是如何运作的"这样的问题。例如，如果我想了解新的教学技术如何改善学生的学习，我认为最好的办法是通过做实验来回答这个问题。我也可以仅仅说"我的方法明摆着更好"，或者"这是最好的做法，因为我已经这样做了"，但是如果做了实验，就更有可能提高学生的学习效果。

一、什么是实验

实验主要是回答问题的一条途径。通过系统地研究一组问题，答案浮出水面，这有助于引导教育者开展越来越行之有效的教育实践。不过，外行如何着手回答问题与研究者如何回答问题之间存在重要的区别。图 1.1 显示了回答问题的三条不同的途径。

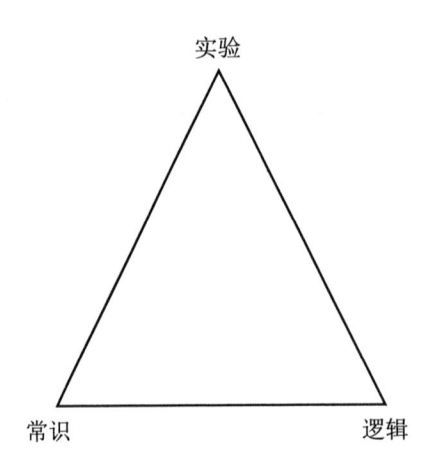

图 1.1　探索新知识的三条一般途径：常识、逻辑和实验

人们最熟悉的回答问题的途径是利用常识。我没有贬低利用常识的意思，而是把它当成我们所有人常用的一组策略的标记。人们一般会根据日常经验形成有关"世界如何运作"的假设。例如，某个孩子新到一所学校，她可能会注意到，同学们在回答老师的提问或请求帮助之前都会举手，如果不举手，老师就不会关注他们。新来的孩子可能很快就知道了举手才能获得老师的关注。如果这些情况都发生了，就表明她已利用日常经验学会了在新的课堂里（或许未来在其他新的情境中）如何表现。一般来说，这条途径在日常生活中对我们非常有效，这一点儿都不让人感到奇怪。

然而，利用日常经验回答问题的做法存在缺陷。虽然累积的智慧常常能够有效地指导我们的日常生活（你的祖母的确是有关世界如何运作的重要知识来源），但是常识也有它的局限性。常识的主要局限在于它由相关的事件派生而来，是对情境的描述。两个事件往往同时发生，存在共同发生的模式，并不意味着它们之间是相互关联的。这就为人们将常识作为工具去理解世界设置了一个重大障碍。例如，一个人可能观察到每天太阳从东边升起，划过天空，又从西边落下。大多数史料记载，人们根据观察到的这种现象推断太阳绕着地球转。如果只根据那些经验得出结论，那么这种现象就会被日常的经验所证实和证明。虽然我们常常认为，在人们受教育程度较高的现代社会里，人们不再相信太阳绕着地球转，但是一项最新的调查发现，有27%的美国人和35%的英国人仍然相信太阳绕着地球转（Sagan, 1995）。

令人遗憾的是，常识仅停留在"相关"水平，它并不力求用一组更严格的检验来证实或否定协变量的性质。正如科学导论课教授的格言所说的那样，"相关不意味着有因果关系"。为了避免读者以为在教育领域里这并不是问题，要让读者了解在学区里主要由教育委员会来做教育决策可能是有好处的。教育委员会的任务是决定教什么内容、教学对象是谁、在哪里开展教学、如何教学生，以及其他有关事宜（如校纪等）。然而，尽管这些决策很重要，但是人们已经注意到，在教育委员会成员中仅有不到10%的人拥有与教育学相关的学位，几乎没有人接受过研究方面的训练（Newman & Brown, 1993）。

幸运的是，人们已经开发出了其他一些回答问题的方法，这些方法会对各种事件进行较为严格的检验，之后才得出结论。有一种方法不以日常经验作为理解自然的手段，它在希腊和波斯文化中出现过（Kantor, 1963）。这种方法运用形式数学系统进行检验并得出结论，我们称之为"逻辑分析"（logical analysis）。在进行逻辑分析时，研究者必须明确地界定问题，用一组确定的程序检验该问题的各种可能的答案，然后得出结论（Marr, 1986）。例如，有人可能会提出下列命题："所有行为的发生都有其原因。阅读是行为的一种形态，因此，人们阅读有其原因是可以确定的。"（Cohen & Nagel, 1962）一些人曾试图说明这样的数学分析是哲学知识的基础，它有时也被称为"精炼的知识"（Whitehead & Russell, 1925）。

然而，这条途径也存在严重的局限性。虽然逻辑分析的过程清晰而严格，但是分析的材料是纯语言文字的。也就是说，它从未与自然现象建立真正的联系，逻辑分析的结果是否真实存在也无法被证明。虽然它提出所要检验的假设，但是检验过程本身仅仅是言语的论证。人们因此担心，逻辑分析是一个内部定义的系统，无法在现实世界中得到检验。回到我们的太阳系问题，有人可能曾正式地提出太阳绕着地球转的假设，并建立了太阳转动的数学模型（Kuhn, 1957）。这个系统被称为"托勒密天文学"（Ptolemaic astronomy），在几个世纪里一直是人们理解太阳系的必备知识。然而，这样的逻辑论证并不能表明该现象真实存在，而只能作为言语辩论的逻辑分析结果而存在。正是逻辑分析的这种局限性导致实验法作为了解世界如何运作的另一条途径得以蓬勃发展。

实验法与常识法或逻辑分析法的不同之处在于，它要求人们系统地检验自己的假设。的确，实验法有一些与其他人类活动不同的特征，没有被训练成为研究者的人可能不会马上看出来。

1. 需要明确提出实验问题（参见第 5 章）。这样的问题常常被称为"假设"（参见专栏 1.1）。不过，假设包含不同的类型，有一些是概括性的，有一些则比较具体。例如，关于某种教学技术，我可以提出下列问题中的任何一个。

①把延迟当作辅助技术来使用，能否让孩子获得加法和减法技能？

②与尝试错误的反馈相比，把延迟当作辅助技术来使用能否使孩子更快地获得加法和减法技能？

③在基本数学技能的教学中，匹配律（matching law）的参数（如强化的量级或强化的等待时间等）是延迟技术比尝试错误更有效的原因吗？

专栏 1.1 不同类型的假设

实验问题可以被看成一种假设，不过，在教育学、心理学、社会学等众多领域里，假设在实验中有形式化的意义和作用。早在 20 世纪初，人们就已发现假设的作用，当时，推断统计是作为农业研究的工具而出现的。

运用推断统计来做检验，要有一种形式化假设的说明（常常叫作零假设）。从这种意义上来说，假设并不是一个实验问题，而是对研究的预期结果的说明。一旦提出了形式化的假设，就可以开展研究，对结果进行统计分析，再用统计结果来证实研究假设，或者拒绝零假设。

然而，在行为科学和大多数生物科学领域（如生物学、化学或神经科学），研究者认为这样的操作程序会妨碍研究的顺利进行（或者说，至少是没有必要的）。研究者不必创建有待证实或拒绝的形式化的假设，而要着力提出恰当的实验问题以及开发分析这些问题的技术。其重点不在于实验人员对其结果的准确预测，而在于通过严谨的实验揭示现象背后的本质。

行为分析和生物科学的研究者有时也可以把推断统计当作一种工具来使用，但重点要放在实验技术上，而且要认识到大自然比我们想象得复杂得多，因此，让大自然来回答我们的实验问题比检验我们推测的适当性可能更好一些。

假设①是关于特定的教学技术是否有效的一般问题。这种类型的假设是非常具有概括性的，提出一个可能的重要实验问题。假设②则比较明确，问某种教学技术是否比另一种更好。假设③非常具体，问哪种行为加工过程会影响特定的教学策略。所有这些假设都是有效而明确度不同的实验问题。的确，从开放式问题到对事物的运行机制做出非常精确的预测，假设的形式可以是多种多样的。然而，不管明确度如何，所有的假设都要以能够被检验的客观形式来说明实验的问题[①]。

2. 必须为目标事件制订一个明确的测量计划。即研究者要确定测量的目标，以便能恰当地研究实验问题。比如，我正在研究教学技术如何影响数学技能的获得，我需要测量的目标是数学成绩。此外，根据实验问题的性质，我还要收集有关错误类型、各个正确应答之间消耗的时间、在新型数学题上的表现和/或发生脱离任务行为等信息。通常，要把目标事件转换成用观察代码来表示、概述什么时间及如何测量目标事件的程序（了解更多关于测量的内容，请参看本书第三篇）。

该研究途径与探索自然的其他途径还有一个不同之处是它强调进行实验分析。世界充满了不断变化的事件，活动的变化是我们每天生活的一部分内容，然而，这种变化会使对原因的系统研究变得非常困难。如果事物在不断地变化，就很难探明哪些事件之间仅仅存在相关关系，而哪些事件之间有因果关系。因此，研究者要利用实验设计对相关关系和因果关系进行区分。为了达到这个目的，在研究中，除一个事件（自变量）外，其他所有的事件（变量）都要保持恒定（参见第3章），研究者可以对这个变量进行操作，撤销操作，再操作这个变量，等等。例如，如果研究者想研究教师关注如何影响孩子的问题行为，那么在问题行为发生时，可以使教师关注有选择地出现，然后撤销一段时间，之后重新出现。除此之外，在改变教师关注的同时，研究者还要让所有其他可能产生影响的事件（如任务类型、任务难度、同伴的出现等）保持恒定，以至于没有任何有关联的事件随着教师关注的变化而发生变化。如果给予关注，问题行为（在本研究中为因变量）就增加，不给予关注，问题行为就减少，那么这种模式就暗示该行为与教师关注有关。在保持其他变量恒定的同时，通过系统地引入和移除自变量，测量因变量的变化，可以表明实验控制的情况。通过运用实验设计来说明实验控制的情况，就能估计特定变量对行为影响的程度（了解更多关于实验设计类型的讨论，请参看本书第四篇）。

3. 必须分析结果。一旦开始了实验，就要对数据做一系列探索性分析，了解数据呈现的模式，尝试揭示自变量影响因变量的规律。数据模式的性质一旦被确定，研究者就要对它们进行总结，然后介绍给读者。这样做的目的是把所发现的由实验产生的模式清楚、准确地展现给其他研究者。本质上而言，探索

---

① 原注：了解更多关于客观陈述的内容，请参看 Mager, R. F.（1962）. *Preparing instructional objectives*. Palo Alto, CA: Fearom。

性分析是一种了解"数据说明了什么"的方法。把这些模式总结在图表中，就能很方便地把信息传达给更多的读者（了解更多关于数据分析的讨论，请参看本书第五篇）。

4. 需要公开报告实验结果并接受同行的审查。实验法的特点是过程非常透明，也就是说，任何对研究者做过的事情感兴趣的人都能够获得有关实验开展情况的信息，包括何时、何地做的实验，怎样做的实验，通过这些工作获得了什么结果，研究者如何解释他的研究结果等。一般来说，应该对实验过程做详细的描述，以便其他人能读懂研究报告，重复所使用的程序，看看能否获得同样的结果。然后把实验报告投给由同行审阅的杂志，专家们会评价实验的可信度，判断实验做得是否恰当，是否适宜发表。最后，任何实验结果都是可以被质疑的，直到其他研究者复制了该程序及结果（参见第4章）。强调公开报告、专家评价、由独立研究团队复制等特点让研究的过程不同于大多数其他的人类活动。由于可能会受到公众的检视和严格的评价，研究过程中任何含糊不清、欺骗、无根据的论断都没有存在的空间[①]。

二、实验过程

做实验的过程与日常的活动有本质上的区别，实验路线也与常规路线不同。大多数人对研究有一种刻板印象，可能会把实验想象成一个高效率、有逻辑性、朝着特定目标直线前进的过程。比如，研究者决定解决某个问题，并设计相应的实验问题，然后通过实验来解决这个问题。这样的过程即使发生过，也是很罕见的。研究是一个非常麻烦、效率低和非直线的过程。

实验过程中最有意思的地方在于辛辛苦苦地工作，结果却不可预测。由实验问题引出的假设恰好被证实的情况很少见，这就是为什么严格的假设检验（参见专栏1.1）并非十分有效。例如，研究者打算研究与不良行为有关的课程问题，他的实验问题可能会聚焦于任务的难度是否与学生的不服从行为的数量有关，即任务越难，学生的服从行为越少。然而，在建立基线期间，即使每天的任务难度都保持恒定，研究者可能会注意到学生每天的行为还是会有波动。在进一步的研究中，研究者可能会发现，一个未曾预料到的事件和不服从行为同时发生变化。例如，一位学生的家长可能负担不起学生的早餐，而且每次学

[①] 原注：了解更多关于研究论文的撰写和同行审阅的信息，请参看美国心理学会的《出版手册》（*The Publication Manual*, 2001）。（译注：该手册的最新版第七版已于2019年出版。）

生到校晚了，还会错过在学校食堂吃早餐的机会。除了任务难度外，错过吃早餐有可能单独或者和任务难度一起与不服从行为有关。要恰当地处理这个问题，优秀的研究者不仅要分析任务难度与不服从行为之间的关系，还要分析错过吃早餐在两者之间所起的作用。尽管这个问题似乎与最初的假设无关，但是要恰当地回答研究问题，可能需要研究一些稍有不同的实验问题。

研究过程的这个特征让我们看到"任何名副其实的实验所提出的问题都会超越它回答的问题"（Sidman, 1960, p.8）。有时，那些新问题在做实验之前就能够预料到；而有时，像在吃早餐的例子中，那些新问题只有在实验进行的过程中才会暴露出来。众所周知，聪明的研究者在实验过程中应该对各种可能影响行为的事件保持警惕。斯金纳（1983）曾谈到，他最重要的科学发现都应归功于他有意外发现珍奇事物的运气，若是不愿意追踪不符合他最初的假设的数据，他很可能会和这些发现擦肩而过。例如，由于当时用来影响行为的装置发生了故障，他发现了我们现在称为"迷信行为"（superstitious behavior，即由偶然的强化依联来维持反应）的行为加工过程。装置的故障偶然地引发了反应与自变量强化之间的依联，由此论证了迷信行为的塑造和维持。

类似地，研究项目的实施不会一直朝着研究者预期的方向前进。回想一下睡眠剥夺与问题行为的例子。20世纪90年代，若干个研究小组发现，睡眠剥夺与问题行为的增多存在相关关系（Fisher, Piazza, & Roane, 2002; Horner, Day, & Day, 1996; Kennedy & Itkonen, 1993; O'Reilly, 1995; Symons, Davis, & Thompson, 2000）。由于不能用功能性行为评估期间操纵的事件来理解问题行为每天发生的变化，研究者在试图解释其原因时发现了问题行为与睡眠剥夺的关系。将环境事件保持恒定，问题行为每天仍在波动。进一步的研究显示，虽然研究者并没有打算研究睡眠，但睡眠剥夺本身就是一个影响变量。

在我自己的研究中，这条探究路线也发生过未曾预料到的改变。不同研究者的调查结果都表明，负强化行为受睡眠剥夺的影响，但正强化行为是否同样受睡眠剥夺的影响仍不清楚。要回答这个问题，需要分析两个问题：第一，正在影响行为的各种变量是否总是和睡眠剥夺一同出现；第二，特定类型的维持行为的强化物是否需要明确地受到控制。要弄清楚这些问题，就需要对环境进行全面的控制，把单个强化物的功能分隔开，在保持其他变量恒定的同时，直接操纵睡眠。这样的要求表明，应该用动物模式来澄清有关睡眠剥夺的问题。于是，我和我的同事用非人类被试做了一系列实验室实验。结果显示，睡眠剥夺增加了负强化行为（Kennedy, Meyer, Werts, & Cushing, 2000），而减少或不改变正强化行为（Kirby & Kennedy, 2003）。由此可见，即使问题出自我们最初的研究结果，后来的研究方向还是会做适当的调整。

这个例子说明，研究是一项高度试探性的工作，只有通过实验，我们才能获得问题的清晰答案，但同时，这些答案时常又令人感到意外。从许多方面来看，实验过程就像探险，没有指引研究者的路标，研究者朝着未知前行，而且要为后来者绘制路线图。以上观察突出了实验结果的累积性质。大多数"发现"常常是由不同的研究小组实施的许许多多实验的结果。实验显现出这种特征的原因可以用一个比喻来解释：我们可以把人们做的每个实验想象成一个大的智力拼图上的一块小插片，每块插片都需要被放到合适的位置，但没有一块插片能明确说出最终的拼图是什么。从长远来看，重要的结果不是把一块插片放到拼图上，而是完成整个拼图。

类似地，各项研究也彼此重复或者互为基础。某个研究小组可能做了某项实验，证明学习障碍学生在普通教育环境中能够学会诸如语音解码之类的新技能。之后，他们做了第二项拓展研究，把学生在特殊教育环境中的学习速度与在普通教育环境中的学习速度进行比较，发现二者相似。另一个研究小组可能做了一项与此相关的研究，提出在不同的环境中社会交往的数量与质量的比较性问题，发现普通教育环境中的学生具有良好的表现。还有一个研究小组可能在看到所有这些实验结果之后，提出了有关学业和社会性对普通教育环境中无障碍学生的影响问题。其他研究小组可能是用中度障碍学生来重复这些研究，也可能是把重点放在对天才和有特长的学生的研究上，等等。这些研究的最终结果构成了在普通教育环境中教育有障碍与没有障碍学生的优势和局限的清晰画面。没有任何单个的研究能够回答所有问题，而开展各种各样的研究，每个研究提出稍有不同的问题，既验证了先前的研究结果，又使那些研究朝着新的方向拓展。这个过程累积的结果会增进人们对教育实践的认识。不过，这种知识体系的建设可能要花费几年甚至几十年的时间（参见第4章）。

虽然实验不具有直线前进的特征，但是，实验过程的确促进了研究的进步。要预测从一个实验到下一个实验将采取哪条特定的路线是很困难的，不过，引导研究实施的方向似乎可以保证研究取得进展。通过要求研究者公布他们的研究程序、结果以及对结果的解释，研究过程得以公开，其他人可以对其进行批评、讨论和重复。这个过程积累的结果会增进人们对教育问题的理解。在任何一个时间点上获得的结果可能都会带来更有效的教学程序、对复杂问题更透彻的理解，或者使人们认识到某条研究路线是行不通的。无论结果如何，由这个过程所获得的知识都会超过由常识或逻辑分析所获得的知识。

三、研究者的假设

研究者提出一系列不同于大多数人在个人和职业生活中形成的假设后，着手进行实验。至于如何提出假设，常常没有明确的规定，但通过研究生培训和博士后研究的研究学徒制过程可以学会。虽然大多数研究者没有花大量的时间思考与科学探究有关的认识论的假设（他们可能忙于各种事务），但是研究者持有某些相同的信念——这些信念往往是一些很强大的假设，广泛存在于各个学科领域和研究方法中（Underwood, 1957）。

研究者持有的第一个假设在前一小节中已详细讨论过了，即仅有日常生活经验和严格的逻辑分析是不足以理解这个世界的，而需要通过系统的探究把相关关系从因果关系中解析出来。通过细致地描述和设计其他人能够重复的实验，可以比其他途径获得更多有关世界如何运作的知识。

第二个假设与世界的合理性有关。这种信念一般被称为决定论，即假定各种事件都有可探明的原因。苹果从树上掉到地上，汽油达到一定温度会燃烧，行为作为某种后果的功能会以某种模式出现。如果 X 行为以某种模式出现，那么一定存在一系列与 X 行为有关的、使该行为以这种模式出现的事件。例如，如果每次到了幼儿园，父亲让孩子下车时，孩子都会哭闹，那么围绕着这个小插曲一定存在某些前因和后果。对于没有做过研究的人来说，物理科学的决定论是比较容易接受的，大概也是容易理解的，而教育和心理现象的决定论就不那么容易被人接受和理解了。不管怎样，所有的事件都是有原因的，识别这些原因是实验的根本任务，无论研究者能否说清楚这个假设。

与决定论的信念有密切关联的是物质因的假设。几百年前，当被问到水为什么会由液体变成气体，大多数受过教育的人都会给出超自然的解释，例如，水中的精神变活跃了，会动身去天堂。或者说，一个人之所以会以某种方式做事，是因为他头脑中的小矮人指引他那么做。这种解释（在当代社会中依然存在）是基于物质上不存在的原因（MacCorquodale & Meehl, 1948）。至少可以说，超自然的原因是难以用实验来解释的。

而如果把重点放在物质因方面，研究者就不得不把物理事件当成因果关系的载体来处理，对正在研究的事情做操作性说明并进行准确的测量。此外，要找到那些事件产生的根源，就必须识别和追踪其他一些与目标事件有关联的事件。如果在父母的责骂之后紧跟着的往往是孩子的哭闹，父母不责骂，孩子就不哭闹，那么责骂很可能与哭闹有关。另外，假设哭闹是责骂的结果，则可能暗示两个事件之间的关系十分紧密，而且以特定的模式出现，我们甚至可以说哭闹是由责骂引起的。根本不需要依靠其他的在某个时间、地点或物理维度上存在的力量来解释行为（Skinner, 1950）。

在本章的前面部分曾提到，实验法与其他认识世界的方法的一个不同之处在于复制。第4章将详细介绍不同类型的复制方法，在这里，要强调的一点是独立的复制是研究的基础之一。任何已经发表的研究报告都应该解释为什么要做研究，研究的内容是什么，结果是什么，如何解释所获得的数据。这样一来，其他研究者就可以尝试独立地复制实验，看看能不能得到类似的结果。一般来说，不同的研究者有一个共识，即任何结果都应该受到质疑，除非该结果已经被复制。著名的"低温核融合"（cold fusion）案例能够很好地说明这个问题（Taubes, 1993）。两位物理学家曾声称能在低温下引发核裂变，这种言论与通过成千上万次研究所获得的认识完全不同。世界各地的研究小组都试图复制这个结果，但很多年过去了，在经过许多次实验之后，没有一个研究小组能够复制这个结果。(甚至连首次得出这个结论的研究者自己也无法复制这个研究结果!）因为没有一个人能复制原始的结果，这个结果逐渐被研究者看成实验误差（即低劣的实验方法和/或对结果的解释不准确）。他人复制新发现的能力是研究过程的重要组成部分。

因此，研究发现具有累积的特征这一信念就成为研究者的一个重要假设。如前所述，每个研究就像智力拼图上的一块小插片，只有做完一系列实验，整个研究才算完成。这个过程用来核实每个研究结果的准确性，对发现的错误做自我纠正并推介用以替换的结果和解释，增进对研究现象的理解。在各个应用领域，比如，在教育研究中，还有一个隐含的假设是：研究过程会使教育实践变得愈加完善，最终的结果是，学生、教师和社区成员都能从被我们称为实验的工作中受益。

随着对现象的理解日益完善，可以预料到，对它的理解还将越来越简化。简化的意思是可用极为简单的方式来概括总结一系列研究结果。例如，当初步调查结果显示，延迟作为一种转移刺激控制的技术（Touchette, 1971）可以被推广到教育情境中（Halle, Marshall, & Spradlin, 1979），没有人知道将会产生什么结果。然而，在许多研究小组开展了二十多年的研究之后，人们获得了大量关于在什么时间、什么场合、如何运用延迟，以及用到何种程度是有效的教学策略等知识，不仅准确地把握了延迟的一般参数，而且将各种技术概括总结为几种可供实践者使用的程序（Wolery, Ault, & Doyle, 1992）。在这种情况下，对行为加工过程如何运作和如何组织这些行为的较全面的认识便导致了有关知识的简化。最终的结果不仅是对某个研究领域有了更深刻的理解，而且形成了一套组织这些研究结果的有效方式。

四、小结

研究作为回答教育问题的一种方式出现于 20 世纪。自那时起，实验法已有力地加深了我们对如何改善教育实践和各类学生的学习成效的理解。然而，对于大多数人来说，研究本身就是一个难以理解的概念，部分原因是普通民众几乎没有关于实验过程的知识和直接经验。自然地，他们提出问题，然后在日常生活中寻找答案。如果事情像他们期望的那样，他们就会对结果感到满意。只要事情运转正常，就没有多大必要进一步提出问题。虽然用生活常识来处理一般问题能够奏效，但是当遇到复杂问题的时候，日常经验往往就无能为力了。

正因为常识存在这种局限性，所以人们开发了一系列技术（被称为实验法），来回答各种复杂的或非直觉的问题。实验过程有严格的规定，不那么容易理解且需要付出辛劳。如果操作得当，它就是一个宝贵的工具。实验不是被实体化和需要与其保持一定距离的"东西"，而是用来回答有关世界的各种问题的工具。从最功利的角度看，它是某种用来解决人的问题的东西。

本书的后面章节将探讨一种叫作单一被试设计的实验法。这些设计既体现了实验法的重要性能，又非常适合用来探索与教育有关的各种问题。它们是一系列令人振奋的工具，允许人们提出各种不必用"控制组"或"对照组"来做比较，而只用单个学生、班级、学校就能回答的问题。这些设计方法在教育研究中有着悠久的历史，而在探索目前尚未解决的与教育有关的问题方面同样有着激动人心的未来。

第 2 章　单一被试设计的历史

大概在 35 年前，唐纳德·M. 贝尔（Donald M. Baer）和他的同事就行为分析领域的状况发表了一份声明，单一被试设计即从行为分析中衍生出来。

> 用科学论证形式对个体行为进行分析是一个问题，科学论证要求能够合理地使人充分地了解（Skinner, 1953, sec.1）、详细地说明（Sidman, 1960）和彻底地实践（*Journal of the Experimental Analysis of Behavior*, 1958）。多年以来，人们在各种研究情境中追寻的就是这类分析。尽管变量的精密度、准确度、作用力度各不相同，但是它能够对引起个体行为呈现多样表现形式的不同机制进行概括性描述。（Baer, Wolf, & Risley, 1968, p.91）

从那时起，应用单一被试设计的研究就开始帮助研究者深入了解实验过程，提高了为各类学生开展的教育实践及其成果的质量。几十年来，这一实验设计方式创造了更便于操作和更有效的干预方法、更深入了解行为加工过程的方式、更精确和更有用的测量系统，也为学生、家庭和学校带来了更多益处。

单一被试设计通常用来考察在一个被试身上开展实验控制的效果。简言之，这就是单一被试设计的定义。但是，我们需要剖析这一看似简单的定义，进而更好地了解究竟是什么构成了这些设计。单一被试设计在实验控制中将一个人同时作为控制被试和实验被试。因此，也可以把这类设计叫作 n=1 的设计。和个案史（case histories）有所不同，单一被试设计展现的是一种非常严格的实验控制。个案史建构在各类事件相关性的基础之上。单一被试设计则需要非常严格地控制各种条件，使其保持恒定，但自变量除外，因为通过系统地引入和移除自变量，人们可以研究它对行为产生的影响（参见第 3 章）。此外，单一被试设计并非实验设计的一个单一类型，而是开展实验的一种包罗万象的方式，它有多个变量，所有变量都要符合这一研究方式所要求的特征（参见第四篇）。

和刚刚提到的特征一样,在应用单一被试设计时还要特别强调几个基本假设。这些假设主要源于行为分析领域,它们构筑了单一被试设计的认识论基础（Chiesa, 1994）。首先,这一研究方式具有个体特质性（idiographic）。这意味着该研究是了解个体行为如何产生的,而不是通过描绘一组人的平均值来了解研究的主要内容（Sidman, 1952）。换言之,这类设计通常用来研究一个人为什么会做他所做的事情,之后再考察其他人处在相同条件下是否也会这样做,如果不会,原因是什么。在严格控制的实验条件下,一次只观测一个被试,以此方式收集数据。这种方式与对照组研究相反,对照组研究旨在发现大量被试的普遍趋向以及不同组所产生的均数的差异（Underwood, 1957）。

另外一个假设与要研究的变量的本质有关。单一被试设计对研究行为的变量只有一个要求,即它们必须是物理化事件。这说明这些事件必须以物质的形式存在。换言之,任何作为效果或干预方法进行测量的事件都必须是可操纵的。要操纵一个变量,就需要用具体的词语来形容这个变量,从而让任何了解操作性定义的人都能一致判断事件是否发生（参见第7章）。这个假设意味着即使我们平日里交谈所使用的一些词语似乎具有某种因果假设,在实验中,我们也有必要给予这些词语操作性定义。举例来说,这些假设性关系包括对意图的推断（"我认为她说的不是这个意思"）、对心智状态的推断（"她可能记忆有问题"）,或者对情绪的推断（"他那样做事是因为他非常生气"）。

不过,操纵实验变量的要求并未妨碍开展对大脑—行为交互作用的研究。只要那些大脑内部活动,即被称为内心事件的活动,能够被操纵和被直接测量（比如,它们能显示自己的存在）,那么它们就可以成为实验行为分析的组成成分,就如专栏2.1所介绍的那样（Moore, 1984）。再次说明,我们的关注点是测量变量的能力,而不是变量发生的场所,也不是推论变量的能力（MacCorquodale & Meehl, 1948）。

第三个假设是这种了解人类行为的归纳方式是最富成效的策略。开展研究的首要目的是解释某些事情。应用单一被试设计的研究者在考察研究内容时,会非常尊重事物本身的复杂性。单一被试设计不是先提出一套先验性理论,解释人们为何会那样做,之后再开展实验来考察这套理论的精确性。单一被试设计从收集到的数据中发展出理论,用于考察行为的本质。前一种方式在传统的心理学研究中得到大量应用,被称为"理论—驱动研究""由上而下理论化"或"演绎式研究"。这与行为分析方式相反,行为分析方式通常被称为"扎根理论""由下而上理论化"或"归纳式研究"。

> **专栏2.1　大脑能否成为行为分析的一部分?**
>
> 　　这个问题的答案很明确，即"能"。但是，如果是在30年前问这个问题，答案同样很明确，即"不能"。最近几十年来，神经科学领域发生了巨大变化，人们可以对大脑中发生的事件进行直接测量。比如，用来测量的事件包括氧代谢（通过功能性核磁共振进行测量）、某些神经递质与某些脑细胞核的结合（通过计算机断层扫描进行测量），以及神经放电模式（通过事件相关电位的电生理学记录进行测量）。由于这些都是可以测量的事件，而不是某些推论或假设，因此它们可以用来分析行为。由于神经科学在不断地发展，我们有越来越多的机会去扩展单一被试设计所研究的变量范围（Kennedy, Caruso, & Thompson, 2001）。

　　单一被试设计的一般研究方式可用来直接探索人类行为如何发挥功能，再利用这些信息提出更有力的解释（这些解释可被称为"理论"）。前一种方式与它的区别可以用决策研究的例子来说明。在经济学中，一直用理性选择理论来解释顾客的消费（Von Neumann & Morgenstern, 1947）。理性选择理论认为顾客将钱最优化地花费于可供选择的物品上（即他们根据自己对价值的期望值进行理性消费）。这个理论的提出与研究数据无关，而它的适当性最初是通过逻辑论证得到的。当人们开展研究时，需要检验该理论的精确性，而不是考察像顾客实际上如何花钱这样的开放式问题。这就是由上而下理论化的例子。

　　由下而上的方式可以用研究并存操作强化程序表的例子来解释。并存操作是指在两种选择都可能引起强化的情况下，比较被试的反应分配。换句话说，该研究是用实验方式来分析选择的情况。在并存强化程序表中，一次只改变一个实验变量，它对行为的影响会被记录下来，之后再分析其他变量，以此类推。通过开展多次实验，一系列概括化模型就会呈现出来，从而描绘出决策过程是如何发生的。在这个例子中，人们会提出一个量化公式以说明匹配律，该定律可以解释简单如小鸟的有机体或复杂如公司的组织是如何做选择的（Davison & McCarthy, 1987）。不论好坏，我们无法合理地进行抉择，但我们的行为会倾向于采用能获益更多的选择。在这个例子中，由下而上的方式能够更充分地解释这类复杂行为的结果（Herrnstein, 1990）。

　　应用单一被试设计，对事物的了解是在一个接一个的实验中逐渐累积的。这对于获得解释而言，是一种相当谨慎的方式，但从长期来看，由于这种方式需要研究者持续密切地直接关注研究内容，因此被证明是最富成效的策略

（Keller，2002）。这正如天文学家悉尼·范登伯格（Sidney van den Bergh）所说的理论和实验的关系："我们的工作是去聆听大自然告诉我们的事情，而不是强加上我们自己的美学。"只有幼稚的研究者才会认为自己比大自然更聪明。

单一被试设计的所有特征和假设与这一方式的历史逸事有直接关系。有三个先驱成就了我们今天所说的单一被试设计：生物学、医学和心理学。这三门学科都试图了解鲜活生命的共同主题，每一门学科都创造了注重具有个体特质的、客观的、归纳性质的研究策略，用以解释它们的特殊学科领域。

一、单一被试设计的历史逸事

直到19世纪早期，人们才提出建立一门新学科的想法，该学科脱胎于物理或化学，注重了解生命体如何生长和成熟。最早提出的关于建立我们现在称为生物学这一学科的倡议，来自珍-巴蒂斯特·拉马克（Jean-Baptist Lamarck）的《动物哲学》（*Philosophical Zoology*，1809/1984）。在这部著作中，拉马克呼吁创立一个新的科学领域，用以研究植物和动物如何生存、繁殖以及进化。当时，"哲学"这一术语与我们21世纪所说的这一词语的意义有很大的区别。哲学家源自启蒙时代，是那些应用系统的技术对问题进行密切研究的人，这些技术最后演化成为我们今天所说的科学方法（Bacon，1620/2000）。用这一新方式获取知识的特点是进行客观观察，一次控制一个变量，同时保证其他变量保持恒定，认真记录结果，再重复进行实验。这种了解世界的方式在今天被称为实证主义。

19世纪中期，最有名的学者是查尔斯·达尔文（Charles Darwin）。达尔文（1895）和阿尔弗雷德·R.华莱士（Alfred R. Wallace，1875）都提出过一个观点，即在同一个物种内，每个生物个体之间、每代生物体之间都有些微小的差异，环境条件会选择那些更有可能繁殖的个体，这些个体所展现出的特征也就更有可能在下一代身上呈现。我们现在将这个观点称为进化生物学（Gould，2002）。达尔文和华莱士在同一时期用相同的实验方式得出了结论，即他们都研究个体案例（如一种特定的鸟类），在相同物种和不同物种中考察个体差异，记录下他们的观察，然后用数据得出有关大自然构造和功能的结论（Catania，1973）。

像达尔文和华莱士这样个人开展的研究，主要是描绘进化过程，因为他们无法直接操纵这一过程，他们能做的只是记录进化过程中出现的模式。19世纪下半叶，人们开始采用一种更为实验化的方式，尤其在胚胎学（现在多被称为发展生物学）的研究中。这一学科的研究目的是了解生物体如何从受精卵发展成为成熟的生物体（Keller, 2002）。重要的是，发展生物学家能够直接操纵他们感兴趣的变量（如鸡蛋中蛋黄的含量），然后观察它对发展中的胚胎产生的影响。这一方式使生物学家得以收集各个独立事件影响生物发展的直接实验证据，这为一个世纪后出现的基因学科铺平了道路（Collins, Green, Guttmacher, & Guyer, 2003）。

与生物学同时期出现且密切相关的研究领域是医学，它在19世纪也发展出了一系列开展研究的方式。在医学中，医生通过采用病历来了解病人的革新之举已有悠久的历史。比如，伊夫莱姆·麦克道尔（Ephraim McDowell）是19世纪早期的一名外科执业医生。当时，内部外科手术几乎是一个抽象概念，但后来被证明是可行的。例如，你的腹部有一个肿瘤，随着肿瘤的增大，对其他器官造成了压迫，你会因此缓慢而痛苦地死去。麦克道尔（1817）发明了一种手术技术，成功地移除了卵巢囊肿（一种常见的肿瘤），然后他在其他病人身上继续使用这项技术，并且发表了成果，其他外科医生因此能够复制他的技术以治疗病人。在早期发表的成功的、可复制的内部外科手术技术成果中，这只是一个例子。

如前所述，个案史研究最大的缺陷在于它是根据无法重复的事件演变序列进行研究的，在研究过程中无法进行实验控制，只能开展系统观察。此外，个案史研究只依赖自然发生的事件，这就限制了在当下所能研究的内容。比如，一位医生正在治疗病人，但与此同时，除了医生进行的治疗外，病人可能在未通知医生的情况下进行了一系列自我治疗。

克洛德·贝尔纳（Claude Bernard, 1865/1927）将医学研究中所需的实验方式和实验生物学的进展相结合，提出了实验医学。贝尔纳所说的实验医学的关键要素是使用动物模拟来研究与人类生理有关的问题（Thompson, 1984）。动物模拟即开展实验，设置相似的实验条件对非人类的生物进行研究，用以分析对人类产生影响的实验效果和发生机制。比如，贝尔纳研究了动物的糖尿病和血氧水平情况，进而揭示了胰腺和血红蛋白在人类发病过程中发挥的作用。这种使用动物模拟的直接实验方式成为20世纪众多医学革新项目的基础（Cooter & Pickston, 2000）。我们再次看到，这种实验类型是建构在个体特质的、客观的和归纳式的研究程序基础上的[①]。

最后一个对单一被试设计有影响的领域，也是本书读者最熟悉的领域，就是实验心理学。无须称奇，20世纪初期的第一批实验心理学研究者就来自医学

[①] 原注：读者也可以参阅查尔斯·S. 谢灵顿（Charles S. Sherrington, 1906/1989）的著作，了解与神经科学和行为直接相关的动物模拟的应用（Sherrington, 1975）。

和生物学界。探索心理学议题的早期研究者中，最杰出的两位分别是伊凡·M.谢切诺夫（Ivan M. Sechenov）和伊凡·彼德罗维奇·巴甫洛夫（Ivan Petrovich Pavlov），后者通常被人们称为"俄国生理学之父"，是神经生理学的国际先驱。他在欧洲接受了生物学和医学方面的教育，之后将这些技能用于研究由神经运行产生的人类行为。他的研究主要基于这样的想法，即所有人类行为都是一系列通过神经系统调节产生的反射。他采用的实验方法来自他所接受的生物学和医学训练，具有前文提到的很多特征，包括应用动物模拟、个体特质技巧以及对累积的实验资料进行归纳。我们下面要讨论的人物是谢切诺夫，他和巴甫洛夫一样，关注的焦点不是创造出新的实验设计，而是将学自生物学和医学的技能应用于新的领域——心理学（Kazdin, 1978）。

巴甫洛夫（1960）发现了学习过程，我们现在将其称为应答式条件作用（respondent conditioning）。巴甫洛夫是研究哺乳动物消化过程的生理学家。值得一提的是，1904年，他因在消化系统生理机能方面的研究获得诺贝尔奖。但是，他在偶然情况下发现了应答式条件作用。当用一只动物研究唾液分泌时，巴甫洛夫注意到，在把食物送到动物口中之前，动物就有唾液分泌。通常，只有口中有食物，才会分泌出作为反射结果的唾液。但是，巴甫洛夫的被试学会了将某种特定声音和人与食物联系在一起，当它们听到熟悉的声音或看到熟人的时候，就开始分泌唾液。这意味着生理反射可以被条件化，成为和任意刺激相伴的心理联结。这一过程，即应答式条件作用，也被称为刺激—反应心理学（stimulus-response psychology，参见图2.1）。

在巴甫洛夫研究应答式条件作用的同时，一个名叫爱德华·L.桑代克（Edward L. Thorndike, 1898）的美国人也发表了论文，探讨另外一种学习方式，这一方式被桑代克命名为"效果律"（law of effect）。桑代克像生物学家那样，采用动物模拟的方法，分析学习是如何发生的。他的主要设备是一个可以让动物做出一些任意反应（如推一个杠杆）从而逃脱并获得食物的箱子。获得食物是动物习得新异行为的驱动力。图2.2展示了桑代克通过这种方式获得的学习曲线的例子。此图表明经过连续的尝试后，新异行为出现得越来越快。这是首次用系统方式测量和分析学习过程。桑代克研究了大量的反应，其中包括一系列串链行为，他还在一只又一只动物的身上重复开展实验，甚至在不同物种之间进行实验，建构出具有概括性意义的学习曲线。有趣的是，这只是时任哥伦比亚大学教授的桑代克设立的早期教育心理学项目之一，没想到无心插柳，竟然在实验心理学和教育学之间搭建了桥梁（Joncich, 1968）。

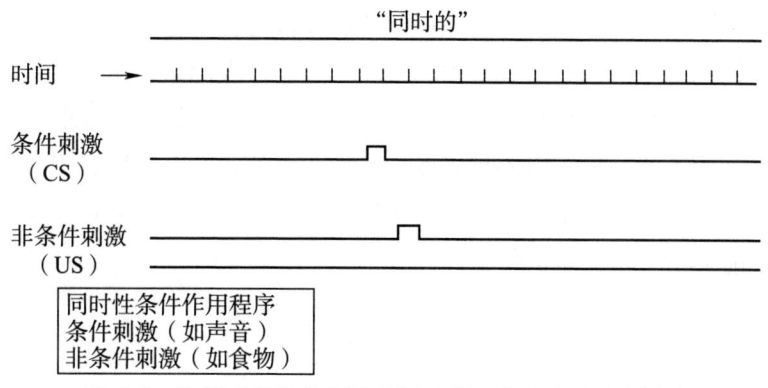

```
                    "同时的"
           ┌─────────────────────────────────┐
时间  →    ┤├┤├┤├┤├┤├┤├┤├┤├┤├┤├┤├┤├┤├┤├┤├┤├┤├┤
条件刺激   ─────────────────┐┌──────────────
 （CS）                     └┘
非条件刺激 ───────────────────┐┌────────────
 （US）                       └┘
```

┌─────────────────────────┐
│ 同时性条件作用程序   │
│ 条件刺激（如声音）   │
│ 非条件刺激（如食物）   │
└─────────────────────────┘

图 2.1　应答式条件作用原理图（最早由巴甫洛夫制作）

"同时的"指的是条件作用程序的类型。US 表示非条件刺激（如食物），CS 表示条件刺激（如声音）。将 US 和 CS 匹配在一起，CS 就会诱发之前由 US 引起的反应。

资料来源：F. S. Keller, W. N. Schoenfeld, *Principles of Psychology*（《心理学原理》），1950（图 3, p.22）. New York: Appleton-Century-Crofts. 1995 年版权归斯金纳基金会所有，同意翻印。

还有一位将生物学观点引入心理学的有影响的人物是约翰·B. 华生（1924）。华生的研究不如他的倡导之举有名，他倡导的心理学研究方式与当时其他心理学家使用的方式截然不同。在 20 世纪初期，大部分心理学家关注的是人们对事件的主观体验（比如，被试描述看到一种特别的颜色时的感受），通常采用对照组设计，对比不同的实验条件（Boring, 1950）。华生提出，只有可以被人观察的事件（比如，那些能被客观地界定和观察的事件）才是实验心理学的主要研究内容。这种方式很快被命名为行为主义。行为主义的关键是将心理学当作一门客观的、精确的学科，就像生物学和其他自然科学那样不依赖被试的陈述。这一富有远见的观点影响了整整一代年轻的学者，他们力图把心理学变得更加科学化（Todd & Morris, 1994）。

在新一代行为主义学者中，最值得关注的是 B. F. 斯金纳。大约在桑代克在哈佛大学开展研究 35 年之后，斯金纳在那里完成了博士阶段的学习。在写作后来以《有机体的行为》（*The Behavior of Organisms*, 1938）为名发表的博士论文期间，斯金纳创造了一种研究心理学的方式，这一方式深受实验生物学的影响（Boakes, 1984; Todd & Morris, 1995）。

为了和实验生物学保持一致，斯金纳使用不那么"复杂"的动物来模拟人类的行为。这个方式运用了源于进化生物学的连续体假设。进化生物学的基本观点是，不同的物种具有相同的生理、解剖及行为特征，后代物种能够清晰地呈现出（并融合）它们的前代物种的特征。因此，人们认为在老鼠或鸽子身上呈现出来的行为加工过程也会在灵长类动物，比如人类的身上呈现。斯金纳同样使用相当简单的环境，目的是确保除实验要素外，所有变量保持恒定。这样做，人们可以一一辨识出影响行为的环境因素，还可以分析出它们与行为相互作用的功能关系（参见第3章）。

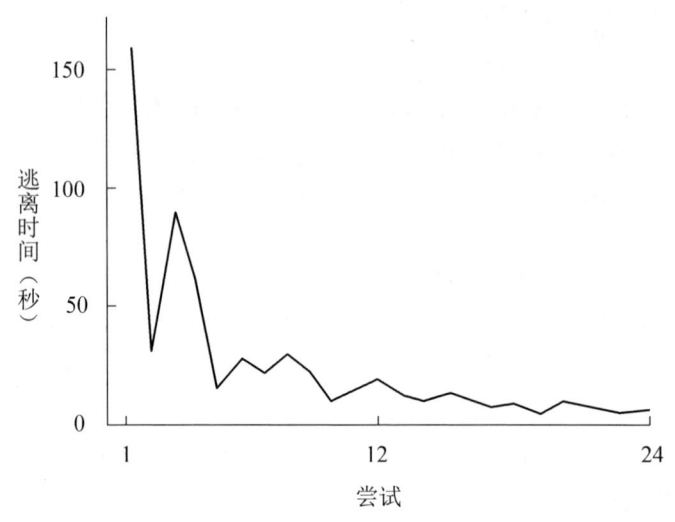

图 2.2　表示桑代克效果律的学习曲线

Y 轴表示逃离迷箱并获得食物所需要的秒数，X 轴表示连续尝试的次数。
资料来源：桑代克（1898）。

　　除了这些特点外，斯金纳采用的方式也体现出生物学实验中具有个体特质性、可操纵和归纳式的特点。斯金纳的实验使用老鼠或鸽子作为有机体，选择快速且能重复出现的任意反应（如按压杠杆），并挑选一种生物性强化刺激物（如食物），此外，还要轻微剥夺动物对该刺激物的享有。这样的安排可以及时、连续地测量每一个反应，进而研究对行为模式的强化效果。图2.3给出了其中一种模式。这张图呈现的是行为的累积记录。X轴（水平线）表示时间。Y轴（垂直线）表示记录的每一次行为，该线呈现轻微上升的趋势。这种方法能够实时记录反应频率，也能够进行视觉化分析（参见第15章）。这一研究行为的常用方式逐渐演变为实验行为分析法，1958年，业内人士还专门为该方法创立了一本杂志，即《实验行为分析杂志》（*Journal of the Experimental Analysis of Behavior*, 1958—今日）。

二、行为分析的出现

斯金纳的主要发现是反应和强化物之间的依联决定了反应出现的可能性，间歇强化程序表能够产生各种不同的反应模式（Skinner, 1938; Ferster & Skinner, 1957）。举个例子，在一个固定时距程序表中，每次都要按压杠杆才能获得强化物（即被试只有在一段固定的时间后出现反应才能获得强化物），那么在每个固定时距快结束的时候，行为增加的可能性就会呈现出扇贝形的模式（参见图 2.3）。这个方式在心理学中被称为操作式条件作用或反应—刺激心理学。

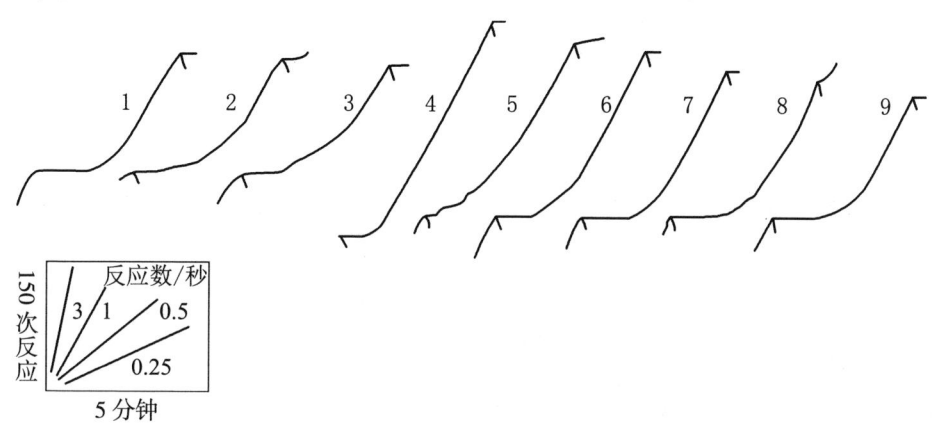

图 2.3　在固定时距强化程序表中的表现

累积记录表示连续的反应，即在 Y 轴或纵坐标上呈现上升趋势的线条，X 轴或横坐标表示时间。

资料来源：C. B. Ferster, B. F. Skinner, *Schedules of Reinforcement*（《强化程序表》），1957（图 156, p.162）. New York: Appleton-Century-Crofts. 1995 年版权归斯金纳基金会所有，同意翻印。

斯金纳还开展了迷信、焦虑、语言及系统性教学等方面的早期实验（Skinner, 1983）。不过，还有其他两个原因使斯金纳成为 20 世纪最著名的心理学家（Bjork, 1993）。一是他把以老鼠和鸽子为被试所获得的实验发现推论到人们的日常生活中（Skinner, 1953）。这使他得以深入研究人类行为的原因，但同时也引起了外行和专家一致的抵制（回想一个世纪前人们接纳进化生物学时的强烈反应就能理解）。

二是他培养出一大批以科学为职业的杰出研究者，这些研究者又培养出后继的行为分析学者。这些学者大多于 20 世纪 40 年代或 50 年代在哈佛大学、哥伦比亚大学或印第安纳大学受训于斯金纳或他的助手（Dinsmoor, 1990）。此处，我们极为简略地列出最值得关注的研究者的名字及其研究成果。威廉·K. 埃斯蒂斯（William K. Estes）研究了焦虑和学习（Healy, Kosslyn, & Shiffrin, 1992）；彼得·B. 杜斯（Peter B. Dews）发展了现在为人所知的行为药理学（Dews, 1987）；约瑟夫·V. 布雷迪（Joseph V. Brady）将生物医学和行为分析研究相结合（Hodos & Ator, 1994）；查尔斯·B. 费尔斯特（Charles B. Ferster）首次开展了强化程序表和罚时出局的实验（Skinner, 1981）；默里·西德曼研究了回避反应（Sidman, 1989）；理查德·J. 赫恩斯坦（Richard J. Herrnstein）最早开展了决策分析和行为的定量分析（Baum, 2002）。图 2.4 中有很多研究者，这张照片是在 1949 年第三届实验行为分析大会上拍摄的。

图 2.4　第三届实验行为分析大会与会人员合影（1949）

第一排从左到右：Mike Kaplan, Donald Perlman, Nat Schoenfeld, Ruth（Morris）Bolman, Fred Keller, Fred Skinner, Phil Bersh。第二排：Harold Coppock, Ralph Hefferline, Helmut Adler, Fred Frick, Elaine（Hammer）Graham, Joe Notterman, Bill Jenkins。第三排：Ben Wyckofk, Jeol Greenspoon, Bill Daniels, Van Lloyd, Dorothy Yates, 未知，Norm Gutterman。第四排：Lloyd Homme, Jeo Antonitis, Sam Cambell, Jim Dinsmoor, Charlie Ferster, George Collier。第五排：未知，Burt Wblin, Doug Ellsoti, Fred Lit, Clancy Grahani, Bill Verplanck, Bill Estes。第六排：Mac Parsons, Dave Anderson, Don Page, Murray Sidman, Phil Ratoosh, George Roth。第七排：Don Cook, Rod Funston。

资料来源：J. A. Dinsmoor, Academical Roots: Columbia University, 1943-1951（《学术的根源：哥伦比亚大学（1943—1951）》）, *Journal of the Experimental Analysis of Behavior*（《实验行为分析杂志》）, 1990, 54, 129-150. 1990 年版权归实验行为分析协会所有，同意翻印。

前文提到的研究都是以非人类动物为对象在实验室中进行的，这些研究发现了在各种行为中存在基本的行为加工过程，如正强化、负强化、并存操作、多重程序表、行为对比以及行为动量，等等（Catania, 1998）。新的一系列研究开始于20世纪50年代末，并贯穿于整个60年代。这些研究来源于上述研究，并延伸到探讨人类基本的行为加工过程。无须惊讶，和以往的研究一样，早期开展的人类操作式行为研究也是在实验环境中完成的。

第一项关于人类操作式行为的研究是由保罗·R. 富勒（Paul R. Fuller, 1949）实施的，他探讨了对一位重度智力障碍人士的行为强化过程。富勒的研究证明了人类也存在基本的行为加工过程，说明了如果提供系统性教学，残障最严重的人也能够学习。还有一项有关人类行为的研究是奥格登·R. 林斯利（Ogden R. Lindsley）所做的博士论文。林斯利分析了强化程序表对精神分裂症患者的行为产生的影响，研究结果与对非人类动物开展的研究结果一致，因此，他最早提出了将强化物作为治疗工具的想法（Lindsley, 1956）。

和前人的研究不同，悉尼·W. 比茹（Sidney W. Bijou）从20世纪50年代开始，从行为分析的视角研究典型发育。为了形成儿童发育的行为理论，比茹以实验方式分析了幼儿的行为（Bijou, 1995），他还提出了第一个智力障碍行为分析的概念构想（Bijou, 1963）。他的研究为后继的心理学家和教育家从自然的、实验的视角探讨人类发展奠定了基础（Baer & LeBlanc, 1977）。

1958年，奥尔永和迈克尔首次应用了来自实验室的行为原理（Allyon & Michael, 1959）。这项研究有别于以前开展的人类操作式行为实验，它的目的不在于建构从非人类到人类都适用的行为加工过程，而是关注如何将这些行为原理用于解决社会问题。奥尔永和迈克尔所做的事情是应用强化依联的概念来改善精神分裂症患者在公共机构中的生存状况。通过给不同的突出事件设置不同的依联强化，奥尔永和迈克尔不仅改善了患者的行为，也改善了工作人员（患者所依赖的人）的行为。在很多方面，这都是第一项实施应用行为分析（applied behavior analysis）的研究，尽管它比该术语的提出早了10年。

查尔斯·B. 费尔斯特是第一个将行为分析的实验发现应用于改善孤独症儿童行为的人。费尔斯特和德米耶（Ferster & DeMyer, 1961）开展了一系列关于如何塑造和维持孤独症儿童行为的研究。通过运用强化依联，他们帮助那些被认为不具备某些能力的儿童发展出了复杂行为。他们的研究结果表明，即使是多重残障儿童，也能通过系统性教学进行学习。

几年后，有学者（Wolf, Risley, & Mees, 1964）发表了一项研究结果，说明如何通过治疗方式改变孤独症儿童的行为。沃尔夫等从一个有自伤行为、拒绝戴眼镜的孤独症儿童进行训练。研究者和这名儿童的教师及家长一起实施了差别强化项目，包括从正强化中罚时出局。研究结果是，自伤行为迅速减少，戴眼镜行为有所增多。此外，在不同环境中、在完成不同任务时，这名男童的行为都有普遍改善。

伊瓦尔·O. 洛瓦斯（Ivar O. Lovaas）和他的学生重复并拓展了行为分析应用于孤独症的研究。尽管洛瓦斯并非研究孤独症儿童的第一人，但他是第一个对这类群体开展长期研究的人。洛瓦斯能够从各种研究发现中辨识出引发自伤行为的环境因素（Lovaas, Freitag, Gold, & Kassorla, 1965），并指出孤独症儿童关注多样化刺激能力方面的缺陷（Lovaas, Schreibman, Koegel, & Kehm, 1971）。此外，孤独症研究领域的很多当代的领军人物都曾在 20 世纪六七十年代和洛瓦斯一起工作过，包括爱德华·G. 卡尔（Edward G. Carr）、玛乔丽·沙洛波（Marjorie Charlop）、罗伯特·L. 凯格尔（Robert L. Koegel）以及劳拉·施赖博曼（Laura Schreibman）等。

20 世纪 60 年代初，实验行为分析应用于社交问题研究所取得的进展很快被拓展到其他领域。唐纳德·M. 贝尔（1962）研究了典型和非典型儿童发育的行为加工过程。詹姆斯·A. 舍曼（James A. Sherman, 1965）应用强化技能帮助原来被认为无口语的成年精神分裂症患者发展出模仿能力和口语。伊斯雷尔·戈尔戴蒙德（Israel Goldiamond, 1965）首先对如何应用操作式条件作用减少口吃并提高说话流畅度进行了研究。哈兰·莱恩（Harlan Lane, 1963）研究了聋人的语言发展。默里·西德曼探讨了失语症患者的接受性语言和表达性语言（Leicester, Sidman, Stoddard, & Mohr, 1971）。亚瑟·W. 斯塔茨（Arthur W. Staate）研究了阅读能力的发展（Staats, Staats, & Schutz, 1962）。南森·H. 阿兹林（Nathan H. Azrin）和同事进行了一系列研究，探索如何把公共机构的环境变得更为人性化、更适合人居住（Holz, Azrin, & Allyon, 1963）。

在这一时期，行为分析学家开始对教育环境进行初步探索。有两项早期的研究结果非常值得一提。一个是斯金纳（1961）研制出教学机器。斯金纳设计了一个电子机械设备，它可以给孩子们呈现文字版问题，让孩子回答，如果答案正确的话，它就会给孩子一个反馈。这项研究是计算机和基于网络的教学策略的前身。另一个是佛瑞德·S. 凯勒（Fred S. Keller, 1968）研发出个人化的教学系统（personalized system of instruction, PSI）。采用 PSI，学生的课程学习可以通过一个自我设定进度的程序来完成，该程序会逐渐加大问题—答案匹配的难度，直到学生达到熟练完成的标准。这个方式得到了大规模应用，尤其在高等院校的教学中。

因为这些研究都发生在基于行为原理的应用领域，所以实验行为分析协会（Society for the Experimental Analysis of Behavior, SEAB），即《实验行为分析杂志》的出版商，决定出版一本新杂志——《应用行为分析杂志》（*Journal of Applied Behavior Analysis*）。它的目的是创建一本杂志，用以发表将实验行为分析法应用于解决社会问题的研究所取得的成果。蒙特罗斯·M.沃尔夫（Montrose M. Wolf）当选《应用行为分析杂志》的第一任主编，首批编辑委员会由前文提到的多名研究者组成（参见图2.5）。

主　　编	蒙特罗斯·M.沃尔夫（Montrose M. Wolf）堪萨斯大学
副 主 编	唐纳德·M.贝尔（Donald M. Baer）堪萨斯大学
执行编辑	维克托·G.拉蒂耶斯（Victor G. Laties）罗切斯特大学
编 委 会	W.斯图尔特·阿格拉斯（W. Stewart Agras）佛蒙特大学
	T.奥尔永（T. Ayllon）佐治亚州立大学
	南森·H.阿兹林（Nathan H. Azrin）安娜州立医院
	阿尔伯特·班杜拉（Albert Bandura）斯坦福大学
	韦斯利·C.贝克尔（Wesley C. Becker）伊利诺斯大学乌尔班纳分校
	杰伊·B.伯恩布劳尔（Jay S. Bimbrauer）北卡罗来纳大学
	C. B.费尔斯特（C. B. Ferster）乔治城大学
	伊斯雷尔·戈尔戴蒙德（Israel Goldiamond）芝加哥大学
	詹姆斯·G.霍兰（James G. Holland）匹兹堡大学
	B. L.霍普斯金（B. L. Hopkins）南伊利诺斯大学
	弗雷德·S.凯勒（Fred S. Keller）西密歇根大学
	彼得·J.兰（Peter J. Lang）威斯康星大学
	哈洛德·莱滕贝格（Harlod Leitenberg）佛蒙特大学
	奥格登·R.林斯利（Ogden R. Lindsley）堪萨斯大学
	O.伊瓦尔·洛瓦斯（O. Ivar Lovaas）加州大学洛杉矶分校
	杰克·L.迈克尔（Jack L. Michael）西密歇根大学
	杰拉德·R.帕特森（Gerald R. Patterson）俄勒冈大学
	托德·R.里斯利（Todd R. Risley）堪萨斯大学
	詹姆斯·A.舍曼（James A. Sherman）堪萨斯大学
	默里·西德曼（Murray Sidman）马萨诸塞州总医院
	杰拉德·M.西格尔（Gerald M. Siegel）明尼苏达大学
	B. F.斯金纳（B. F. Skinner）哈佛大学
	霍华德·N.斯隆（Howard N. Sloane）犹他大学
	约瑟夫·E.斯普拉德林（Joseph E. Spradlin）帕森斯研究中心
	亚瑟·W.斯塔茨（Arthur W. Staats）夏威夷大学

图2.5　《应用行为分析杂志》创刊时的编委会成员

贝尔、沃尔夫和里斯利（1968）在《应用行为分析杂志》第一卷上发表了一篇极具影响力的论文，帮助应用行为分析这一新领域确定了自己的维度。贝尔等人提出 7 个维度以说明应用行为分析的特点。

- 这一领域的关注点是将**行为原理**应用于被判定为确实需要改善的领域。
- 变化的重点是个人的**行为**，同时要求进行客观和精确的测量。
- 为了证明个人行为的变化，需要采取单一被试设计对干预的效果进行**分析性评价**。
- 应使用操作性术语对采用的干预方法进行详细说明，明确要做什么，这样才能实施改变行为的**可重复策略**。
- 理解干预对行为产生的效果时需要考虑到已知的行为加工过程，这样可以将效果连接成一贯的**概念系统**。
- 分析的重点是能给干预接受者带来明显益处的**有效成果**。
- 干预必须能够在相关情境和行为中取得**普适性效果**。

多数维度明显源自那些孕育出应用行为分析的、以科学实践名义出现的先前的研究，比方说它们都具有行为的、分析的以及概念化的特点。其他维度则与这类研究方式的应用本质明确相关。由于有了专业杂志，且明确说明了应用行为分析究竟是什么，不同学科领域的研究者开始被其吸引，逐渐采用这一新方式解决社会问题。

三、教育研究与行为分析的联系

一个快速采纳了应用行为分析方法的领域是教育研究，研究对象主要是那些特别难教的学生。在美国各大学中开设特殊教育系的热潮始于 20 世纪 50 年代，并在 60 年代达到高峰。开设特殊教育系旨在为那些在现有教育系统中未能得到充分教育服务的儿童和幼儿培养有能力实施有效教学的教师（Trent, 1994）。作为一种全新的教育方式，特殊教育是从零开始发展的。采用特殊教育方法的主要标准不是传统教育者所认为的它是不是一种适当的方式，而是这种方式能否起作用（Langemann, 2002）。

在最初一批实施应用行为分析的特殊教育者中，有一个名叫诺里斯·G. 哈林（Norris G. Haring）的人（Wolery, 2005）。哈林常用的教学方式相当直接：只要特殊教育工作者应用系统方式进行教学，就能成为更有效能的教师（Haring & Phillips, 1972）。在 20 世纪 60 年代中期，这可是一项战略决策，它要求教师相信行为分析的研究结果可以被应用于教育领域，如特殊教育。

关于在大学中创建特殊教育系的情况，有4所高校的特殊教育系因迅速将应用行为分析作为解决教育问题的方式而显得与众不同。这些系分布在华盛顿大学、堪萨斯大学、俄勒冈大学及皮博迪学院（现在是范德堡大学的一部分）。有趣的是，哈林是其中两个系的创始人。这些系和其他机构一起，很快培养出了新的研究者，他们将行为分析和教育联系在一起，创造了新的、有效的课堂教学实践。

事实上，在《应用行为分析杂志》创刊号上刊登的第一篇文章是由 R. 万斯·哈尔（R. Vance Hall）撰写的，他研究了在普通学校的教室中，教师的关注对学生的学业投入产生的积极影响（Hall, Lund, & Jackson, 1968）。同一时期，希尔·M. 沃克（Hill M. Walker）在行为障碍儿童身上的研究也取得了非常相似的效果。最初的这些研究证明，教师如果将注意力直接放在学生的适当行为上，而不是等待他们出现不当的行为，将会取得更大的教育成效。

与此同时，托马斯·C. 洛维特（Thomas C. Lovitt）开始设计系统化教学技术，帮助学习障碍学生提高学习效果（Lovitt & Curtis, 1969）。这一研究将系统辅助和反馈结合在一起，以提高学生的学业成就。约瑟夫·E. 斯普拉德林（Joseph E. Spradlin）进行了类似的刺激控制研究，不过对象是重度残障人士。他对学习过程同时进行了应用研究和基础研究（Spradlin, Cotter, & Baxley, 1973）。此研究指引人们更好地理解符号行为，更好地理解如何以更有效的方式对当时被认为无法接受教育的学生进行教学。

奥格登·R. 林斯利继续将基础研究的成果拓展到更具应用性的研究专题中（Lindsley, 1991）。林斯利和欧文·R. 怀特（Owen R. White）分别开展研究（Alper & White, 1971），开发出了一系列教学技巧，使教师得以根据学生学业成就的客观数据，而不是他们自己的个人感觉开展教学。和实验室中的研究者一样，如果教师使用的是客观信息而不是个人感受，他们就能在工作上取得更好的成效。从这项研究开始，基于数据的决策逐渐成为有效教学实践的特质。

贝丝·祖尔策-阿扎罗夫（Beth Sulzer-Azaroff）和 G. 罗伊·迈耶（G. Roy Mayer）以独立和合作的形式开展了一系列研究，展示了如何在全校范围内有效地管理学生的行为（Sulzer & Mayer, 1972）。他们的研究重点在于谨慎地应用源于实验室研究的行为加工过程。这些研究者的工作对学校心理学家和教育管理工作者处理学校纪律问题的方式产生了极大影响。

在教育领域中应用行为原理的早期阶段，道格·格斯（Doug Guess）、韦恩·赛勒（Wayne Sailor）和唐纳德·M. 贝尔也研究了重度残障人士的语言发展（Guess, Sailor, Rutherford, & Baer, 1968）。这项研究表明，教师可以教授那些有典型语言缺陷特征的学生复杂的语言形式。该研究的成功之处在于它能够使教师重视给重度残障学生提供有意义的教育机会。

菲利普·S. 斯特兰（Phillip S. Strain）和理查德·E. 肖尔斯（Richard E. Shores）率先提出教授残障学生社交技能的想法（Strain, Shores, & Kerr, 1976; Strain & Tim, 1974）。这些研究者采用与前文提到的辅助和强化策略相似的方法，帮助学生在其社交技能系统中构建出了新的社交行为。他们的研究最早证明可以把适当的社交行为直接教授给学生，这些行为还会成为获取一套新的社会强化刺激的"入场券"，这些刺激可能是学生未曾接触过的。

本章提到的每一位研究者，无论是行为分析学家还是教育家，都取得了累累硕果。每一位都在这一短暂的历史时期内培养出了几批数量多到无法一一提及的学生。其结果就是美国现在大部分教育学院的教师中都有行为分析师，这种现象在 30 年前是不可能出现的。实际上，在 20 世纪 70 年代，还有一个国际机构成立了，即行为分析协会（Association for Behavior Analysis），它为那些有兴趣以应用行为分析方式探索行为的研究者和实践者提供服务。

四、小结

单一被试设计的基础起源领域，诸如生物学、医学以及心理学，并不为大多数教育者所熟悉。19 世纪，这些学科在研究生命体的过程中遇到了挑战。这些领域的研究者从长达一个世纪积累的经验中认识到，研究这些学科最有效的方法是使用对个案进行深入分析的技术，这些方式与他们从群体中获取普适性研究结论不同。正如前文强调的，这是获取知识的一种严谨的方式。但是，如果这一方式出现了错误的引导或理论构建，那么从长远来看，诸如单一被试设计的研究策略就不应当被视为严谨的方法。不过，这些方式已经经过重复检验，被证明确实是了解人类行为如何运作的有效策略。

研究者在相当短暂的时期内，在应用这些技术解决教育问题方面取得了重大进展。我们认识到行为加工过程，如强化和关注，是我们学习的基础。我们不仅在实验室里不断地创造可信的研究成果，对这些行为加工过程的应用也反复表明它们可以改变教育者的相关行为。这些策略如此有效，因而成为大部分教师在培训中通常会学习的内容，即使一些人可能并不了解它们的起源。

事实明确表明，单一被试研究不仅和当代教育议题相关，而且对教育具有重要意义。人们为那些有兴趣将这些概念应用于其他领域如教育领域的行为分析师制定了专业认证标准[①]。学区逐渐开始要求与问题行为学生一起工作的专业人士取得该领域的认证资格。美国心理学会（American Psychological Association）和美国学校心理学家协会（National Association of School Psychologist）等国家级机构都将行为分析和单一被试设计认定为成熟的、可信的方式。最近的美国联邦法律，比如《残疾人教育法》（Individuals with Disabilities Education Act, IDEA），要求学校使用行为策略，如功能性行为评估（functional behavioral assessment）。

尽管行为分析领域的发展只有半个世纪的历史，但是它已在将研究从实验室迁移到教室方面取得了非凡的成就。如本书后续章节中所举的例子那样，通过应用单一被试设计，人们不仅发现了各种不同的教育方式，而且对技术进行了改进。单一被试设计的应用有着令人着迷的历史，有着生机勃勃的今天，更有光彩夺目的未来。

---

① 原注：参见行为分析师认证委员会（Behavior Analyst Certification Board, BACB）官方网站。

Strategic Issues

第二篇　实验策略

第3章　功能关系

当人们开始进行研究时，目标之一就是建立实验控制。实验控制可以被设想为它能够证明干预确实产生了特定的行为改变。例如，我正在检验减少一名学生在数学课上大声叫嚷行为的新干预方案，我必须采取一些措施以表明建立了实验控制。首先，我希望与干预前相比，通过干预，该学生的行为发生了变化。其次，我希望如果移除干预，该学生的行为会转变回干预前的状态。最后，如果重新施加干预，我希望能观察到与我最初引入干预时所看到的类似的行为变化。如果行为的变化只发生在我引入或移除干预时，那么就说明建立了实验控制。

图3.1给出的例子体现了上面描述的过程（Azrin, Jones, & Flye, 1968）。实验的目标行为是社会互动中自发式言语中口吃单词的百分比（即不流畅百分比）。最初，让被试与一名言语治疗师进行正常对话。实验者先记录几分钟的言语情况以确定该被试的不流畅模式（即大约30%），然后引入干预。实验者施加的变化是一个用腕表伪装的触觉刺激，以产生被试可用于调试其说话节奏的定时脉冲。干预开始后不久，不流畅度立即下降至言语的5%以下，并在干预期间一直保持这样的变化。然后移除该干预，不流畅度大约增加至言语的25%。先建立行为的最初模式，再引入一项干预，然后移除该干预，并观察行为随着干预的引入和移除而发生的变化，实验者得以展示其实验控制。

一、自变量与因变量

在使用单一被试设计时，建立实验控制意味着阐释一种功能关系（function relation）。功能关系可以被定义为系统地操纵自变量以建立对因变量的一致影响。因变量通常是你正在分析的行为的估计值。例如，在图3.1中，因变量是口吃单词的平均百分比。通常，因变量等同于用于记录行为的测量系统（参见第三篇）。将之称为因变量的原因在于如果一个功能关系得以建立，所测量的行为水平取决于自变量的存在或缺失。除了要求易于处理外，在一项研究中对可以使用的因变量数目没有什么限制。

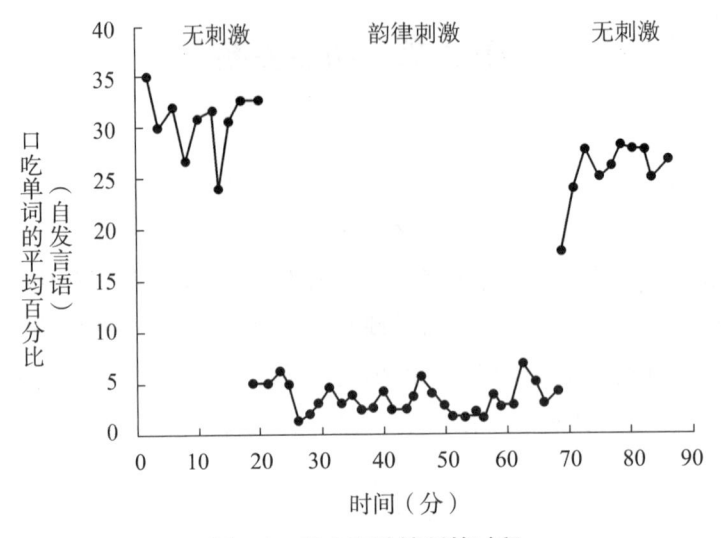

图 3.1 建立实验控制的过程

Y 轴表示社会互动中出现不流畅情况的时距百分比，X 轴表示实时记录行为并以一分钟为基础加以总结。第一个状态是无刺激状态，即一组常规的对话。干预阶段标注为韵律刺激，先引入，然后移除。

资料来源：N. Azrin, R. J. Jones, B. Flye, A Synchronization Effect and Its Application to Stuttering by a Portable Apparatus (《便携式仪表的同步效应及其在口吃矫正中的应用》), *Journal of Applied Behavior Analysis* (《应用行为分析杂志》), 1968, 1, 图 7, p.292. 1968 年版权归实验行为分析协会所有，同意翻印。

例如，在近期的教育研究中，人们使用的因变量有：每分钟能读出的单词数、观察到一个人快乐的百分比、自伤行为的持续时间、正确铲球的百分比、正确读出的单词百分比、问题解决的先前行为的发生率、在一次法语考试中正确回答问题的百分比、服从指令的潜伏期、用适当的社交礼仪与人进行社会互动的百分比、在茶歇时间每吃一口零食的间隔时间，等等。这样的例子不计其数，这里只是用来强调因变量的概念。任何有实验意义且满足本书第三篇所列要求的变量都是可接受的因变量。

自变量是与所研究行为有关的有实验意义的事件。在图 3.1 中，自变量是施加于被试手腕的韵律刺激。通常，干预是自变量。之所以使用**自变量**这个术语，是因为这一部分实验允许实验者进行自由改变。换言之，实验者自行决定何时施加干预、何时移除或改变。也正因为如此，该变量独立于实验情境。自变量是由许多有实验意义的元素组成的。一些自变量是单一的，例如，利用教师的表扬增加学生主动学习的行为。另外一些自变量则包含多种成分，例如，将残障儿童融入普通教育环境中。正如第 7 章中大篇幅讨论的那样，一个关键的问题在于，你需要将与一个自变量所有可能相关的方面都进行操作性定义。显而易见的是，自变量越复杂，这个任务就越艰巨。

自变量的例子包括：依联教师表扬、行为干预计划、个别化识字教学、基于数据的教师决策、正确反应的系统性辅助、教授问题解决技能、增加数学流畅性的教学尝试、基于班级的奖励系统、无错误学习策略，等等。自变量通常用于改善教育情境。在其他情况下，自变量用于理解特定行为发生或不发生的原因（参见第 5 章）。

再次强调：功能关系体现了借由自变量实现的对因变量的实验控制。它令人信服地呈现了你的干预如何改变某人的行为。这样一种现象引出了一个有趣的议题：如何处理那些可能改变了某人的行为但未被测量的其他事件？例如，一个孩子可能已经开始、停止或调整使用特定的精神病药物；一名学生的家庭可能已经变得贫困；一名青少年可能体验到了恋爱中的波折；一名三年级学生的父母可能已经开始了课后阅读教学。每一个这样的事件都会对学生在校的行为产生深刻影响。然而，作为一名研究者，你可能没有意识到这些事件。

图 3.2（上半部分）举例说明了不在实验者控制范围之内的变量是如何影响行为的。数据显示了一个名叫亚当的重度残障青少年的问题行为情况，包括自伤行为和攻击行为（Kennedy & Meyer, 1996）。该行为受到逃避学习要求的负强化。在一个条件下，每次该学生出现问题行为，学业要求就会被中止一段特定的时间（实心圆圈）。在另一个条件下，该学生参与自己喜欢的任务（空心圆圈）。每个条件每天都实施一次。在学生偏爱的任务条件下可观察到低水平的问题行为，而在学业要求条件下则观察到高度多变的反应模式。看起来问题行为好像受制于逃避学业要求的负强化，但是这样的影响会随时间不断改变。在这个特定的研究中，研究者对睡眠剥夺对行为的影响感兴趣，因此记录了学生每天晚上的睡眠时间。在图 3.2（下半部分）中用星号标记出了睡眠剥夺的情况，很显然，行为的变动是与晚上低质量的睡眠相关的。这样的数据显示了实验情境外的变量对学生在实验情境中的表现的影响。

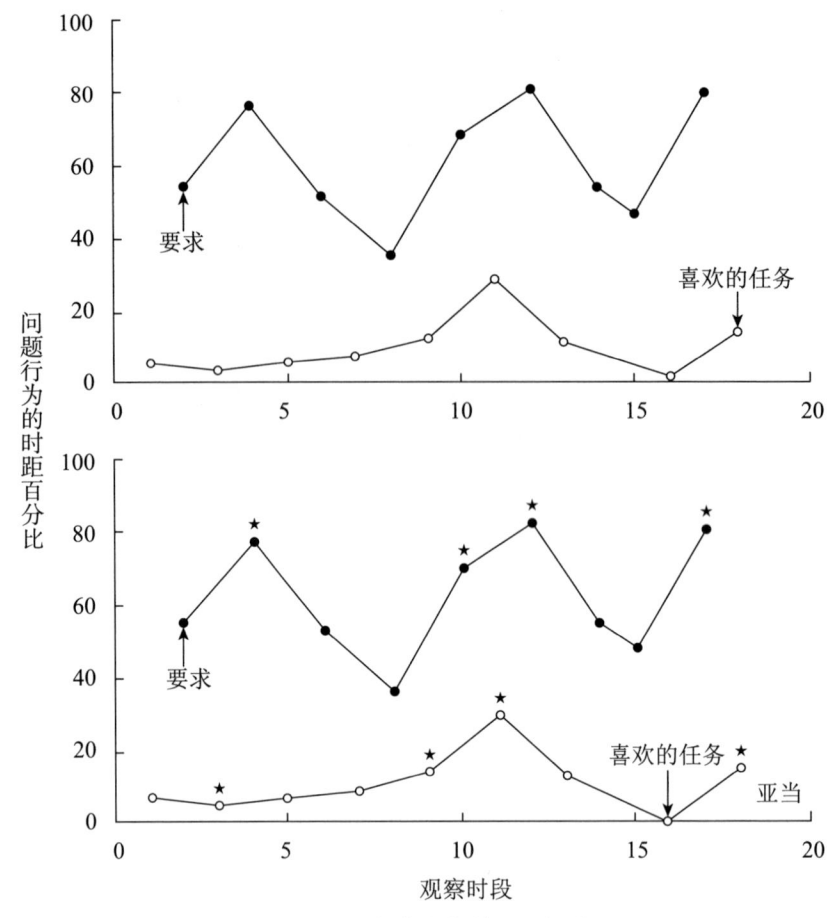

图 3.2　一名青少年的问题行为

Y 轴表示问题行为的时距百分比，X 轴表示单个观察时段。图的上半部分的数据展现了在实验期间所收集的问题行为信息，下半部分数据展现了在实验期间所收集的问题行为信息以及学生夜晚睡眠模式的信息（星号表示的是睡眠被剥夺的夜晚）。

资料来源：C. H. Kennedy, K. A. Meyer, Sleep Deprivation, Allergy Symptoms, and Negatively Reinforced Problem Behavior（《睡眠剥夺、过敏症状以及负强化的问题行为》），*Journal of Applied Behavior Analysis*（《应用行为分析杂志》），1996, 29, 表1, p.135. 1996 年版权归实验行为分析协会所有，同意翻印。

二、无关变量

无关变量是指会对行为产生影响但不属于研究中的自变量或因变量的其他事件。图 3.2 中所指出的睡眠剥夺就是无关变量的一个例子。为了体现一种功能关系，在实验中，研究者必须保证无关变量保持恒定。这一点在实验室环境中容易实现，也是实验者认为实验室环境最适合严谨的实验分析的一个主要原因。然而，本质上而言，教育研究主要发生在真实情境中，因此，对无关变量的控制就变得非常重要，但也异常困难。在可能的范围内，研究者应要么保持无关变量恒定，要么对其加以测量以研究它们与行为的可能关系。否则，这些变量可能会影响研究者对研究结果的解释。

关注无关变量的原因在于，有可能是这些变量造成了行为改变，而非研究者所谓的"自变量"事件造成了行为改变。例如，一名有注意力缺陷与多动障碍（attention deficit hyperactivity disorder, ADHD）的 7 岁儿童在课堂上对老师大喊大叫，干扰课堂教学。通过使用 A-B-C 图表，老师对学生的问题行为进行了功能性行为评估。结果显示，学生大喊大叫的行为与老师的责骂几乎完全相关。由这一过程，老师得出的结论是，学生的问题行为被成人的关注正强化维持。基于该结论，老师设计了一个功能性沟通训练程序（Carr & Durand, 1985），旨在让学生用一个更恰当的获取成人关注的行为（如举手）取代大喊大叫的行为。老师实施该干预的第一天，学生大喊大叫的行为差不多就消失了。

至此，老师是否可以得出这样的结论，即假设驱动的干预（hypothesis-driven intervention）造成了行为的变化呢？假设老师听说过这样的警句，即"每一个实验观察都应被一而再再而三地核查"。这位老师听从了这一建议，又搜集了两天的数据。结果呈现出一个连续的模式，即频繁地举手，成人的关注紧随其后，同时几乎没有了大喊大叫的行为。然后，在第四天，孩子的母亲打电话向老师询问孩子这周在学校的表现，老师向她描述了基于功能性行为评估的干预以及呈现出来的行为模式。听了老师的话，孩子的母亲告诉老师，儿科医生为自己患有 ADHD 的孩子开了哌醋甲酯（methylphenidate）[①]。那一周，她每天都给孩子吃这种药。

一系列这样的事件表明，对行为干预或药物的有效性做出的任何结论都可能是过于草率的。首先，行为干预和精神类药物干预是同时开始的，因此二者都与行为改变有关。有可能两种干预中有一种是行为改变的原因，也有可能二者共同作用才能产生这样的效果，抑或其他事件导致了这样的改变。其次，尽管药物和行为干预都被引入，并且它们对行为的效果也被测量多日，但是我们并不知道移除其中一种或两种潜在自变量是否会导致行为相应地回归至基线的反应模式。最后，我们并不知道在行为恢复至基线模式之后，重新引入一种或

---

① 译注：哌醋甲酯，药品名称为利他林（Ritalin），一种精神类药物。

两种干预是否会导致行为改变。

事实上，老师需要重复这些实验以更好地理解学生行为改变的原因。再次强调，改变行为的可能是行为干预，也可能是药物，也可能是二者的共同作用，抑或是其他一些事件的作用。如果不重复基线和干预，我们将无法知晓行为改变的原因。事实上，如果我们想要了解两种干预的单独作用和共同作用，两种干预方法需要被单独地引入和移除。

所有这些过程都涉及复制（replication）。教师和家长可以决定保持药物干预不变但移除行为干预，反之亦可，然后重新施加两种干预。这么做，就可以检验行为干预的效果。假设基于沟通的策略被移除后，行为回归至干预前的水平。那么我们可否得出结论说行为干预是有效的而药物干预是无效的呢？"有可能"会是最为谨慎的回答。

当无关变量影响行为的时候，它们会影响内部效度。内部效度这一概念源自对照组设计，它是指研究者对自变量而非无关变量改变行为所持有的信心程度（Campbell & Stanley, 1967）。使用单一被试设计时，内部效度是通过建立自变量与因变量的功能关系体现出来的。

按照坎贝尔和斯坦利（Campbell & Stanley, 1967）使用的命名法，内部效度的影响因素有以下八种。

1. 历史效应（History effects）是指发生于实验情境外但可能会对所研究的行为产生影响的事件。例如，睡眠剥夺、健康问题或校外数学辅导。此外，教育研究中的历史效应也包括诸如代课教师、预料之外的火警以及被叫出课堂的学生，等等。

2. 成熟效应（Maturation effects）是第二种影响内部效度的因素。学生会随着时间的推移不断成熟，而这些发展过程对于研究者而言是一个挑战。被称作"成熟效应"的正常发展过程会影响所研究的行为，尤其在历经很长一段时间的实验中。例如，在研究干预对语言发展的影响时，如果来自自变量的实验影响较慢，那么实验效果有多少来自正常成熟而非干预就不得而知了。

3. 测验效应（Testing effects）是指当行为改变发生在一种测验情境时产生的对实验控制的影响。其含义主要是，让学生接触与正在教授的课程有关的问题可能实际上教给了他们一些有关测验情境的东西（例如，如何更准确地回答问题），或者测验情境本身会教授一些有关将要学习的内容。在这种情况下，行为会仅仅因为测验而发生改变，而无须任何正在被研究分析的干预。

4. 工具效应（Instrumentation effects）有两种主要形式。其一，用于记录行为的软件或硬件可能会发生失灵的情况。例如，在一项电脑化评估中软件故障或键盘上某个按键失灵会改变所收集的数据，并导致所记录的行为发生不尽如人意的变化。其二，观察者所记录的行为并不能准确代表实际的行为反应。例如，未经严格训练的观察者无法准确地记录目标行为。另外，在一个研究的进展过程中，观察者会逐渐改变他们界定和记录行为的方式，这种现象叫作观察者偏倚（observer drift）。第 7 章会对每一类工具效应做具体讨论。

5. 回归平均值（Regression to the mean）也是影响内部效度的一个因素。它是一种统计抽样现象，即出现在一个正态分布中的极其不可能的结果——异常值（outliers）在重新抽样时倾向于不会再出现（Gould, 1981）。在行为分析中，不存在所谓的异常行为（outlier behavior）。所有行为的出现都是有原因的，异常值只是表明行为还有待分析与理解。这使得统计回归的概念在重复测量研究中变得不是非常有用（参见下一节）。

6. 被试选择偏倚（Participant selection bias）涉及分配到不同干预组的被试之间的等值性。与回归平均值一样，这一影响因素也源自传统心理学研究中所使用的对照组研究法（参见第 2 章），因而不太符合针对个体的单一被试设计逻辑。

7. 被试的选择性流失（Selective attrition of participants）是指出于不为研究者所知的原因，被试退出或被移出一项研究的情况。尽管这是团体对照组研究中长期关注的一个问题，但它也会影响单一被试设计。对于 n=1 的设计，选择性流失是一个问题，但是有特定特征的人可能无法完成一项实验。例如，干预可能过于复杂，或者可能不太为社会所接受，或者有悖于一些文化习俗，或者会产生意料之外的副作用。这对于单一被试设计的内部效度来说并不是一个很大的影响因素，但对于系统复制而言却是一个重要的问题（即使研究结果具有普遍性或建立外部效度，参见第 4 章）。

8. 选择性流失与其他因素的交互作用（Interactions among selective attrition and other threats）是影响内部效度的最后一个因素。在这种情况下，诸如历史或测验等效应会系统地影响被试无法完成一项研究的原因。鉴于单一被试设计的归纳性质，这一类影响因素实际上是对前述影响因素的深入阐述。其原因在于造成选择性流失的变量间的交互作用实质上进一步深化了这样一个潜在的与实验有关的问题，即"为什么有些被试未能完成实验而另一些完成了"。

确定无关变量何时会影响内部效度是研究过程的一个重要方面。一名训练有素的研究者知道应该于何时何地去寻找无关变量以及如何控制它们对行为的影响。确定无关变量的最有效的指引可能来自数据本身。任何时候，如果数据中存在你无法用已知事件加以解释的变异，那样的变异就代表了未知（无关）变量对行为的影响。在这个意义上，单一被试设计中数据的变异并不是可以被忽略的小问题，而恰恰表明有其他因素在控制被分析的行为。因此，数据中的变异通常代表一个发现影响行为的其他事件的机会。

显而易见的是，自然环境尤其是教育情境中存在着大量的无关变量，其中有许多无关变量无法像在实验室中那样被直接控制。然而，有一些系统的行为研究设计使研究者在教育情境中可以通过单一被试研究来回答一些重要的问题。正如在第 2 章中所阐述的那样，这些设计有着成功应用的悠久历史。因为上述的所有事件都可能影响功能关系的建立，所以研究者使用不同类型的实验设计来测试并控制它们对行为的潜在影响（参见第四篇）。

三、基线

大多数实验行为分析都起始于建立一个基线。"基线的作用在于为查看其他某种条件的影响提供背景或情境。"（Johnston & Pennypacker, 1993, p.225）实验必须从某处开始，而正如我们将会看到的，基线是一个符合逻辑的起点。

基线的概念看似简单，实际上很复杂。一名研究者如何建构一个基线对通过实验得出的结论有着重要的影响。设计得不好的基线或许会使研究者无法对实验进行解释或者极度限制对研究结果的解释。为了理解这一点，我们需要讨论基线的构成以及如何将其应用于单一被试设计之中。

基线的构成包括几个元素。基线的一个方面是所使用的程序（procedures）。程序是指特定的环境及其构成和运作的方式。另一方面是物理环境，包括房间的大小、家具的布置以及工作人员的一般特征。例如，研究是发生在一个只有一名工作人员在场的小房间里呢，还是在一个有其他学生以及一些成人在场的体育馆里呢？还有一个要素涉及与学生互动的人，包括其他学生、教育工作者、专业人士的助手、研究人员，等等。例如，学生是在专业人士的助手的监督下以 3~4 人为一组的方式进行学习，还是单独接受老师的一对一教学？除了关注与焦点学生互动的人之外，还有一些问题：当他们互动的时候，学生在做什么？成人们在教室里做什么？他们是如何处理特定行为的？学生的同伴们如何应对目标行为？对于特定行为是否伴有显性或隐性的强化依联（reinforcement contingencies）？

在教育研究中，至少还有三个方面的基线程序需要具体地加以描述。首先，如果学生接触了课程，那么它们是什么课程？是否存在一个有着事先界定好的单元和测验的结构化课程？其次，使用的教学程序是什么？提供给学生的是哪一类教学？教学进程是如何安排的？教师是否经常向学生提问？教育者如何提供有关学生表现的反馈？最后，在目标情境中所提供的材料有哪些类型？学生们使用的是笔记本电脑、纸笔作业，还是可操纵的物品？

以上几段尝试着描述了教育情境中基线的基本元素。然而，每一个实验都有些独特之处，并且毫无疑问，也有许多与一个特定研究有关的其他特征。总而言之，基线程序的描绘越全面，未来的读者越容易解释自变量引发的行为改变（以及基线期建立起的行为模式）。

杜根等人（Dugan et al., 1995）提供了一个良好的基线设计的例子。这些研究者研究的是合作学习团体对普通教育班级中两名孤独症学生的表现的影响。他们对基线程序的描述包括如下内容。

> 被试是市中心一所小学的 2 名孤独症学生以及 16 名四年级普通班级学生，他们是同班同学……老师对 16 名学生在社会研究活动方面的知识掌握程度和一般表现进行评定，5 名学生的评定结果为较好，8 名为一般，3 名为较差。
>
> 所有教学都发生在普通班级里，由老师监督执行，并由 1 名特殊教育辅助人员协助监督及实施前测和后测。1~2 名实验者在场并偶尔提供指导，其主要任务是承担监督者的角色以确保项目实施的忠诚度，并进行数据采集。
>
> 首先是一个为期 2 周的基线期，其间老师讲授 40 分钟的社会研究材料，一周 4 次。老师一般都使用这种传统的教师引导式教学来教授社会研究和其他学科内容。16 名学生和 2 名孤独症学生以安排好的 3 人或 4 人为一组坐在教室里。课堂讲授的内容涵盖《州与地区》（*States and Regions*）这本教材的单元主题，包括东北部和东南部。教师教学和讨论模式包括：引入关键词和核心内容、提问题以及使用地图。对学生的要求是使用教材和记笔记（Dugan et al., 1995, pp.177-178）。

基线用于建立最初的行为模式，也就是：行为发生的频率、持续时间、时间间隔是怎样的？行为如何与其他目标行为共同发生？单一被试设计的一个特征是使用重复测量来记录行为的模式。重复测量是一种研究方法，即收集行为跨时间的多重样本。对照组研究通常测量行为在某个单一时间点的表现（如前测），而单一被试设计是在基线期和干预期重复测量目标行为。

根据具体情况，观察期可以是学校里的一整天、每天一次、每周几次、每周一次或者每月一次。行为抽样的频率与所研究的情境有关。一般来说，行为抽样越频繁，所生成的行为模式就越具有代表性。然而，随着行为抽样频率的增加，所需要的时间和资源也会增加。与实验设计的大多数议题一样，研究者必须做出关于抽样的代表性水平的最佳判断。如果在一周内行为表现是多变的，则必须在一周内进行重复抽样以获取行为模式。如果行为表现是一致的，那么较少的抽样是合适的。

通过重复测量，研究者可以确定行为发生的频率以及行为从一个观察期到另一个观察期的变化。图3.3呈现了代表不同行为模式的两个基线的例子。库欣和肯尼迪（Cushing & Kennedy, 1997）研究了同伴支持项目对参与该项目的非残障学生任务投入的影响。基线是普通教育教师上课时非残障学生单独学习的情况。在一周里每一天相同的上课时间内对学生的任务参与情况进行测量。出于讨论的目的，这里只对初始基线做进一步阐述。辛迪呈现出高度多变的初始基线，任务参与的变动范围为0~76%（平均值为38%）。基洛哈的任务参与的平均值为44%，有着适度的变动幅度（变动范围为25%~53%）。

根据辛迪和基洛哈的基线，一个干预前可预测的行为模式得以建立。对于基洛哈，行为模式是一种一致的表现，而对于辛迪，可预期的模式具有较高的变动幅度（参见第15章）。在单一被试研究中，一个普遍的规律是，数据模式越多变，建立可预测基线所需要的时间就越多。根据这样的现象，可提出两个密切相关的问题：①在基线状态下至少需要多少个数据点？②数据模式需要多么稳定？与本书的主旨保持一致，这两个问题的答案都是"依具体情况而定"。

"多少个数据点可以组成一个最低限度的基线？"这是一个有趣的问题。对于单一被试研究者而言，默认的答案是"3个数据点"。无论该准则最初源自何处，它已经写在许多单一被试设计的教科书上了。然而，我认为基线的长度应该按需而定，而并非越长越好。设置基线的目的是建立行为模式以便与干预状态进行比较。因此，基线长到能够充分体现行为模式即可。判断的依据是，相对于其他状态而言行为的变动程度与反应的模式。例如，在图3.3中，针对辛迪的第二个基线中只有两个数据点，但是行为模式有着明显的变化。还有一个例外是使用简式实验设计（brief experimental designs，参见第13章），即每一个特定的实验条件下可能只收集一个数据点。需要再次强调的是，需要收集的数据点的数量取决于行为模式以及实验的情况。

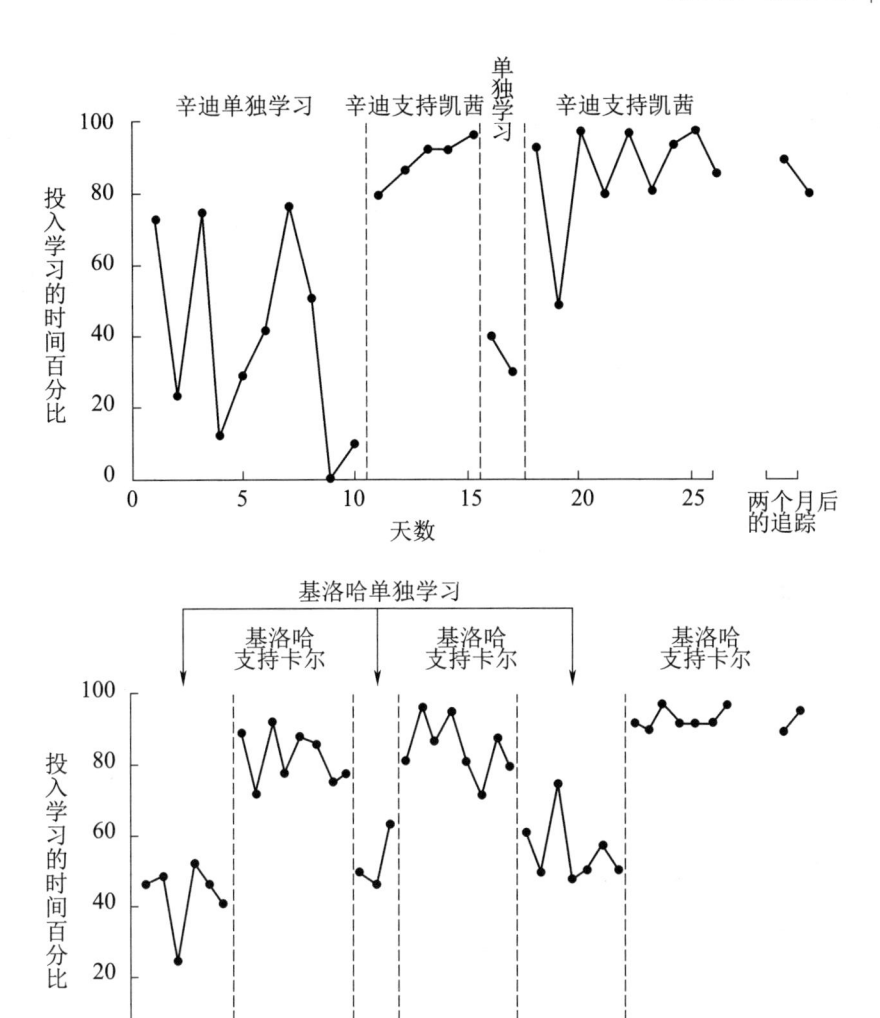

图 3.3　同伴支持项目对非残障学生的影响

Y 轴表示学生参与学业任务的时距百分比，X 轴表示每天收集一次数据，每周收集五天。上面的图显示的是对辛迪行为的分析，下面的图显示的是基洛哈的行为数据。在基线状态下，学生单独学习。在干预状态下，辛迪和基洛哈分别为两名重度残障学生凯茜和卡尔提供同伴支持。

资料来源：L. S. Cushing, C. H. Kennedy, Academic Effects of Providing Peer Support in General Education Classroom on Students without Disabilities（《在普通教育班级中提供同伴支持对非残障学生的学业影响》），*Journal of Applied Behavior Analysis*（《应用行为分析杂志》），1997, 30, 图 1 和图 2, p.145. 1997 年版权归实验行为分析协会所有，同意翻印。

还有一个问题则有关基线的稳定性以及行为稳定状态的概念。稳定状态这一概念最初是在涉及实验行为分析的实验室研究中发展起来的（Sidman，1960）。在引入（或移除）一个自变量前，最好让行为以一种高度可预测或稳定的状态发生。因此，当改变自变量的时候，反应模式上的任何变化都可以通过之前稳定的行为模式进行比较而得以解释。该方法的逻辑是无懈可击的，但是在应用研究情境中，人们无法总是满足该方法的要求。在应用研究中，使用稳定状态的一个重要局限在于有可能会发生一些不理想的行为（如咬另一个人），以致将一个人置于较长的基线状态，而这是不符合伦理要求的。因此，应用研究通常使用改变的行为模式作为一种替代方法。在这种情况下，研究者探寻的是在基线或干预条件下行为模式是否分别变得更差或更好。总而言之，只要有可能，稳定的行为状态对于实验分析而言就是更为有利的，但是考虑到应用研究的限制，如若有悖于伦理，建立稳定的行为状态就不是必需的。

（一）未加控制的基线

一般而言，建立基线主要有两种方法。一种方法是采用现有的实践作为建立基线的情境，这样的基线叫作未加控制的基线（uncontrolled baselines）。这种基线策略的核心特征是现有的实践做法保持不变。例如，如果要研究一名有行为障碍的学生在一个自足式班级里大喊大叫的行为，研究者仅仅需要走进这个班级，然后观察和记录行为。或者，可以在操场上在无施加任何系统干预的情况下，记录一名重度残障学生的社会互动行为。通常，一旦一个未加控制的基线建立后，就要施加一个干预包，并记录行为的改善情况。

至少有两方面的原因使得未加控制的基线存在一定的问题。通常，行为的出现频率为零或接近零，或者出现频率极高。这种地板效应和天花板效应都是问题，因为它们限制了行为变动的幅度。换言之，基线条件所体现的行为发生幅度是高度受限的。最佳的情况是，行为围绕着一个测量量表的中点变动，允许在引入一个自变量后行为增多和减少。此外，在一定意义上，未加控制的基线通常会建立起一种高度人为的情境，即对行为在基线状态下发生改善不抱任何现实期待。例如，如果研究者将常见字呈现给一个不会阅读的孩子且不提供任何反馈作为基线状态，唯一会让人惊讶的事情就是这个孩子事实上开始阅读了。将未加控制的基线用于呈现一种新干预的有效性是可接受的，但是它们无法为一个系统的研究体系提供更多的信息（参见第5章）。

上述现象涉及未加控制的基线的另外一个问题。因为研究者当前采用的是现有的但通常有缺陷的教育实践，因此，当自变量被应用于基线状态时，通常会引入多种变化。以一名行为障碍学生大喊大叫的行为为例，一项干预可能会改变社会强化依联（如老师的表扬），影响物品强化依联（如代币经济），改变课程（如使用课程计划和单元教学），引入一名新老师（如一名训练有素的研究生），或者重新安排班级座位（如将所有课桌远离窗户）。尽管这种多成分干预中的每一个成分都可能是有效的，但是我们很难知道哪一个成分是有效的以及为何是有效的。因而很难从中获得有关有效教学实践的更多知识。

尽管存在上述提到的一些问题，但是在某些情况下使用未加控制的基线仍是合理的。如前所述，如果一组研究还处在发展的初期阶段，那么表明一种新干预有效就当然是合理的。这是开始分析一个新干预的合乎逻辑的起点。但是，随着新干预被证实在特定情境下有效，这些研究结果会引发关于理解干预为何会改变行为的研究。

（二）受控制的基线

建立基线的另一种方法是确保其他所有条件不变，只改变基线和干预状态间相比较的核心变量。这样的安排叫作受控制的基线（controlled baselines），因为特定条件被加以创设组成基线状态，并被采纳构成自变量。例如，皮亚扎等人（Piazza, 1998）为一名有异食癖（即啃咬如钥匙或石头等不能吃的东西）的孤独症少年创设了两个独立的基线。创建两个独立基线的依据在于需要对该少年有异食癖的不同原因进行比较。他们之前的研究分析表明，该少年做出异食行为是为了获得钥匙或石头（即非社会强化）以及获取社会关注（即以成人关注的形式体现的正强化）。第一个基线提供可以被安全吞咽的物品，第二个基线是当少年试图吞咽物品时提供社会关注而非物品（参见图3.4）。而后将这两个基线状态与非依联（noncontingent）获取刺激[即非依联实物（noncontingent tangible, NCT）和非依联关注（noncontingent attention, NCA）]做比较，结果是异食行为减少。然后实施其他操纵以建立功能关系。这一讨论的重点在于设计基线条件与自变量进行分析和比较。

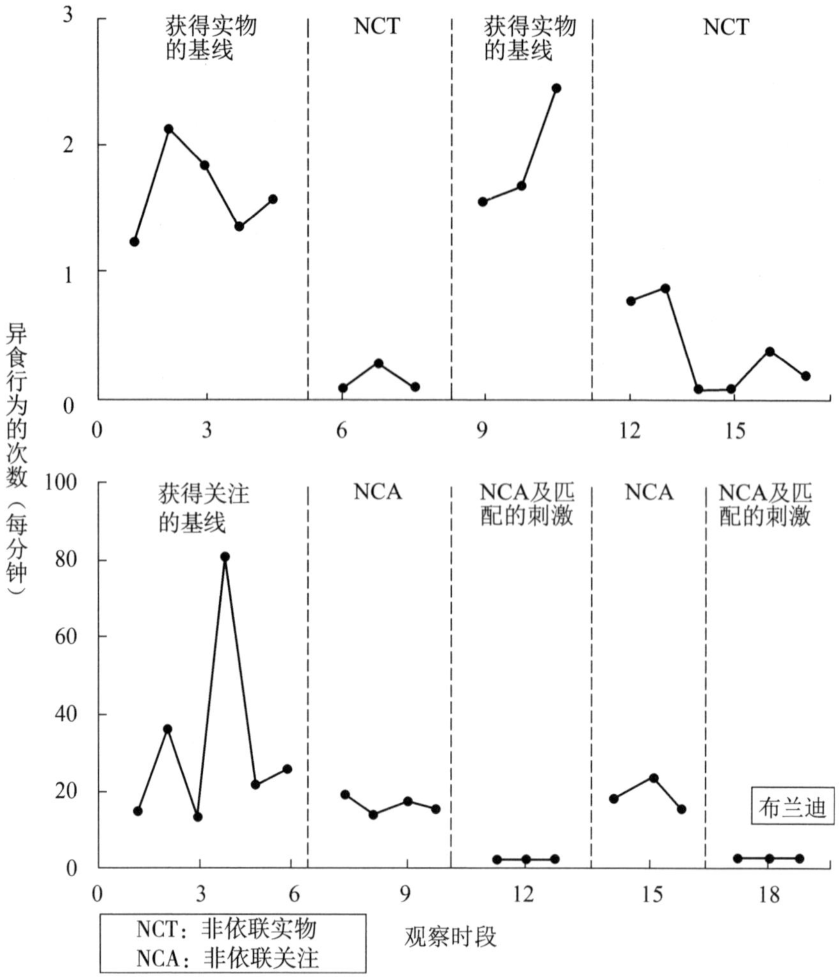

图 3.4　为一名孤独症少年建立受控制的基线

Y 轴表示在一个模拟功能分析（analogue functional analysis）中每分钟异食行为的次数。每个数据收集单元是 10 分钟（X 轴）。在基线条件下，之前被确定为维持异食行为的强化物被用于维持异食行为。干预则包括对基线条件下所建立的事件进行不同的实验操纵。

资料来源：C. C. Piazza, W. W. Fisher, G. P. Hanley, L. A. LeBlanc, A. S. Worsdell, S. E. Lindauer, K. M. Keeney, Treatment of Pica through Multiple Analyses of Its Reinforcing Functions（《通过对强化功能的多重分析对异食行为加以干预》），*Journal of Applied Behavior Analysis*（《应用行为分析杂志》），1998, 313, 图7, p.183. 1998 年版权归实验行为分析协会所有，同意翻印。

肯尼迪等人（2000）给出了受控制的基线的另一个例子。这些研究者采用跨操作功能（operant functions）的多基线设计研究刻板行为（参见第 11 章）。每一个基线都是同时建立的，用不同的强化物维持刻板行为，而且这些不同的强化物都源自之前的评估结果，即成人关注所提供的正强化、逃避任务要求所提供的负强化、独处状态下的非社会强化（参见图 3.5）。针对基线状态下每一个行为功能的功能性沟通训练干预（Carr & Durand, 1985）都会被系统引入，用于分析是否每一个强化物功能都会迁移至一个新的行为。这种受控制的基线确保了在整个研究过程中强化物功能保持不变，并允许研究者分析行为功能是否可以迁移至不同的反应形态上（如从刻板行为到手势语）。

受控制的基线有一些优于未加控制的基线的地方。值得一提的是，受控制的基线使研究者能从呈现干预有效性发展至能提出一些更为精细的实验问题。这一点在第 5 章中将进行充分阐述，这里会加以简要描述以达到说明的目的。受控制的基线可用于比较一种干预与另一种干预的差异，以确定两种干预的哪一方面导致了特定的结果。例如，使用恒定时间延迟（constant-time delay）可与使用恒定时间延迟加上社会赞许相比较。受控制的基线也可用于参数分析，即将不同数量或不同程度的自变量相比较以确定其对行为的影响。这种策略可用于研究不同数量的阅读教学对阅读熟练度及流畅性的影响。受控制的基线还可用于成分分析。这种实验方法是将特定干预确立为基线，然后移除该自变量的一个单独成分以分析其对行为的影响。

虽然人们自 20 世纪 60 年代起就已经开始应用受控制的基线了，但在采用单一被试设计的教育研究中却是应用得最少的。受控制的基线的一个主要缺点在于开展研究的情境必须重新设定，以确立一个经过系统设计的基线。熟悉教育环境的人都了解这种安排的复杂性。然而，建立受控制的基线所产生的分析方面的益处却使这样一种环境安排富有价值，因为它允许更精细的实验分析。这样的分析可以确立一种功能关系，从而告诉我们大量有关行为为何改变的信息，而不仅仅是表明干预是有效的。

四、说明功能关系

建立基线状态下清晰的行为模式可以创设一个平台，以引入自变量并研究其对行为的影响。如果行为模式在引入自变量后发生了改变，那么就有理由怀疑该干预可能已经影响了行为反应。然而，这时就得出功能关系已经得以证明的结论是过于草率的。至少还需要一个实验操纵才可以建立功能关系（参见专栏 3.1）。

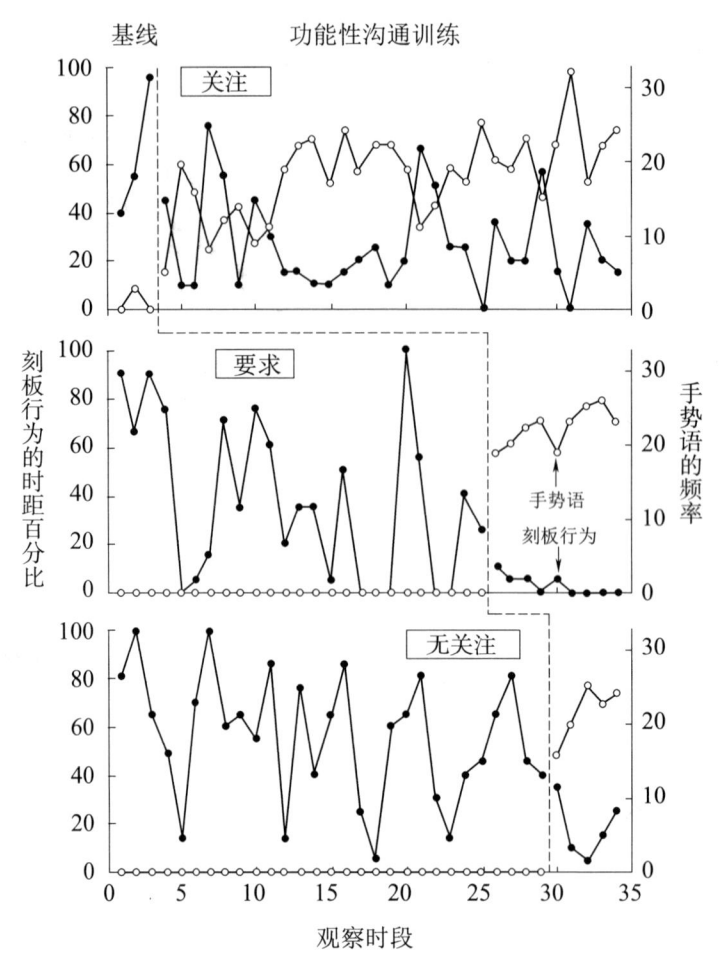

图 3.5　研究刻板行为的多基线设计

左边的 Y 轴表示刻板行为的时距百分比，右边的 Y 轴表示手势语的频率。X 轴表示每天一次的连续 5 分钟的实验次数序号。在之前的模拟功能分析中已经确定了维持刻板行为的不同强化物。功能沟通训练被用于将强化物功能迁移到新行为（即手势语）上。

资料来源：C. H. Kennedy, K. A. Meyer, T. Knowles, S. Shukla, Analyzing the Multiple Functions of Stereotypical Behavior for Students with Autism: Implications for Assessment and Treatment（《分析孤独症学生刻板行为的多种功能：评估与干预的启示》），*Journal of Applied Behavior Analysis*（《应用行为分析杂志》），2000, 33, 图2, p.565. 2000 年版权归实验行为分析协会所有，同意翻印。

专栏 3.1 开展研究时要使用精确的语言

人们对研究者常常有这样一种刻板印象，即他们要竭尽全力地精确使用语言。他们所使用的每一个词语都要经过精心选择以说明特定的含义，并且只需要最少量的单词来表达思想。要尽力避免累赘或含糊其辞，以免导致意义混淆而与开展研究的目的相违背。与大多数的刻板印象不同，这种刻板印象实际上是相当准确的。原因很简单：研究是一项对精确度要求非常高的工作，但是通常研究者所研究的现象是人们不甚了解的。因此，当一名研究者开辟新领域时，最好尽可能认真地描述研究中所做的事情以及这些活动所产生的结果。研究者无法准确地知道他当前所研究的内容（或者 5 年、10 年后所研究的内容）将如何为他人所解读。

为了尽可能地避免混淆，研究者们使用尽可能少的词语仔细地界定他们所要表达的含义。学会这一点的唯一方式就是监控你所说或所写的有关你研究的一切，并对其加以分析以求达到简明清晰。尽管这么做并不总是一个愉悦的过程，但有助于获得他人的批判性评价。这些都是可采用的好方法，因为研究者要不停地监控并讨论术语的含义及适当性。换言之，即使你不评判自己的技术语言，其他研究者也会评判你所使用的语言。

精确语言的一个很好的例子是使用"功能关系"（functional relation）和"功能性亲密关系"（functional relationship）这两个术语。这两个术语常被使用，好像它们是可以通用的。早先默里·西德曼（1960）在他的关于单一被试设计的经典著作《科学研究策略》中使用过"功能关系"一词。如前所述，"功能关系"是指通过系统地操纵自变量以呈现对因变量的控制。然而，随着时间的推移，语言已经发生偏移，而且还有一些研究者现在使用"功能性亲密关系"一词，而这是不准确的。

问题是这样的：《新编韦氏大学词典第九版》（*Webster's Ninth New Collegiate Dictionary*）对"亲密关系"（relationship）的解释包括：（1）相互关联或彼此联结的状态（例如，进入婚姻关系）；（2）将两个参与者联系起来或绑定在一种关系中，例如：a. 亲属，b. 某种特定的亲属；（3）a. 存在于那些有某种关系或交易的人之间的状态（例如，与他的家人有着很好的关系），b. 一种浪漫或热烈的依恋。

从根本上说，假定"功能性亲密关系"这一术语具有社交和人际关系方面的含义，这便超出了自变量与因变量之间实验控制的呈现范围。相较而言，"功能关系"描述的是两个变量间的一种抽象的联结，而没有任何额外的含义或推论。总而言之，婚姻可以是一种"功能性亲密关系"，但是你在研究中所呈现的实验控制则是一种"功能关系"。

专栏 3.2　单一被试设计的基础

现在介绍一些在单一被试研究中所使用的技术术语。在这类研究中，基线状态通常被命名为 A 状态。如果一名研究者在口头或书面交流中谈及 A 状态或基线，这两个术语是被当作同义词使用的。类似地，第一个干预状态被称作 B 状态。干预、自变量以及 B 状态通常也是同义词。在讨论不同类型的单一被试设计策略时，将会用这种便于记忆的字母法来指称各个状态的安排。例如，使用 A-B-A 设计意味着研究者会把基线、干预和基线作为其实验条件的顺序。使用 A-B-A-B 设计则意味着实验条件的发生顺序为：基线、干预、基线和干预。如果引入其他干预，那么就用字母表里的下一个字母（如 C）来命名这些自变量。检测两种独立自变量相对于一种基线状态的实验效应的设计可以被命名为 A-B-A-C-A-B-A-C。如果将两种独立的干预条件加以合并，那么通常用一个加号（+）来体现这样一种整合（如 B+C 状态）。一个假设的顺序可能是：A-B-A-C-A-B+C-A-B。

正如你从专栏 3.2 的阅读材料中可以看到的，上述案例可以被称作一种实验条件的 A-B 安排。这种 A-B 安排在建立如本章所述的功能关系上是一组必要不充分条件。尽管从 A 状态到 B 状态在因变量的水平上可能存在一个相应的变化，但是在引入自变量时，可能会有其他大量额外变量同时发生。因此，研究者需要再实施至少一个实验操纵，即回复至基线状态（即 A-B-A）。

这种回复至基线的安排允许研究者再一次检验自变量是否真正影响因变量，而非无关变量影响行为改变。这种实验操纵采用的是一种复制的形式。如果因变量的变化绝大多数归因于自变量而非无关变量，那么自变量的呈现以及随后的移除应该会极大地影响行为模式（参见专栏 3.3）。

图 3.6 呈现了来自 A-B-A 分析的四种不同的数据模式。图 3.6 中的一些数据显示了功能关系，而其他的则没有。其中第 1 幅图所显示的数据模式恰好与图 3.1 中所显示的相反，但是与图 3.1 一样，该图也体现了一个确立好的功能关系。在第一个基线状态下记录了低水平的行为，它有着较少的变化且没有任何上升或下降的趋势。在干预（B）被引入后，可以观察到行为水平立刻增加了，并且有着较少的变化且没有呈现出任何趋势。在这里，我们已经呈现了从 A 状态到 B 状态的清晰变化，但是仍然有某个无关变量与 B 状态的引入同时发生的可能。为了检测这种可能性，一旦确立了一种稳定的行为模式，研究者就计划移除干预（B）。在干预被移除后，实验回复至基线（A），行为回复至与初始基线相一致的模式。这个时候，我们已经满足了确立一种功能关系的最低要求。

专栏 3.3　有计划的实验操纵

　　如前所述，干预被称为自变量是因为实验者直接控制这些变量的实施与移除。这一现象所隐含的意思是自变量的引入与移除是一种有计划安排的事件。换言之，实验者决定开始干预是因为基线稳定性已经达成或者数据趋势与预期的干预效应是反向的。在移除或改变自变量时，这种有目的的实验操纵过程也会遵照这种做法。这与无计划地、偶然地或者突发奇想地实施或移除某一个干预形成对比。在那些无计划的情况下，研究者无法排除无关变量与行为变化之间相关联的可能性，因此，它会给研究引入一个潜在的混淆因素。如果一个无关事件造成了自变量状态的变化或与这种变化同时发生，那么那些实验外的事件也可能会造成一部分或所有的观察到的行为变化。因此，在实施有计划的实验操纵之前，单一被试研究者通常会指明状态改变的标准，或者为改变一种状态提供合理化的解释。单一被试设计的这一特点有助于将其与个案史研究及其他未加控制的方法区分开。

　　那么伴有一致行为变化的其他实验操纵是否会更加令人信服呢？这是一定的。然而，需要多少实验操纵是一个复杂的问题，这会在第 4 章中加以详细阐述。在展开这一讨论前，至少需要考虑三个问题以确定多少次复制是充分的。首先，能显示与自变量状态有关的清晰的行为变化模式的 A-B-A 分析足以确立一种功能关系。然而，如果研究者认为可能有一个与干预共变的无关变量，那么其他实验操纵就是合理的（在类似的情况下，直接测量潜在干扰变量的状态也是值得推荐的）。最后，因为我们是在应用情境中讨论单一被试设计，因此，如何能与环境最好地兼容以及如何做对被试的干扰最少都是值得考虑的关键问题。

　　图 3.6 中的第 2 幅图显示了与第 1 幅图相似的基线反应模式。引入自变量，从 A 状态改变至 B 状态后导致行为模式发生明显的改变。然而，当移除 B 状态并回复至基线状态后，行为没有发生任何改变。换言之，在第二个基线状态下的行为模式与在干预状态下是一样的。在这种情况下，我们未能复制最初的 A-B 数据模式，因而无法确立一种功能关系。这样的模式是很常见的，并且可以将其归因于变量间可能存在的大量交互作用。出现这种结果的一个常见的原因在于干预以一种不易被倒返的方式改变了行为（如学习阅读特定的单词）。这种数据模式的另一个常见的原因在于无关变量而非自变量造成了因变量的改变。

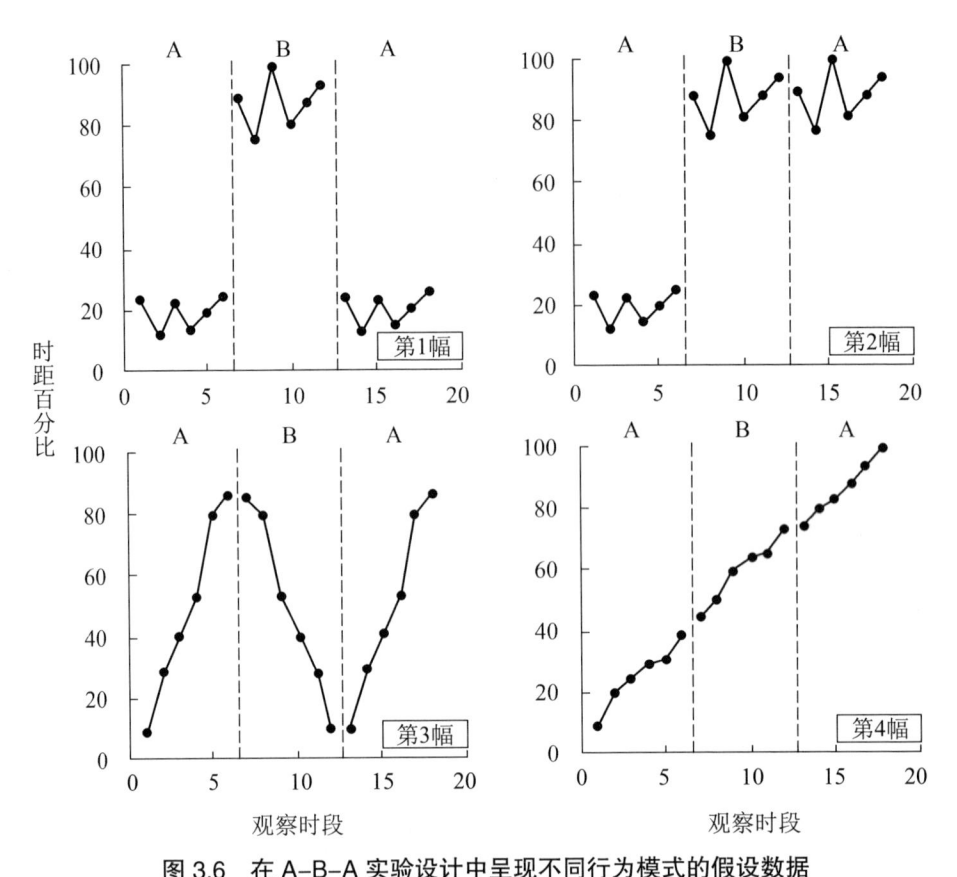

图 3.6 在 A–B–A 实验设计中呈现不同行为模式的假设数据

纵坐标代表因变量，而研究的时间进程则标注在横坐标上。四幅图分别被标注为第 1 幅、第 2 幅、第 3 幅和第 4 幅，以对应本文中的讨论。

图 3.6 的第 3 幅图依然体现了另外一种数据模式。在这种情况下，假定在该因变量上的增加是有问题的，而减少是适宜的。在基线状态下，数据呈现出持续增长的趋势。在这个例子中，即使还未达到一种稳定的反应状态，研究者仍然决定引入干预。然而，因为不当行为的数量在不断增加，如果干预可以改变这种模式，那么在应用情境中，这样的基线就是足够的。在图 3.6 的第 3 幅图中，B 状态的引入不仅改变了基线状态下的行为模式，更是完全倒转了那种行为模式。当研究倒返至 A 状态时，行为立即开始增加，此后持续增加。尽管在 A-B-A 设计中，数据存在完全的重叠，但功能关系却因为数据模式的一致变化而得以确立。

图 3.6 的第 4 幅图呈现了另外一组值得考虑的数据。与之前的例子不同，这里假定在因变量上的增加是非常适宜的。在这一假设研究中，基线状

态下行为呈现出不断增加的趋势。实施干预后，行为持续增加，并且在干预被移除后，行为仍然持续增加。对于我们所假设的被试而言，该研究的结果是很好的。但是，它无法确立任何功能关系，也无法体现任何实验控制。因为数据呈现出持续增长的趋势，当实验从一个状态改变至另一个状态时，反应模式从未有过变化。用更通俗易懂的话说，我们无从得知行为为何发生了改善。

考虑自变量操纵的一种有用的方式是在基线状态的基础上增加和减少独立的事件。当引入干预时，某些东西被纳入实验情境（如在常见字阅读中的错误矫正）或者被移除出实验情境（如非依联教师关注）。通常在教育研究中，一些事件会被添加或移除。操作化定义基线和干预状态有助于清楚地确定那些正被改变的实验情境维度。这种理解通常会使我们更好地了解实验研究问题的本质以及那些由分析所得的对行为产生的各种影响。

五、小结

在教育情境（或者有教育含义的实验室情境）中，你很少能够看到如图3.6所呈现的那样清晰的研究结果。相反，研究结果通常会呈现出更多的变异、周期性趋势以及跨阶段间不太显著的变化。解释这样的结果一般需要接受多年的培训和练习。我们会在本书余下部分讨论这些问题，包括学习行为的测量以及实验设计的运用，而每个问题本身都会影响对数据的解释。重要的是，要理解实验分析的最初目标是确立一种功能关系。然而，实现这一目标并不容易，最好对与预期结果相一致的研究结果保持批判的态度。从人类的本性来说，我们通常会批判性地审视负面的研究结果而很容易接受正面的研究结果。成为一名富有成效的研究者所要学习的一部分内容就是要记住，你所寻求的是理解大自然是如何运作的，而不是告诉大自然它是如何运作的。这意味着在研究中任何时候都可能发生错误，因此，保持客观和警觉是必须的。研究者需要保持谦虚的态度，需要在许多方面下功夫（Hineline, 1991; Neuringer, 1991; Nevin, 1991）。

研究的目的是解释我们生活的世界。为了获得解释，一个必要过程就是确定所研究的现象产生的原因。建立功能关系是了解原因的重要一步。当开展的研究令人信服地表明自变量影响了因变量，那么就可以从中获得一些东西。随着越来越多的功能关系得以确立，更多的证据得以累积，并开始为研究者提供有关影响行为的行为加工过程的线索。这些多重的研究结果而后又被研究者加以说明并用于汇集成一个有关人类某种行为方式的解释（Kennedy, 2003）。在下一章中，我们将开始讨论研究如何从单个功能关系发展至通过采用独立但相关的实验策略获得大量研究结果的整合，即直接实验复制与系统实验复制。

第4章　直接实验复制与系统实验复制

对于研究者而言，实验复制（replication）是指"多次操作一个实验或程序"（《新编韦氏大学词典第九版》，1985）。显然，在这个定义框架下，研究者实施了一次实验处理，然后再次实施这种实验处理。虽然实验复制有多种样式和来历（本章后面会详细介绍），但所有类型的实验复制都是基于上述似乎略显简单的概念发展起来的。事实上，实验复制方法在研究中非常流行，研究活动的各个方面几乎都涉及对某个实验处理的复制。因此，有人认为实验复制是科学的基础，如果没有实验复制，实验法将不复存在。

如果我在实验中引入某个自变量以考察某个稳定的因变量，而此时若因变量水平发生了变化，那么我可能会推断是实验处理造成了被试的行为变化。然而，如果我由此断言行为的变化是由我这个实验人员的超凡技术引起的，那么毋庸置疑，这样断言是非常幼稚的。明智的做法是，针对同一个被试复制对这个自变量所做的实验处理，考察能否再次（甚至第3次、第4次）得到同样的结果。哪怕我得到了同样的实验结果，更加明智的做法是，对另一个被试（甚至可能是第3个、第4个被试）再次实施同样的实验处理，考察能否得到相似的实验结果。

为什么要如此小心谨慎地对待实验结果呢？这是因为在实验中可能有多个因素与自变量同时存在，而这些因素中的任何一个都可能是引起被试行为变化的原因。这些问题回避了问题的实质，即"经过多少次实验复制才能充分建立一个可靠的功能关系"，对于这个问题，没有一个固定的答案（参见专栏4.1）。

一个实验结果需要被复制的程度取决于实验情境、自变量的性质、研究群体特征、该问题的相关文献状况、研究者的经验以及其他有关因素。实际上，研究者必须依靠自己的判断去考虑多大程度的实验复制是合适的。另外，实验结果要经过充分地复制，这样建立起来的功能关系才能让他人信服。

> **专栏 4.1　需要多少次实验复制?**
>
> 　　当被问到"一个实验结果需要被重复多少次"时,无论是被试内分析还是被试间分析,大多数应用行为分析师的答案都是"2次",即首次证实结果,然后再做2次实验来证实(共3次实验)。如果问实验室环境中训练有素的行为分析师同样的问题,你听到的答案将是"1次",即首次证实结果,然后再做1次实验来证实(共2次实验)。研究者基本上会根据经济、逻辑、效率等方面的情况做出回答。根据定义,实验复制是对首次证实结果的重复,在某些情况下,进行多次实验复制是更加明智的(但并不是必要的)。为什么很多应用行为分析师对实验复制次数的问题有不同(且有点特殊)的答案呢? 2次实验要优于1次实验复制吗?那3次、4次实验复制呢?
>
> 　　对于这个问题,有多少单一被试研究者,就有多少种(合理的)答案。这些约定俗成的做法经过了长期的发展,如今基本上是依具体情况而定,很少会受到严厉的质疑。争论的关键点并不在于进行多少次实验复制是最好的,而在于如何对实验复制本身进行反思。如本章会多次提到的,要想回答"多少次实验复制是充分的"这样的问题并不容易。在某些情况下,1次实验复制可能就是合理的,而在其他情况下,2次、3次、4次,甚至更多次实验复制可能才具有充分的合理性。对于某个具体的实验而言,属于上述哪种情况取决于研究者的经验、知识水平以及实验数据的性质。需要牢记的是,研究是一种公开的工作,所有的方面都要由喜欢吹毛求疵的读者来评判其正当性。实验复制多少次才是充分而又不过度的呢?这是一个非常难以回答的问题。

　　虽然不能简单地回答实验结果经过多少次复制才能证明其可信度,但确实存在实验结果需要被复制的最少次数以证明结果的可信性。大量的研究期刊[如《实验行为分析与科学杂志》(*Journal of the Experimental Analysis of Behavior and Science*)]明确规定了可接受的实验复制的最少次数——一个实验结果需要被验证一次,然后再次被验证。从逻辑上来说,这也是实验复制的本质。这种实验复制为存在某种功能关系的断言提供了依据。而关联的总量能否使研究者确信实验结果是准确的,则需要研究者依靠有关研究主题的个人经验来回答。

　　理想的情况是(这似乎是一种奢望),研究者一次又一次地重复实验结果,直到它令人满意。然而,由于某些因素的存在,研究者不可能无限制地进行实验复制。第一,将被试反复暴露在实验处理情境下可能对被试不太有利。虽然反复呈现或移除某个自变量有可能给被试带来一些益处，但也有可能对其行为产生负面的影响。第二，被试所处的环境可能不允许反复实施实验处理。第三，利用其他被试进行多次实验复制可能不利于研究者发现新的功能关系，而这些新的功能关系可能具有更深远的意义。第四，研究资源（如研究被试、材料、课堂时间，等等）通常是有限的，也不支持对实验结果进行过度复制。

在讨论实验复制问题时，将奥卡姆剃刀原理（Occam's razor）[①]作为决策指导可能是最合适的。也就是说，研究者要判断什么时候复制的次数足够了，什么时候再进行复制是没有必要的。这显然是个动态的目标，要依一系列实验因素而定。通常，研究者不愿意仓促地断言通过实验获得了一个新的重要发现，以免这个结果无法被复制或者其他研究者也不能复制。但是，过度的复制也会造成浪费，还有可能产生负面的影响。对于每一次实验复制，研究者都需要使用前面提到的标准进行评价，以确保实验结果的可信性，同时避免过度的复制。

前面我们讨论了实验复制的重要性。在研究过程中，通过以实验复制为中心，研究者可以建立一种自我纠正系统（self-correcting system）。如果研究者用一个被试做实验，获得了一个有显著效应的实验结果，然后尝试用同一个被试再次呈现该结果，那么研究者就是在核查实验复制的结果。如果得到了复制，那么他们对研究结果的稳定性就会比较有信心。如果研究者没能得到相同的实验结果，那么最初的实验结果可能就是由某些其他的行为加工过程（而非自变量）造成的。同样地，如果研究者能够用特定的被试复制他们的实验结果，但不能用其他被试获得类似的结果，这样的实验结果也会引起关注。它使有关研究者可以在公开发表研究成果前对自己的实验结果进行检查。另外，一个研究团队的研究结果也可以被其他研究者进行检验，如果最初的实验结果得到验证，在该研究领域，人们对这种功能关系的可靠性就更加有信心了；如果最初的实验结果没有得到验证，这就提醒研究者需要对研究结果的差异做进一步的解释。

实验复制包含多种类型（许多读者可能已经猜到了）。下面将对直接实验复制与系统实验复制以及每种复制方法的子类型和具体问题进行辨析。

一、直接实验复制

直接实验复制（direct replication）是开展实验研究的基本要求，如果没有这种实验复制，实验研究就没有存在的意义。直接实验复制是指对实验处理进行被试

[①] 原注：一种简单有效原理。

内或者被试间复制。例如，从基线到引入自变量期间所发生的变化使研究者得以评价干预对因变量产生的影响，此时，如果研究者又返回基线期并再次引入自变量，那么研究者就是在尝试进行直接实验复制。之所以将其称为一种"尝试"，是因为研究者在检验是否可以产生同样的实验结果。如果对因变量进行测量，得到了同样的结果（由再次引入自变量导致），那么最初的实验结果就被复制了。这个例子说明了只有一个被试时如何进行直接实验复制，也叫作被试内复制（intraparticipant replication）。

图4.1呈现了一个被试内复制的例子，该研究用于评估实验处理对目标行为的影响，并努力尝试建立一个功能关系。图中显示了一个化名为阿莉的学生，在代表快乐的指标上表现出相应行为的时间总量（Logan et al., 1998）。横轴表示研究者收集实验数据的具体日期，纵轴表示被试微笑的时距百分比。这个实验研究了两类自变量：①与非残障学生的社会交往；②与残障学生的社会交往。4月14日，洛根和他的同事针对残障学生与社会交往有关的因变量进行测量，结果发现被试55%的时距表现出微笑。4月16日，研究者对与非残障同伴的社会交往进行测量，结果发现被试90%的时距表现出微笑。

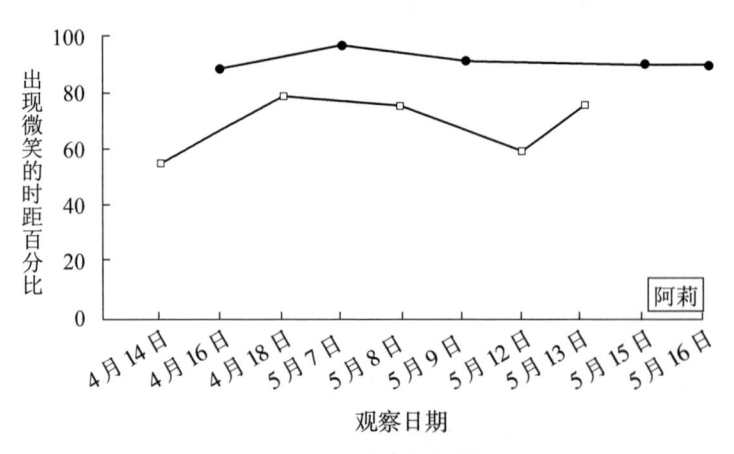

图4.1 被试内复制

研究者对一名有多重残障的学生阿莉出现微笑的时距百分比进行了比较。横轴表示研究者收集实验数据的具体日期，纵轴表示被试微笑的时距百分比。实心圆代表与非残障学生的社会交往行为，方块代表多重残障学生之间的社会交往行为。

资料来源：K. R. Logan, H. A. Jacobs, D. L. Gast, A. S. Murray, K. Daino, C. Skala, The Impact of Typical Peers on the Perceived Happiness of Students with Profound Multiple Disabilities（《普通同伴对极重度多重残障学生快乐感知的影响》），*Journal of the Association for Persons with Severe Handicaps*（《重度残障者学会杂志》），1998, 23, 图1, p.315. 1998年版权TASH所有，同意翻印。

如果此时研究者停止研究，那么他们呈现的结果可能是两种实验条件带来的巨大差异，不过此时这个实验结果还没有被其他实验复制。如第 3 章中所述，若要建立自变量与因变量之间的功能关系，就需要建立一个一致且令人信服的关系模式。正是出于这个原因，洛根等人在研究中反复进行了实验比较。4 月 18 日，研究者观察了被试与残障同伴的社会交往情况，随后又观察了与非残障同伴的社会交往情况。这样，研究者就对先前的实验结果进行了直接复制，虽然被试的因变量水平稍有变化。此时，研究者做的是对最初的实验结果实施被试（阿莉）内直接复制。在本例中，研究者在自变量间反复比较了多次，可能研究者比较关注 4 月 18 日这一天数据的增长趋势，而且研究者也不确信该模式是否会延续。另外，研究者正在研究的干预措施可能很容易被复制，而他们又不太在乎复制可能给被试带来的不利影响。

总体而言，研究者对 4 月 14 日和 16 日的最初实验结果都进行了 4 次复制。在每次实验复制中，阿莉与非残障同伴交往时都表现出了更多的微笑行为，这似乎表明阿莉和非残障同伴在一起时比和其他特殊学生在一起时更快乐。通过应用被试内直接复制法，洛根研究小组提出了一个十分令人信服的理由，表明功能关系存在。

然而，为了进一步确定所获得的结果是可靠的，洛根等人选用了另一种实验方法——跨被试直接复制（direct replication across participants），也称作被试间复制（interparticipant replication）。在这种方法中，研究者可以选用第二个被试（甚至更多的被试）进行实验复制。这种方法有助于明确一个实验结果是否可以从一个被试推广到另一个被试，换言之，通过被试内直接复制法确立的功能关系能否推广到其他被试身上。

图 4.2 呈现了一个跨被试直接复制的例子。在展示用阿莉开展研究获得的最初的实验结果之后，洛根等人尝试将实验结果推广到第二个学生。这个学生化名小凯，与阿莉在同一所学校，而且两个人具有相似的特征。在小凯的实验中，研究者采用与阿莉相同的自变量与因变量，包括同样的物理环境、同伴关系、活动、游戏时间以及照看交往活动的成人。从本质上说，实验准备时各个方面都应该进行合理的匹配，以确保具有跨被试的一致性。这样的设计可以使研究者比较直接地检验从阿莉那里获得的实验观察结果是否在小凯身上也会出现。

研究者将相似的实验设计用于检验两个被试的自变量（参见第 10 章）。结果发现，小凯呈现的数据模式与在阿莉那里看到的非常相似，当小凯与非残障同伴交往时，她总是表现出比与残障同伴交往时更多的微笑。这表明，最初的实验中阿莉表现出来的行为现象并非她所特有，从某种程度上说，这种现象在另一个被试小凯身上也发生了。至此，研究者已经完成了研究结果的被试内复制和被试间复制，实验复制的基本要求已全部满足。

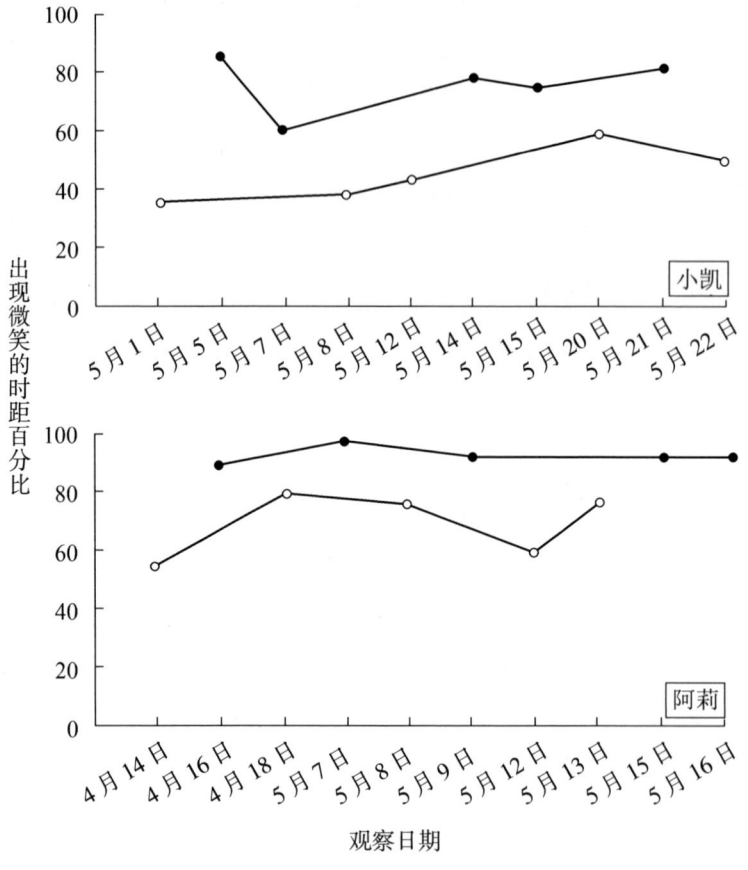

图 4.2　被试间复制

对两个有多重残障的学生（小凯和阿莉）出现微笑的时距百分比进行比较。横轴表示研究者收集实验数据的具体日期，纵轴表示被试微笑的时距百分比。实心圆代表与非残障学生的社会交往行为，空心圆代表多重残障学生之间的社会交往行为。

资料来源：K. R. Logan, H. A. Jacobs, D. L. Gast, A. S. Murray, K. Daino, and C. Skala, The Impact of Typical Peers on the Perceived Happiness of Students with Profound Multiple Disabilities（《普通同伴对极重度多重残障学生快乐感知的影响》），*Journal of the Association for Persons with Severe Handicaps*（《重度残障者学会杂志》），1998, 23, 图 1, p.315. 1998 年版权归 TASH 所有，同意翻印。

以上这些研究结果都回避了"实验复制到这个程度足够了吗?"这个问题。这个问题不能用"是"或"否"来回答,而要根据本章讨论的一系列问题来予以说明。西德曼(1960)的文章中有两句话与接下来的讨论有关,放在这里说可能特别合适,一句是"特定的实验复制技术的价值并非由先验逻辑思考所赋予,而是由其背后的科学成就所决定的"(p.71);另一句是"最终,研究者将会到达某个决策点,在这个时刻,他确定进一步的实验复制所带来的益处可能没有做新实验带来的益处大"(p.87)。

二、系统实验复制

下面将探讨通过系统实验复制(systematic replication)的过程对最初的研究结果加以推广的问题。系统实验复制与直接实验复制有着本质的区别,如在直接实验复制中,研究者是在被试内或被试间对实验计划(如自变量、因变量、实验程序、被试总体等)进行完全相同的复制;而在系统实验复制中,研究者只改变实验计划的某些方面,然后分析其对被试行为所产生的影响。例如,在洛根等人的研究中,实验结果可以用与阿莉和小凯的残障类型(如注意力缺陷与多动障碍)不同的残障学生群体进行检验。或者,研究者也可以选用不同年龄范围的学生群体进行系统实验复制。又或者,研究者还可以开发一系列新的因变量测量指标,以便更加充分地反映目标行为(即积极的影响)。而最初的实验建立新序列的可能的次数只受实验者的想象和研究现象的复杂性的限制。

系统实验复制通常包括两种一般形式,一种是在一个特定的实验内引入实验计划的变化,研究者在被试所要完成的任务或者所测量的行为方面进行微小的改变;另一种是进行跨实验间的改变,即从一个分析到另一个分析,对实验程序的某些方面进行改变,然后研究行为模式的相似性与差异性。

(一) 实验内系统复制

图4.3给出了一个实验内系统复制的例子,研究者报告了来自成年残障被试的研究数据,这些成年残障人士承担着一些办公室的日常业务(如装信封或者折叠信件)。由于这些人有非常严重的残障,因此,他们在工作中需要工作辅导员(job coach)给予更多的支持。通常,一名工作辅导员会被分配给一名特定的残障人士(就像篮球比赛中的"人盯人"防守)。帕森斯等人(Parsons et al.,

1999）认为，在工作培训中可能有一种更加有效的方法，实验的问题就在于，一种更大范围的监控方法（就像篮球比赛中的"区域"防守）是否也能够达到同样的效果（即一名工作辅导员在一个办公区域内往返于不同的工作者之间进行监控）。研究者关注两个因变量：工作生产效率和工作援助。（我们暂且轻率地将讨论的焦点集中于后者，因为两个因变量都反映了同样的系统复制问题。）

帕森斯等人采用传统的"一对一"支持方式建立了特定任务和工作者的基线水平（参见第 11 章）。从系统实验复制的视角而言，帕森斯等人改变了任务和工作者两个变量以考察新干预措施的稳健性，这也是这个实验特别有意思的地方。他们本来可以对同一个工作者进行跨多个任务的研究，这样他们的研究结果将具有跨工作类型的普遍性，而非跨工作者的普遍性。或者，他们本来可以关注多个工作者和一个单一的任务类型，这样他们的研究结果将具有跨工作者的普遍性，而非跨工作类型的普遍性。

帕森斯等人并没有仅仅改变实验程序的一个方面，而是改变了实验程序中的两个方面（工作者和任务类型），由此，他们的研究结果将具有跨工作者和工作类型的普遍性。他们的做法如下：让三个雇员从事三种不同的工作——贴标签、装信封、折叠小册子。具体的分工为：艾玛负责贴标签，弗兰克负责装信封和贴标签，韦恩负责折叠小册子。实验结果表明，工作辅导员的干预具有跨不同分工的有效性。研究者的实验设计使读者能够通过两个参数（即工作者和工作类型）来判断跨实验计划的自变量的稳健性，进而将他们的研究结果进行实验内跨变量推广。（然而，需要注意的是，关于工作类型的结果是有局限的，因为研究者并没有对工作任务中的两种类型进行实验内直接复制。）

帕森斯等人的研究提供了一个关于如何进行实验内系统复制的实例，它使研究者们能够从单个的实验研究中得到若干种比较稳健的功能关系。还有一种方法是通过跨实验系统复制来推广功能关系。由于在单个实验中可以设计多少个系统复制的问题存在逻辑上的限制，因此，跨实验系统复制是单一被试研究者们确定研究结果推广性的主要方法。

研究结果的推广性是指一个实验结果在多大程度上可以推广到其他情境中（Birnbrauer, 1981）。换句话说，推广性是一个功能关系在多大程度上可以推广到在某些维度上发生了变化的"行为—环境"关系中。这些维度可能包括如学生的年级水平、课程类型、一天中的时段、教师训练程度以及许多其他方面。或者，可以根据行为分析的需要将这些维度表达成强化力度的变化、刺激特点的变化、强化频率的变化或诱发方式的变化，等等。

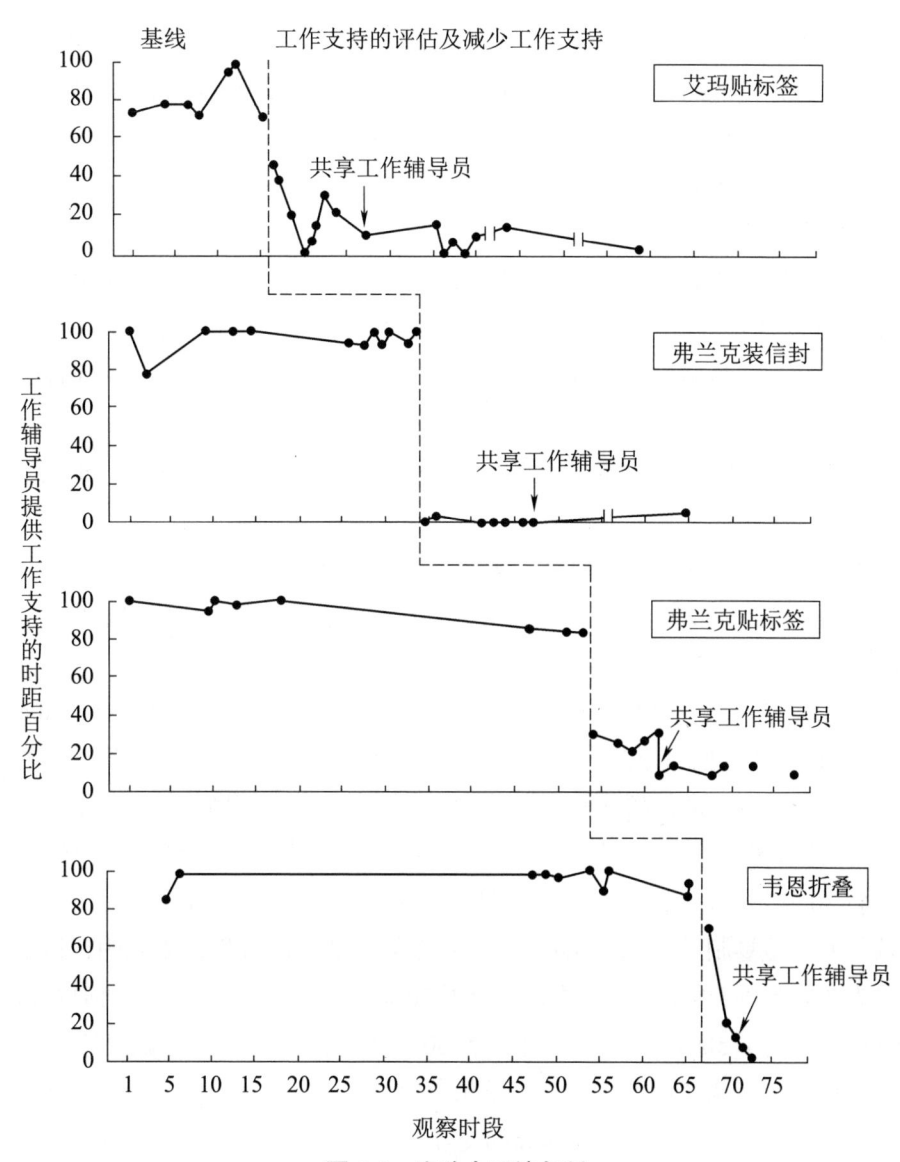

图 4.3　实验内系统复制

Y 轴表示在办公室工作环境下，工作辅导员提供给成年残障被试的工作支持时距百分比；X 轴表示观察的时间顺序。三个不同的成年残障被试（艾玛、弗兰克和韦恩）分别从事三种不同的工作：给文件贴标签、装信封和折叠小册子。

资料来源：M. B. Parsons, D. H. Reid, C. W. Green, L. B. Browning, Reducing Individualized Job Coach Assistance Provided to Persons with Multiple Severe Disabilities（《减少给多重重度残障人士提供个别化的工作辅导员援助》），*Journal of the Association for Persons with Severe Handicaps*（《重度残障者学会杂志》），1999, 24, 图 1, p.296. 1999 版权归 TASH 所有，同意翻印。

功能关系的推广性是研究者的重要关注点之一。在实施一个实验之后，研究者必然想知道他的实验结果是否可以被其他研究者复制。因为其他研究团队若要复制一个实验，必定要在实验计划中做一些微小的改变（如不同的学校、教师或者课程标准），所以这通常被看作系统的复制。这种复制有助于建立对最初结果的真实性的信心。

然而，研究者们关注他们的研究结果的推广性还有其他原因（参见专栏4.2）。在自然科学中，一个研究结果在其他情境下的可推广程度，并不仅仅用于证明最初的实验结果可以推广到其他被试样本。相反，额外的研究（即系统复制）改变了实验计划的某些方面，以考察实验所获得的功能关系的边界条件。通过系统实验复制确立功能关系的推广性时，研究者需要使用实验分析的手段来考察在什么条件下功能关系成立，而在什么条件下功能关系发生变化或不成立。因此，对于行为分析师而言，研究结果的一个更加重要的方面并不在于研究结果能否被成功复制（这仅仅是一个起点），而在于如果自变量的某些方面发生改变，原来的功能关系将如何变化。

例如，某实验表明，每天开展 15 分钟的同伴中介教学（peer-mediated instruction，即成人监督下的同伴教学），能够提高阅读能力低下的 6 岁儿童的阅读成绩。很显然，进行额外的研究时可能会提出的一个问题是"同伴中介教学中的不同参数将如何影响阅读成绩呢？"通过对最初的实验结果进行系统复制，可以将 30 分钟同伴中介教学的成绩与 15 分钟、7.5 分钟的成绩进行比较。假设获得的实验复制结果如图 4.4 所示，这个假设数据的分析结果表明，自变量水平为 7.5 分钟时被试的阅读成绩提高了 20%，自变量水平为 15 分钟时被试的阅读成绩提高了 50%，而自变量水平为 30 分钟时被试的阅读成绩提高了 55%。这些数据不仅证实了同伴中介教学能够将被试的阅读成绩提高至基线值以上，也证实了教学总量与被试成绩提高的交互作用。这样的结果更好地揭示了自变量和因变量之间的关系特征，而最初的研究未能揭示这种关系特征，其关注的是自变量一个水平的实验效应。

专栏4.2　系统实验复制与外部效度

由于单一被试设计与行为分析是以自然科学为基础的研究方法，这种方法与基于社会学和心理学的主流教育研究方法有所区别，而反映这种区别的最佳实例就是系统实验复制和外部效度的交互关系的问题。大多数心理学领域的研究方法类教科书将外部效度（external validity）定义为：一个实验的结果能够推广到其他被试、地方、条件的程度。这个定义的内涵在于源自对照组设计和相关统计分析的"样本"与"总体"间的逻辑关系。在对照组设计中，研究者抽取样本（如上研究方法课程的本科生）的目的在于用其代表更大的被试群体（如成年人总体）。

如果一个实验结果能够推广到更大的群体，那么这个研究结果就具有较高的外部效度。显然，这是一个非常重要的问题。如果研究者选用美国中西部某郊区中学的11岁学生被试实施了一个实验，那么实验结果在其他情况下的可推广程度就是一个非常重要的问题。然而，对于行为分析而言，还存在一个更加重要的问题：什么因素使美国中西部某郊区中学的11岁学生做出这样的表现呢？回答这个问题时，需要重点关注实验的内部效度（internal validity）以及引起人们做出某种反应的行为加工过程。如果采用直接复制法对这些行为加工过程进行实验分析，那么问题就出现了：研究所获得的功能关系在什么条件下成立？而在其他条件下它又在多大程度上成立呢？对于行为分析研究者而言，功能关系的推广性要求在改变某些变量的条件下进行实证研究，这样研究者可以确定功能关系的稳健性。考虑到所有的功能关系都存在某些参数不复存在的情况，因此，似乎也不存在任何一个程序能够用于说明大自然实际运作的机制。这个程序在单一被试研究中叫作系统实验复制。

外部效度的思想源自假设演绎推理以及统计推断，而系统实验复制的思想源自归纳推理和自然科学。这些术语虽然指的是某些相关的程序，但是它们来源于不同的认识论观点。在实践中，这些术语经常被认为是同义词，或者人们经常将这些概念、含义以及使用原则相混淆，出现这样的情形并不奇怪。诚然，如果研究者想要知道实验变量的作用机制，最好的策略是进行系统实验复制。然而，如果研究者想要知道一个实验结果能够在多大程度上代表由更大的被试群体得出的实验结果，此时需要关注的则是外部效度。对于应用单一被试法的研究者而言，只有先回答了前一个问题，后一个问题才具有意义。

（二）实验间系统复制

这类采取归纳途径的实验复制方法，通过复制先前实验结果并向其他方面进行推广，逐渐积累了一系列关于某个特定主题的研究文献。除了拓展某个特殊行为加工过程可能涵盖的效应范围之外，系统复制也允许确立实验程序的局限性问题。例如，在第 1 章中，我们讨论了睡眠剥夺效应的应用研究和基础研究。最初的研究复制了睡眠剥夺效应，即睡眠剥夺对人类与非人类被试所造成的负强化反应。这个结果通过系统复制的方法确立了实验现象的跨物种普遍性。然而，当实施正强化行为的睡眠剥夺实验时，出现了不同的实验结果：在对被试进行睡眠剥夺处理时，被试的行为几乎没有体现出实验效应。这种实验复制方法能够识别出睡眠剥夺实验效应是否发生，而系统实验复制的目的就在于表明这种类型的普遍性。

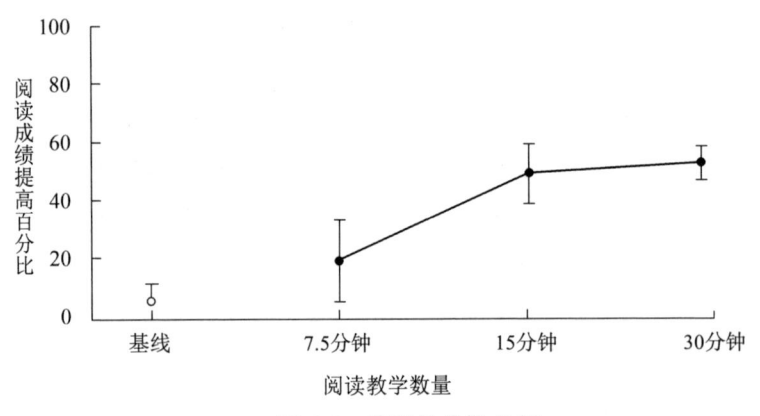

图 4.4 假设的参数分析

研究的目的在于考察同伴中介教学对于儿童阅读成绩的影响。X 轴表示儿童接受的教学总量，同时也给出了基线水平。Y 轴表示儿童阅读测验成绩比前一周测验成绩提高的百分比。数据点（圈）代表儿童被试群体的平均阅读成绩（纵向数据棒代表一个标准差）。

还有一个实例来自体育教育方面的研究文献。这里提供三个研究实例来具体阐述系统实验复制的过程。麦肯兹和鲁歇尔（McKenzie & Rushall）在 1974 年首次报告了如何通过公布成年运动员每天游泳训练的圈数来提高运动员的竞技性游泳成绩。克里奇菲尔德和瓦尔加斯（Critchfield & Vargas, 1991）选用大学生被试复制了先前的实验结果，将研究结果推广到新的被试群体中。另外他们还通过比较研究将游泳教练的反馈与公布游泳成绩的实验效应进行分离，而在先前实验中是将这两个步骤作为自变量的一部分进行处理的。当克里奇菲尔德把这两个因素做分离处理时，他们发现游泳教练的反馈并没有对被试的游泳成绩产生影响，而公布游泳表现却能够提高运动员的游泳成绩。他们的实验复制了先前麦肯兹和鲁歇尔的实验结果，并指出最初的干预组合措施中只有一个成分对于提高游泳成绩是必要的，由此对最初的实验结果进行了优化。

麦肯兹等人（1974）和克里奇菲尔德等人（1991）的实验结果后来又被沃德和卡恩斯（Ward & Carnes, 2002）复制与推广。沃德和卡恩斯的研究在某些方面与先前的研究不同，但这里我们只重点介绍两点：①新的运动员被试群体；②运动员的成绩反馈类型。沃德和卡恩斯研究了成绩反馈对大学生足球运动员竞技表现的影响。另外，他们还对先前实验的一些变式进行了研究：如运动员自己制订目标（在先前实验中，教练负责为运动员制订目标），而且运动员成绩的公布内容仅包含是否达成目标（在先前实验中，运动员成绩的公布内容包括具体成绩水平）。沃德和卡恩斯的研究结果表明，先前实验的干预手段对于另一个被试群体同样有效，并且仅需要公布运动员成绩的总体结果即可（即运动员自己制订的目标是否达成）。

综上，这些实验结果互相复制了彼此的重要方面。例如，每个实验都将运动员成绩进行操作化处理、采用相似的记录程序，并且都公布了运动员的成绩。在每个实例中，研究者都证实了这种程序组合对于改变行为水平的有效性。然而，这些实例至少在两个重要方面需要加以改变：第一，每个研究都将先前的实验结果推广至新的被试群体。三个研究都有证据表明，实验程序提高了足球运动员和不同类型的游泳者（即成年游泳者与大学生游泳者）的运动成绩；第二，每个新的研究都对先前实验进行了改进，进一步将最初实验中自变量的有效成分分离出来。克里奇菲尔德和瓦尔加斯（1991）的研究表明，公布成绩对于提高行为水平非常关键，但是附带的教练反馈对行为水平却没有影响。沃德和卡恩斯（2002）进一步改进了实验干预条件，他们提出在实验中运动员可以自已设定目标，且需要公布的唯一信息就是目标是否达成。

在这个运动心理学的研究实例中，系统实验复制用于跨被试群体实验结果的推广性，明确了自变量的哪些方面对因变量产生影响。在每个实验中，研究者基于先前的实验结果，不但对先前实验进行了复制，而且对已有研究文献进行了扩充。这也表明了系统实验复制的两个功能：重复先前的实验结果；细化或改进先前的实验结果。在这个过程中，没有一个实验能够回答有关教育或心理现象的全部问题。然而，通过系统实验复制，研究者可以形成新的研究文献，并对其感兴趣的研究内容进行深入探讨。

那么，一个研究者如何才能确定"何时"以及"如何"对先前的实验结果进行系统复制呢？对于直接复制而言，并不存在什么绝对的原则；而对于系统复制，在决定采取何种形式时应考虑一系列因素（Johnston & Pennypacker, 1994; Sidman, 1960）。这些因素用于决定什么时候进行复制，包括以下内容。

1. 结果的新颖性（Novelty of the finding）。如果研究结果是首次提出，未被复制过，那么其他研究者进行实验复制就可以对先前研究结果的可信性进行核查（这非常重要）。例如，如果某研究者报告了一个关于4~5岁儿童语音意识学习的新的教学技术，那么其他研究者可能会想知道这种新技术对于其他学校的学生是否也适用。

2. 实验结果的背景（Context of experimental findings）。与较新的研究领域相比，一个研究文献极其丰富的成熟领域所需要的实验复制相对较少。例如，几十年来，课程本位测量的应用（Deno, Fuchs, Marston, & Shin, 2001; Fuchs & Fuchs, 1996）已经受到研究者的极大关注，目前已有大量有关这种方法的研究报告，因此，相对于刚刚出现首份实验报告的研究领域而言，成熟领域中再次进行实验复制的需求就没有那么迫切了。

3. 实验准备的熟悉度（Familiarity of the experimental preparation）。这一点可以决定是否将一项新的技术纳入研究活动中（例如，新的计算机化的测量系统），或者是否需要在新的实验背景下（例如，一个新的学校系统或者不同的学生群体）通过对先前的实验进行复制。对于前者而言，进行实验复制可以对先前的系统进行检验，比较新系统与先前系统的一致性或者两种数据收集策略的有效性；对于后者而言，通过对先前实验确立的功能关系进行复制，研究者可以核实实施一项新的实验计划能否获得相似的研究结果。

4. 实验结果存在其他解释（Existence of alternative explanation for a finding）。如果有研究者报告了一项新的实验结果（甚至是被广泛接受的实验结果），而有研究团队认为这个结果可能存在其他的解释，那么此时就需要进行实验复制。在这种情况下，新的实验可以采用新的因变量，或者采用更加敏感而可靠的测量系统，或者增加新的控制条件来帮助说明自变量的影响。

（三） 增加被试群体

系统实验复制也可用于确立研究结果跨被试群体的推广性。通常，教育研究者倾向于将他们的实验工作集中在某些特殊的学生群体上，例如，某些天才和有特殊才能的个体或者社会经济背景较差的个体。基于某个学生群体建立实验变量间的功能关系常常会面临研究结果的稳健性问题，而回答这个问题的一部分工作就是检验研究结果跨学习者特征的普遍性。

通常，当研究者进行系统实验复制时，他们也就是在努力尝试推广或改进实验中的自变量，这些自变量在先前实验中被用于建立与某些目标行为的功能关系。本书第 5 章将详细论述关于实验问题的具体类型，这里先谈几个一般性问题。从本质上说，系统实验复制会改变实验计划中的某些方面，也可能会改变干预的变量。在某些情况下，系统实验复制可能会去除自变量的某些构成要素，考察行为是否发生改变；在其他情况下，实验干预的某些方面可能会被增加或减少，如前文提到的同伴中介教学的研究实例（参见图 4.4）。系统实验复制还有一个可行的方法，就是将某种技术与其他技术进行比较，找到这些问题的答案便可提供关于自变量功能属性的潜在重要信息，并有助于对有关的行为加工过程进行更好的理解。

有时，研究者会尝试通过改进所用的测量方式来更好地理解一个现象。在某些情况下，研究者可以开发出更加有效的测量系统，进而确立其可用性和精确性；在某些情况下，研究者可以额外增加行为测量以拓展分析的范围；在其他情况下，研究者可以开发出对目标事件更具敏感性的新的测量技术。在以上每个例子中，系统实验复制都可以通过分析各种行为变量的测量方式来更好地捕获行为事件。

最后一个可以运用系统实验复制的领域是，通过不同方法确立实验控制以重复实验结果。在过去的几十年中，教育研究者逐渐开始应用大量不同的方法进行研究。考虑到每种研究方法都有其优点和局限性，对使用对照组、调查或者人种志技术得出的实验结果进行检验，能够帮助研究者更好地理解最初实验结果的本质。尤其是使用单一被试设计对应用不同方法得出的实验结果进行复制时，研究者可以对行为加工过程（可能正在影响行为结果）进行更加仔细的检验。

三、实验复制失败

如果通过直接复制法或系统复制法没能对实验效应进行复制，我们该怎么办呢？例如，在洛根等人（1998）的实验中，采用阿莉做被试时得到了实验效应，而采用小凯做被试时却得到了相反的实验效应，此时，研究者该如何下结论呢？在帕森斯等人（1999）的实验中，如果在弗兰克负责装信封的条件下没能对先前的实验效应进行复制，此时，研究者该如何下结论呢？这些情况是很常见的，而且当它们真的发生时，研究者必须准确地判断其发生的原因。

总体而言，尝试进行实验复制时可能存在三种负面结果：没能获得实验效应；获得了相反的实验效应；获得了部分或混合的实验效应。在进行直接实验复制或系统实验复制时，上述结果中的任何一种都有可能发生。没能获得实验效应的情况不需要多加解释，即在进行实验复制时没有发生行为变化；获得相反的实验效应则说明自变量导致了与先前实验结果完全相反的实验效应；获得部分或混合的实验效应表明实验干预效应具有易变性。

实验复制时完全失败的情况似乎相对较少，或者至少在同行审阅的文献中很少见到这种情形。这可能是因为研究者进行实验复制时经常会提出比最初的实验本身更多的实验问题，从而导致实验复制失败。通常，实验复制失败意味着在进行实验复制时，新的实验计划的某些方面没有严格遵循先前的实验设计。当研究者尝试复制其他研究者的实验结果时，先前实验的某些细小但关键的方面被遗漏或更改，这种情况时有发生。因此，当有经验的研究者遇到实验复制失败时，他们首先会倾向于检查实施实验复制时是否遗漏了实验程序的某些细节或者操作不准确。然而，如果研究者能够再次进行一个非常有说服力的个案研究，表明他们已经忠诚地遵循了先前的实验方案，但仍然没能成功复制先前的实验结果，那么此时最初实验结果的可信性就令人担忧了。

当研究者成功复制了其他研究者的实验过程而获得了与先前实验相反的实验结果时，仍然存在类似的问题。出现这种结果后，人们首先提出的问题是，研究者在实验复制时是否严格地遵循了先前的实验方案。如果实验复制确实遵循了先前的实验方案，那么相反的实验结果就意味着实验中存在某种交互作用，而先前的研究并没有识别出这种交互作用（Hains & Baer, 1989）。也就是说，研究者进行实验复制时发现了行为加工过程中的某种交互作用，而先前的实验没能发现这种交互作用。之所以出现这样的结果，是因为最初的研究不涉及行为加工过程的某一个或几个方面，或者测量方法对行为现象不敏感，或者实验程序的某个方面不允许交互作用出现。与实验复制完全失败不同，当通过实验复制研究者得到了与最初的实验不同的实验结果时，这通常意味着可能发现了新的行为加工过程或者行为过程间存在显著的交互作用。

对实验复制获得混合实验效应的解释，在较大程度上遵循与获得相反的实验结果的解释相同的逻辑。也就是说，如果实验复制严格遵循了先前的实验方案（这种证据的重点在于研究者如何实施实验复制），那么就是新实验发现了某个新的行为加工过程或者变量间更复杂的交互作用。另外，这样的实验结果常常受到研究者们的欢迎（如果不受欢迎，也只是不受最初研究者的欢迎），因为这确实是一个激动人心的新发现。

实验复制失败或没能完全复制，是研究者所要面对的最复杂和最困难的问题，而这种复杂性在很大程度上源于对负面结果的解释。因此，问题在于，当研究者没能成功复制实验效应时，到底该如何下结论呢？对于这种实验结果的影响因素以及基于此进行的种种推断，通常受限于研究者进行合理解释的能力。由于在这种情况下常常存在多种貌似合理的解释，因此，对这样的实验结果进行理解时，需要谨慎并将其看作暂定的，直到实施进一步的实验复制。当实验复制失败或者得到了其他实验结果时，最好能够对被试行为做进一步的实验分析，以识别出行为变化的原因。通过采取这些行动，研究者便有可能发现新的功能关系，而不是仅仅报告与先前实验相矛盾的实验结果（这些结果很可能存在多种解释）。

四、小结

实验复制作为研究工作的核心内容，是一个非常复杂的问题，其复杂性来自行为本身的属性。实验的每个方面都可以进行直接复制或系统复制，这些方面包括那些目前尚未被充分理解或尚未被发现的变量。另外，关于何时进行实验复制、采用哪一类复制、何时进行新的分析等问题，并不存在绝对准则，研究者必须根据具体情况自己判断。实验复制要求研究者根据信息做出判断，虽然不能保证成功，但是这些决策一定要保证禁得起同行的批判性分析。

虽然实验复制是个非常棘手的问题，但它同时也是致使一个研究领域产生大量研究文献并且形成研究发展主线的过程。研究者通过仔细设计实验问题，寻找这些问题的答案，再设计后续的实验问题，等等，可积累大量的实证性结果。通过这样的过程，我们就能够更好地理解特定的教育问题的构成要素、内在结构和运行机制以及改进方案，等等，而在这个过程中，直接实验复制与系统实验复制都起到了非常重要的作用。

第 5 章　实验问题

当研究者决定实施一个实验时，通常要从某种类型的实验问题开始，即研究者要陈述实验将要回答哪些问题。例如，研究者可能对某个能使孤独症儿童说出较复杂句子的新教学方法感兴趣，他提出的一般性实验问题可能是：自然主义语言教学技术，如环境疗法（Garfinkle & Kaiser, 2003），是否能够提高儿童言语表达的长度和复杂性。这个例子中的基本问题采用的形式是："这个教学技术有效吗？"

明确地表达一个实验问题非常重要，原因包括多个方面。首先，它需要研究者有明确的实验目的。其次，一项研究常常开始于一个新的构想或者巨大的研究热情，然而，匆忙地分析新的研究构想时，研究者可能没有恰当地界定所要研究的东西。这一点非常重要，因为从一个激动人心的研究构想到成功实施实验，有一系列问题需要解决好。这些问题包括以下几个。

（1）是否有其他的研究者已经进行了类似的研究？

（2）相关实验的具体操作程序是什么？这些实验可能会提供重要的信息，告诉我们在实施研究时应该包含和避免哪些内容。

（3）新的研究构想容易实施吗？即在实际实施过程中，实验能否在合理的时间内完成。

在开始一项实验研究之前提出如上所述的实验问题，实际上提高了实施一个成功的、可理解的、重要的研究的可能性。

如果研究者贸然开始实施一个实验，那么可能会导致在开展研究和开发实验程序时产生一些问题，从而阻碍功能关系的确立。大多数有经验的研究者能够认识到贸然开始实施一个新实验的艰难，它将导致一个带有缺陷的研究和难以解释的研究结果，而小心谨慎地设计实验问题有助于避免这样的错误。这样做的原因在于，详细而明确地提出实验问题有助于促使研究者彻底思考先前实验所没有考虑到的多种程序性问题。

设计实验问题要求研究者能够与其他人清晰地沟通他们的研究构想，也要求研究者清楚考虑实验的本质。实验到底研究什么内容？实验中要测量什么指标？实验中导致行为改变的自变量到底是什么？使用的测量方法能否充分地测量到干预对行为所产生的影响？实验设计能否恰当地对一些似是而非的东西加以控制？设计实验问题不仅要求研究者对研究构想进行深入评价，也允许其他研究者对实验方案提出质疑，这常常使实验方案得以改进。

虽然实验问题具有各自不同的特征，但都必须包含一系列特定要素以准确描述实验将要做什么，这些要素包括：学生群体、自变量的性质、所要测量的因变量。学生群体是指实验研究的目标被试群体的有关特征，例如，在先前的实验中，可将学生群体描述为"孤独症儿童"。基于实验问题的性质增加一些详细的描述是非常必要的，例如，对表达性语言和接受性语言的标准化估计或每个学生的孤独症严重程度。对自变量和因变量的描述必须是清晰明确的。和被试群体一样，对正在研究的干预手段和行为进行描述的具体程度，也应符合实验问题的性质。例如，一项初始实验想要研究某种新的教学法的行为效应，其对问题描述的概括性可能远远高于那些已清晰描述了研究领域的实验，因为后者探究的是造成某种干预措施有效的行为加工过程。

将以上全部信息与第一段中提到的实例结合起来考虑，实验问题就可能设计为："环境语言疗法对孤独症儿童提出请求有什么影响？"这样的描述会清楚地告诉读者，在实验中将进行哪些操作，测量哪几种行为，目标被试是什么人。对实验进行详细描述也可以使研究者明确他们所要做的是什么，并将他们的实验兴趣从令人感到兴奋的实验构想转化为实际可操作的实验问题。

此外，研究者还可以明确说明自变量将对被试行为产生的影响。然而，这样的描述对于阐述一个明确的实验问题并不是必要的。而清晰地阐述问题还增加了一个预测的元素。例如，研究者可以对实验问题进行修改，使其包括对行为干预效应的预测内容——"环境语言疗法会改善孤独症儿童提出请求的表现吗？"如果研究者在实验问题中增加了结果预测的内容，那么他们就为实验提出了一个具体的假设结果。

在第 1 章中，我们已详细讨论过，实验假设有多种形式，有一些形式比其他形式更具实用性。很多研究者认为，提出明确的行为效应对于充分阐述实验问题是非常必要的，然而也有一些研究者却认为这种预测性假设毫无必要，甚至可能给实验带来不利影响。前一种观点的依据是研究者在实施实验之前应当了解干预将对行为产生的影响。后一种观点的依据是如果预测了某种结果，研究者可能会对特定的实验结果给予不必要的特殊关注，而忽略了其他可能的结果。关于实验问题，不同的研究者习惯采用不同的方式，因此，这个问题的答案可能没有对错之分。跟以前一样，最后的决定因素在于一个实验操作的有效性能否超过另一个实验，以获得有意义的实验结果。

实验问题的另一个方面是问题本身的性质，即在一个更加抽象的水平上应该提出哪种问题。研究者并不以这种方式考虑实验问题，因为他们总是关注诸如有效地实施直接复制或系统复制等日常的问题。然而，如果我们提出了这样的问题，那么我们将会发现可用于描述实验问题特征的分类方式非常少（每种分类方式都有自身的优点与用途）。本章后面的内容将讨论实验问题的四个基本类型：实证型、比较型、参数型、构成要素型。这四种实验问题类型涵盖了研究者在单一被试研究中使用的全部实验类型。

一、实证型分析

实验问题的第一种类型着重于证实是否存在某个特定的功能关系，这也是最基本的实验问题类型。在这个实验问题类型中，研究者通常会提出这样的问题："自变量会对因变量产生影响吗？"例如，通过重复呈现学生答错的数学题，纠错程序能提高学生的数学技能吗？或者，模仿流利的演讲会降低口吃儿童语言表达的不流畅性吗？总体而言，实证型问题试图回答某个具体的干预手段如何影响不同的目标行为（参见表5.1）。因此，实证型问题是教育研究中使用频率最高的实验问题，如专栏5.1所示。

图5.1给出了实验问题类型的例子。蒂曼和戈尔茨坦（Thiemann & Goldstein, 2001）研究了具有多成分的干预手段对孤独症儿童的社会行为的影响，研究者所采用的自变量包括：何时及如何开始社会交往的文字线索，关于儿童社会交往视频录像反馈以及使用儿童故事教授适宜的社会技能等。行为测量内容包括：获得其他儿童的关注，对游戏活动进行评论，邀请其他儿童一起游戏以及对其他儿童的请求做出回应等社会技能。前三种因变量只有在研究者进行多成分干预时才会表现出增加效应，表明了干预与社会行为之间的功能关系。唯一没有进行干预就表现出增加效应的因变量是"对其他儿童的请求做出回应"。基于这样的分析结果，蒂曼和戈尔茨坦得出结论："通过视觉性的间接干预，具有社会行为障碍的儿童的社交技能得到了提升，而且目标社会行为与基线水平相比表现出更高且更一致的发生率。"（p.422）

表 5.1　实验问题的类型

实证型（Demonstration）

自变量会对因变量产生影响吗？
通过重复呈现学生答错的数学题，纠错程序能提高学生的数学技能吗？
模仿流利的演讲会降低口吃儿童语言表达的不流畅性吗？
文字线索、视频录像反馈以及儿童故事的使用会提高儿童的社会交往技能吗？

比较型（Comparison）

自变量 1 和自变量 2 中，哪一个会对因变量造成更大的影响？
单独使用手势语与手势语结合口语对儿童表达性或接受性沟通会产生不同的影响吗？
以功能性行为评估为基础的干预会比随意选择的干预手段更能促进学生问题行为的改变吗？
与传统的拼写策略相比，错误矫正法会更有利于提升学生的拼写水平吗？

参数型（Parametric）

自变量水平的增量对因变量有多大影响？
7.5 分钟、15 分钟及 30 分钟的同伴中介教学分别对阅读流畅性有多大影响？
6 秒、12 秒、30 秒和 60 秒的可变时距强化程序表对注意力缺陷与多动障碍儿童的数学成绩有多大影响？
5 秒、15 秒、45 秒的上课溜号对负强化问题行为的发生频率有多大影响？

构成要素型（Component）

移除多成分干预中的一个构成要素，会改变因变量的水平吗？
如果从"良好品行游戏"中去除"规则说明"，会改变学生问题行为的发生频率吗？
在功能性沟通技能训练的基础上增加反应消退成分，会减少儿童的自伤行为吗？
从"目标设定 + 公布成绩"干预中去除公布成绩这个构成要素，会改变大学生足球运动员的定位精确性吗？

这类实验问题用于表明一个干预手段是否通过某种方式造成了行为变化，同时，这样的问题也是实证类教育研究文献的基础。它使研究者能够探究一个自变量如何影响被试的表现。提出这类问题的累积效应在于，研究者可通过展示哪些干预手段是有效的，而哪些是无效的，从而对从业者、家庭以及管理者所要求的不同教育实践信息做出回应。这类实验问题也使研究者能够描述可预期的干预效应的类型。另外，它也搭建了一个平台，可用于对干预如何改变以及为什么会改变个体行为等问题进行更复杂的分析（见下文）。

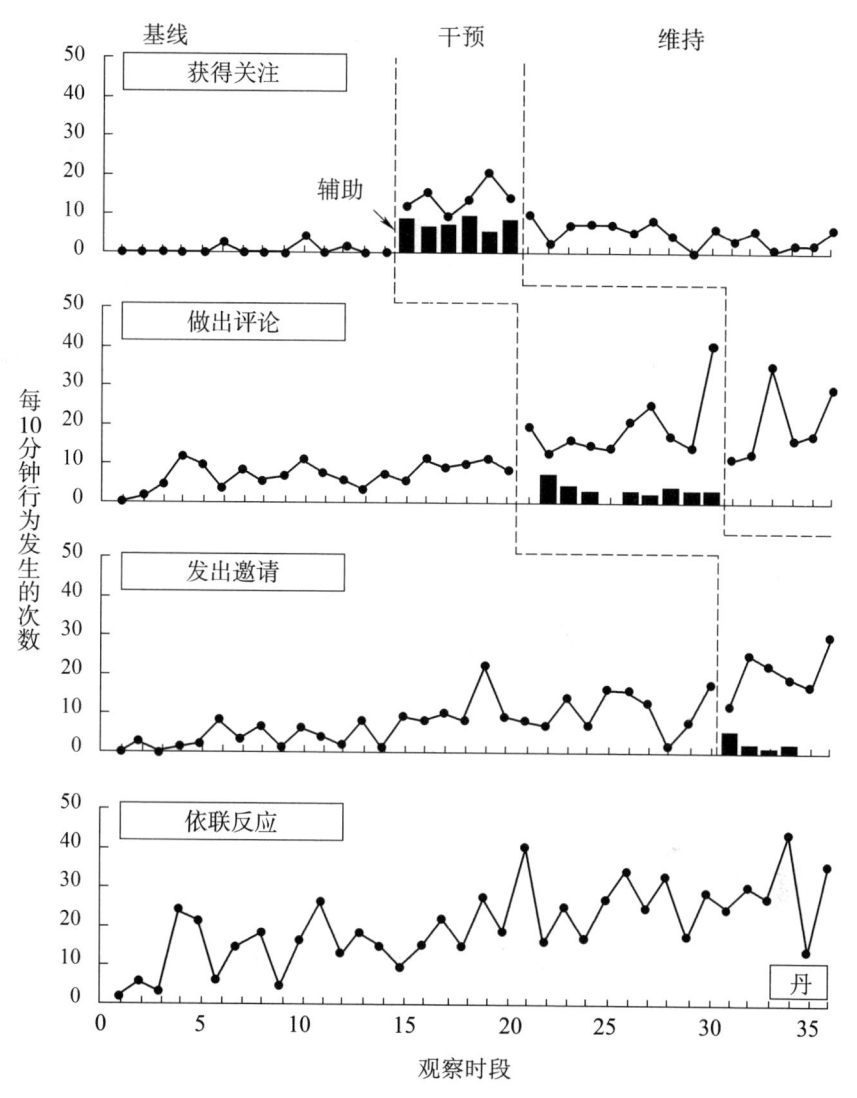

图 5.1　实证型问题的例子

研究者测量了一个孤独症儿童与非残障玩伴交往时使用适当的社交技能的频数，观察的行为指标包括获得关注、做出评论、发出邀请以及依联反应。图中的实心圆代表在 10 分钟内每种行为发生的频数，直条图代表教师提供辅助的次数。

资料来源：K. S. Thiemann, H. Goldstein, Social Stories, Written Text Cues, and Video Feedback: Effects on Social Communication of Children with Autism（《社交故事、文本线索、视频反馈：对孤独症儿童社交沟通的影响》），*Journal of Applied Behavior Analysis*（《应用行为分析杂志》），2001, 34, 图 2, p.436. 2001 年版权归实验行为分析协会所有，同意翻印。

> **专栏 5.1　关于有效性的问题**
>
> 　　行为分析的特点之一就是它的有效性（Baer, Wolf, & Risley, 1968）。在过去的几十年中，研究者沿着这一传统进行科学研究，有大量的实例表明目前已取得了巨大的进展。然而，研究者对有效性问题仍十分关注，因为研究者在证实"某种新技术的有效性"方面成果丰硕，而对于"这种新技术为什么有效"的关注则较少。海斯等人（Hayes, Rincover, & Solnick, 1980）将这种现象称为应用行为分析的"技术趋势"。人们担心的是，研究者提出了新技术，而且其对行为的影响也得到了证实，但研究者却不能对"造成新技术有效的行为加工过程"进行解释（即新技术的作用机制）。问题在于，行为分析可能正发展成为一个"技巧包"，最终无法与基本的学习过程产生关联。而探讨干预手段有效或无效的原因，会使研究者发展出一门学习的科学，这本身就比某个简单的技术目录更具实效性。当识别实验中不同行为加工过程之间复杂的交互作用并对其进行分析时，情况尤其如此。目前还有许多行为我们改变不了，其原因可能是我们对复杂的行为加工过程仍一无所知。虽然看似有些矛盾，但是短期有效的行为改变也可能会最终导致长期行为改变的效果有限。

二、比较型分析

　　第二类实验问题的思路是进行自变量间的比较分析。通常，研究者会同时考察两个（或多个）与某些固定因变量有关的自变量，即研究者会考察与同一批目标行为相关的两个或更多的环境条件之间的不同。例如，研究者可能会研究两种不同的干预手段对聋童沟通能力发展的影响，其中，一种干预手段可能是学习使用美国手语（American Sign Language, ASL）进行沟通，另一种干预手段可能是同时学习使用美国手语和口语进行沟通（即"综合沟通"）。此时，实验问题可能是："两种不同的干预手段会对接受性和表达性沟通产生不同的影响吗？"

　　图 5.2 给出了比较型分析的另一个例子。在一项关于拼写表现的研究中，瓦尔加斯等人（Vargas, Grskovic, Belfiore, & Halbert-Ayala, 1997）对两种用于美籍西班牙人（其母语为西班牙语）的英语教学方法进行了比较。在第一种教学方法中，学生对照正确的单词示例将每个英语单词书写三遍（称为"传统教法"）；在第二种教学方法中，学生要将自己的拼写结果与正确单词示例进行比较，然后改正拼写错误（称为"改错法"）。因变量是学生正确拼写的单词数量。

另外，研究者还考察了一个名叫乔斯的被试单词的字母顺序书写得是否正确。这两种方法每隔几天进行轮换，每次轮换，学生都要学习一个单词表。研究者对这种比较策略进行了跨单词表复制（共三个单词表）。如图中所示，对于被试西斯托和孔苏埃洛而言，"改错法"更有效；当对字母顺序进行分析时，一般来说"改错法"对被试乔斯也更有效。基于这个实验结果，瓦尔加斯等人（1997）提出：对于将英语作为第二语言的学生而言，教师应使用"改错法"进行英语单词拼写教学。

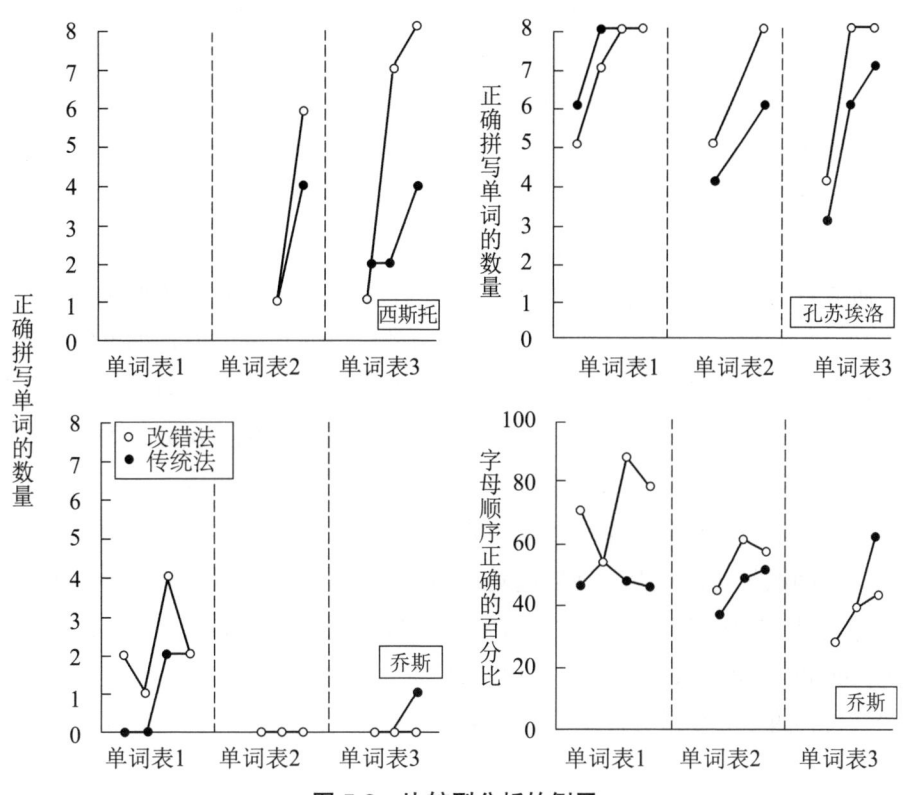

图 5.2　比较型分析的例子

研究者对西斯托、孔苏埃洛和乔斯三名学生正确拼写的单词数量进行测量，实心圆代表采用"传统教法"进行常见词拼写学习的时间段，空心圆代表采用"改错法"进行常见词拼写学习的时间段。

资料来源：A. U. Vargas, J. A. Grskovic, P. J. Belfiore, J. Halbert-Ayala, Improving Migrant Students' Spelling of English and Spanish Words with Error Correction（《采用改错法提高移民学生英语和西班牙语单词的拼写成绩》），*Journal of Behavioral Education*（《行为教育杂志》），1997, 7, 图 1a, p.19. 1997 年版权归人文科学出版社所有，同意翻印。

研究者之所以采用比较分析，存在多个原因：一个原因是要研究不同教育干预手段的有效性。另一个实用性原因是要找出哪种干预手段在行为改变中更加有效。干预手段的有效性是指行为的绝对改变，这种改变是由自变量的引入造成的。也就是说，在重复引入干预手段后，被试的行为发生了多大改变。例如，贝尔等人（Baer, Wolf, & Risley, 1968）曾提出，将儿童的分数从 D 提高到 A 的干预比从 D 提高到 C 的干预更加令人满意。

研究者对于干预的效率问题同样感兴趣。在教育背景下，研究者重点关注的问题是，给学生教授特定的课程内容时所需时间或努力的总量。由于教育资源（包括时间）是有限的，学生接受教学内容的速度越快，可用于学习额外内容的时间就越多。或者，在自伤行为的实例中，干预产生效应的速度越快，个体受到的伤害就越少。当研究者对于干预的有效性分析和效率分析都感兴趣时，其关注的就是功效（efficacy）问题。在这种情况下，研究者要依据个体行为改变的总水平及其发生的快慢程度进行比较分析。

研究者愿意进行比较分析还有一个原因，就是探究导致行为变化的行为加工过程。如专栏 5.1 中所提到的，干预的有效性固然重要，但是如果研究者不知道造成被试行为变化的内在机制，那么这样的研究结论就会有局限性。比较分析为研究者提供了一个工具，用于分析行为变化的原因。例如，如果研究者认为任务难度大是儿童逃避数学问题的原因，那么研究者可以在不同任务难度条件下进行比较。如果当呈现较难的数学问题时儿童表现出逃避，而呈现较容易的数学问题时儿童没有表现出逃避，那么任务难度大就可能是一个有害的刺激，其对儿童的逃避行为产生了负强化（Kern, Childs, Dunlap, Clarke, & Falk, 1994; Smith, Iwata, Goh, & Shore, 1995）。通过对实验条件的仔细安排以及对可能导致行为改变的变量进行比较，研究者就能找到行为改变的具体原因。

三、参数型分析

研究者可进行的最为重要的分析活动之一，就是识别出行为如何随着因变量某些维度的参数变化而发生改变。相对于通过提出"干预是否有效"这个问题而获得功能关系而言，这种分析使研究者对干预与行为结果之间的功能关系有了更加深刻的理解。例如，在第 4 章（参见图 4.4）的同伴中介教学的实例中，研究者最初的研究重点在于证实 15 分钟的同伴中介教学可以将阅读成绩提高 50%（相对于课堂教育环境下的基线水平而言）。这个结果非常重要，但是它并没有提供关于干预与行为变化之间作用机制的任何信息，因此，这是一个"全或无"式的研究结论。然而，当研究者对同伴中介教学时间总量进行参数化改变时，就得到了更加全面的研究结论。此时，研究者所建立的功能关系表明，7.5 分钟的同伴中介教学带来了 20% 的成绩增量（但成绩增量的变异性也增大了），而 30 分钟的同伴中介教学带来的的成绩增量比 15 分钟同伴中介教学带来的成绩增量仅仅多了 5%。这样的研究结果表明，干预与行为变化之间并不存在线性关系，这个结果非常重要，因为这意味着同伴中介教学的时间并不是越多越好。另外，从教学实践的角度来看，参数分析结果也说明了 15 分钟的同伴中介教学投入似乎提供了最好的效果。

参数分析的特征就是自变量的某个维度数量值的系统性增加或减少。图 5.3 给出了这种处理方式的实例：研究者让有注意力缺陷与多动障碍的儿童德里克使用哌醋甲酯（MPH）。因变量是德里克每分钟完成的数学题数量。另外，有研究者（Murray & Kollins, 2001）在孩子上学的时候（周一至周五）让他交替使用安慰剂和哌醋甲酯。研究者特别感兴趣的是，维持德里克解数学题的正强化方式如何与安慰剂和哌醋甲酯发生交互作用。为了分析这个问题，研究者对可变时距强化程序表进行了参数化改变（如 6 秒、12 秒、30 秒和 60 秒）。研究者发现，哌醋甲酯与可变时距强化程序表产生了交互作用，即强化越密集，被试每分钟完成的数学题就越多。然而，不同的可变时距强化程序表对于安慰剂条件下的被试解题的影响并未表现出差异。

我们可以对自变量的任何方面进行量化，并进行参数分析。参数分析可包括实施实验处理的总量、大小、密集度，等等。另外，自变量的两个（或多个）不同方面可以同时进行参数化处理，以考察它们之间是如何产生交互作用的。例如，研究者可以改变可变时距强化程序表的时间维度以及强化的等级（Fisher & Mazur, 1997）。

如何对自变量的某个具体方面进行参数化改变，这属于另外一个问题，通常，研究者会选择系统化方法进行干预手段的参数变化。改变参数分析度量标准包括以下几种处理方式。

（1）等距增长（如 10 秒、20 秒、30 秒）

（2）等比增长（如 10 秒、20 秒、40 秒）

（3）对数增长（如 1 秒、10 秒、100 秒）

总之，使用哪种参数度量标准分析实验处理的效应，主要依据自变量水平、因变量指标的敏感性以及实验问题的性质等方面的逻辑性限制。

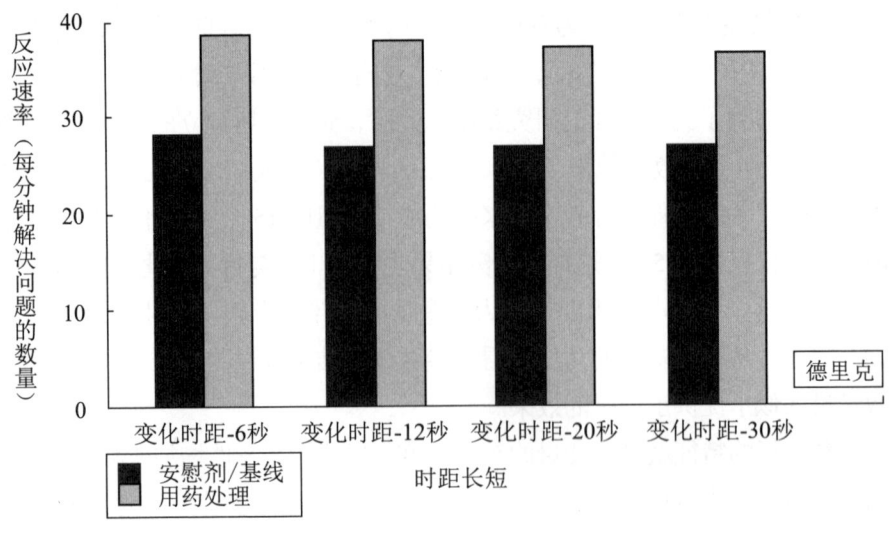

图 5.3　参数型分析的例子

研究者对注意力缺陷与多动障碍儿童德里克每分钟的解题数量进行记录。黑色直条代表德里克接受安慰剂实验处理的教学时间，灰色直条代表德里克接受哌醋甲酯实验处理的教学时间。研究者对这种精神活性药物的影响进行了参数变化研究，这里的参数变化是对被试适当行为的强化程序表（分别为 6 秒、12 秒、30 秒和 60 秒）。

资料来源：L. K. Murray, S. H. Kollins, Effects of Methylphenidate on Sensitivity to Reinforcement in Children Diagnosed with Attention Deficit Hyperactivity Disorder: An Application of the Matching Law（《哌醋甲酯对注意力缺陷与多动障碍儿童强化敏感性的影响：匹配律的应用》），*Journal of Applied Behavior Analysis*（《应用行为分析杂志》），2000, 33, 图 2, p.581. 2000 年版权归实验行为分析协会所有，同意翻印。

通常，研究者要依据最初实验所证实的某个具体干预效应来进行参数分析。从这个意义上来说，参数分析是系统实验复制的一种形式。进行参数分析的原因是多方面的：在一些情况下，研究者可能仅仅想要建立反应和环境之间的功能关系；而在另一些情况下，研究者可能想要考察在实验室条件下获得的复杂功能关系在应用环境下是否也能成立（例如，在剂量—效应的功能关系中剥夺诱发变化的效应）；还有一些情况是，研究者可能想要考察某个干预与其所带来的教育效果之间的成本收益率。以上每种情况都是有效的实验问题，可用于自变量的参数分析。

四、构成要素型分析

研究者发现，有时候将自变量进行"分解"对研究也是有益的，这种方法叫作构成要素型分析（或成分分析）。提出这种实验问题的原因通常是：研究者为了确定哪种构成要素使自变量产生作用以及如何发生作用。当研究者尝试识别干预手段的必要成分时，他通常会移除自变量的一个或多个构成要素。这种方法在教育研究中尤为重要，因为大多数干预手段都具有多种构成要素。通过选择性地移除一些自变量的构成要素，研究者可以确定这些构成要素如何影响个体行为。

构成要素型分析可以识别一个干预手段的必要成分，从这个意义上讲，它可以用于进行效能实验。图 5.4 给出了一个构成要素型分析的实例。梅德兰和斯塔赫尼克（Medland & Stachnik, 1972）对一种名为"良好行为游戏"（Barrish, Saunders, & Wolf, 1969）的干预手段进行研究。这个游戏开发于20世纪60年代，由于其良好的有效性，至今仍在广泛使用。在梅德兰和斯塔赫尼克的实验中，自变量的构成要素包括：规则说明，一个灯箱（提供班级行为"好"或"坏"的指示信号），一组依联强化（用于当被试达成目标时对其进行差别强化）。这个实验在某小学五年级的普通班中实施（班级学生数为28人）。如图 5.4 所示，研究者建立了一个基线水平，在基线期，学生的问题行为频繁发生（如在课堂上随便讲话或者离开座位等）。然后，研究者引入了"良好行为游戏"这一干预手段，基本上消除了问题行为。在第36次实施干预时，研究者单独引入了一个干预的构成要素（即规则说明），其对于课堂行为的影响微乎其微。然而，当先前干预的两个构成要素同时投入使用时（即规则说明和表现反馈），问题行为发生的频率几乎为零，而且此时的结果与整套干预做完后的结果相同。这些结果表明，在干预的三个构成要素中，只有两个要素对于自变量的有效性是必要的。虽然这种分析并没有以"具体行为加工过程如何影响行为结果"的形式表明干预为什么是有效的，但它确实表明了干预的哪些构成要素对于干预的有效性是必要的。

图 5.5 给出了另一个构成要素型分析的实例，从中确实发现了干预有效性的原因。在该实验中，瓦克尔及其同事（Wacker, 1990）首先进行了一项评估，识别出了儿童的问题行为，这些问题行为一旦发生，便会通过获得实际物品（如一个可爱的玩具）的方式获得正强化。根据这个结果，研究者开发出了一个实验干预程序，叫作"功能性沟通训练"（functional communication training,

FCT），用来辅助和强化儿童示意要玩具的行为，而对咬手指行为进行负惩罚（即取消获得玩具的资格）。结果显示，在第18次观察前，儿童独自通过示意获得玩具，没有发生咬手指行为。在第19次至第29次观察之间，研究者进行了构成要素型分析。第一个移除的成分是差别强化和负惩罚依联，这导致儿童再一次出现咬手指行为，而当强化和惩罚成分恢复时，儿童的咬手指行为便消失了。但当移除辅助和示意成分时，研究者观察到儿童的问题行为又有所增加（与前面情形相似）。这个分析表明，在对儿童的沟通和问题行为的影响方面，干预的每个成分都是必要的。移除这些成分中的任何一个，都会使干预效应消失，这表明构成干预的每个行为加工过程都是必要的。也就是说，功能性沟通训练的干预手段是有效的，其消除了儿童的问题行为，并且对儿童的示意行为进行了差别强化。

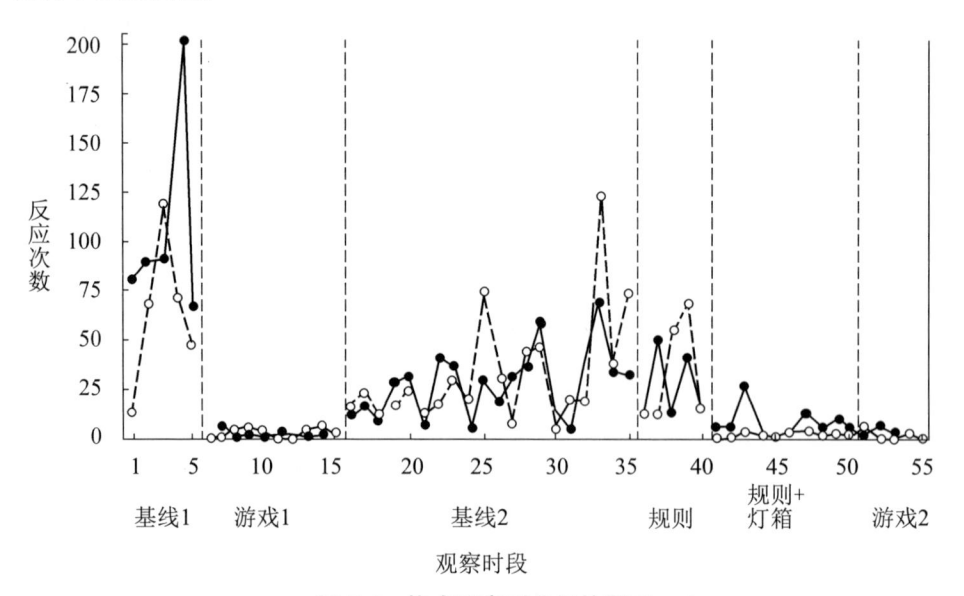

图5.4 构成要素型分析的例子

实验测量了课堂上学生的问题行为发生的频数。每个数据符号都代表一个不同的班级"团队"。在第36次干预和第55次干预之间，研究者使用了构成要素型分析。整套干预（游戏1和游戏2）包括"规则""灯箱"以及获得奖励。

资料来源：M. B. Medland, T. J. Stachnik, Gook-Behavior Game: A Replication and Systematic Analysis（《良好行为游戏：复制与系统分析》），*Journal of Applied Behavior Analysis*（《应用行为分析杂志》），1972, 5, 图1, p.49. 1972年版权归实验行为分析协会所有，同意翻印。

研究者使用构成要素型分析的一般过程是相同的，用以识别出：①干预的必要和多余的成分；②使干预产生效果的行为加工过程。在构成要素型分析中，研究者需要对自变量进行操纵，并且要识别出个别的要素。然后研究者需要制订一项实验计划，确定自变量的哪些成分将被移除、何时移除（参见第四篇）。这是一个复杂的过程，因为一个自变量的某些成分的存在依赖于其他成分，此时，移除自变量的某个成分可能会导致必须移除其他某个成分，这对干预的最终结论造成了一定程度的局限，但同时也向研究者和潜在读者清晰展示了整个干预内部要素之间的相互依赖性。这是非常重要的，因为构成要素型分析与参数型分析通常是在实证型分析和比较型分析之后进行的。而在实证型分析和比较型分析中，相对于干预各个方面的系统分析而言，研究者更加关注干预的有效性。

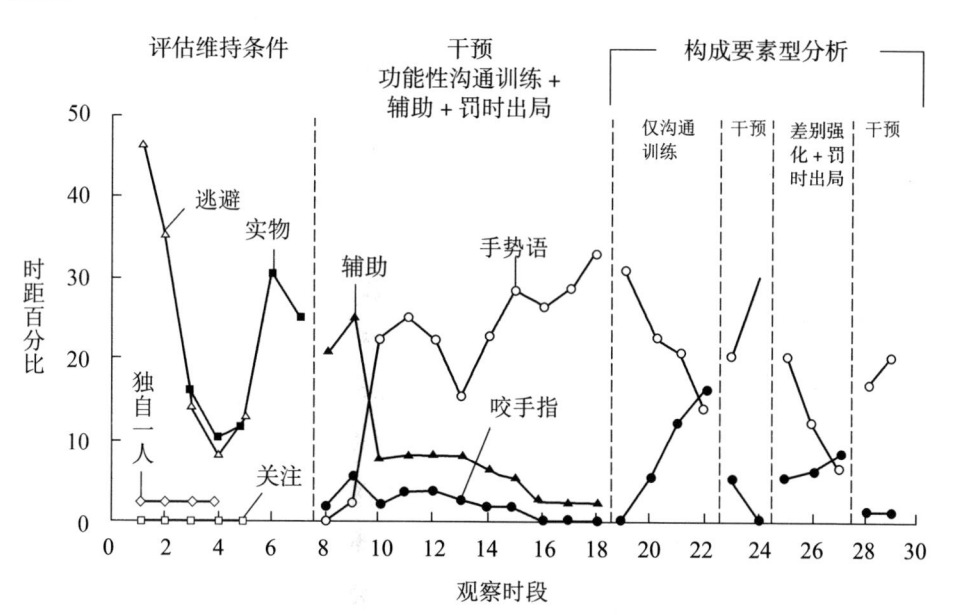

图 5.5　构成要素型分析的例子（识别出干预有效性的原因）

图中给出了不同行为反应发生的时距百分比。这些行为反应包括：咬手指、示意、成人的辅助。构成要素型分析发生于第 19 次至第 29 次观察之间。整套干预包括功能性沟通训练、对其他行为的差别强化以及罚时出局。

货料来源：D. P. Wacker, M. W. Steege, J. Northup, G. Sasso, W. Berg, T. Reimers, L. Cooper, K. Cigrand, L. Donn, A Component Analysis of Functional Communication Training across Three Topographies of Severe Behavior Problems（《功能性沟通训练跨三种严重行为问题的构成要素型分析》）, *Journal of Applied Behavior Analysis*（《应用行为分析杂志》）, 1990, 23, 图 1, p.424. 1990 年版权归实验行为分析协会所有，同意翻印。

五、小结

在进行一项研究时，研究者会提出一系列实验问题。在本章中，我们回顾了实验问题常见的四种类型：实证型、比较型、参数型、构成要素型。对实验问题的明确表述有助于研究者改进研究计划，这个过程通常会使先前的实验问题得以优化，并提高实验的成功概率。另外，通过对不同类型的实验问题的综合使用，研究者可以进行更加复杂的实验分析。在实验过程中，实验问题常常会被忽略，但它对实验过程的完整性而言是必不可少的。

Measurement

第三篇 测量

第6章 行为的量化

单一被试研究程序的一个基本内容是对行为进行量化。讨论如何定量处理行为事件之前，弄清楚"行为是什么"至关重要。答案似乎显而易见，但实际上，在行为科学领域，人们对行为的组成部分包括哪些还存有大量疑惑。很多人错误地认为行为只是由肌肉运动的动作组成，例如，一个人跑过操场、捡一支铅笔、踏脚、挥胳膊、开启电脑或坐到椅子上等动作。虽然上述动作的确都是行为，但它们只是众多行为组成部分中的一个子样本。

正如第2章提到的，华生（1924）创造了一套被后人称为经典行为主义的方法（Todd & Morris, 1994）。在这种行为分析方法中，华生关注的是一个人表现出的外显行为，而不是对这个人当时如何思考或感受的主观推断。这种分析方法关注可直接测量的行为，它试图将新兴的实验心理学研究变得更加客观。遗憾的是，这种方法产生了意想不到的后果，它使研究者不再关注那些诸如解决数学问题、习得复杂概念、情绪、发展语法和语言运用能力等有趣的行为，因此，这种方法被称作"黑箱心理学"。

在斯金纳积极开展研究的那段时期，人们清晰地意识到，将行为分析限于外显的肌肉运动产生的行为有很大局限（Todd & Morris, 1995）。所以，斯金纳（1945, 1950）提出了他所谓的激进行为主义（radical behaviorism）理论。在新的理论中，斯金纳指出，一个人所做的任何事情应该都是能进行实验分析的资料。换句话说，行为是指一个人所做的任何事情，无论它是外显的，还是内隐的。基于此逻辑，行为分析涵盖了人的思维、解决问题、讲话、情绪、身体感知觉及大脑活动等所有过程。事实上，斯金纳（1985）已经预见了行为分析科学和脑神经科学的整合，它们变得相互兼容，最终形成一种能揭示人类心理特点的科学方法。斯金纳认为，激进行为主义唯一需要注意的是，分析的行为必须是可直接观察到的、可操作化的。

按照激进行为主义的逻辑，在本书中，我们将行为定义为"有机体所做的任何事情"（Catania, 1998, p.380）。但为了能对行为进行计数（这也是测量的关键），对行为的定义要符合某种特定情形。首先，要对行为做出定义使其具有物理特征，也就是说，对行为的操作性定义一定能体现出其关键的物理特征。其次，要将行为表述为一个实际可测的事件，即行为必须能用某种可观察的、电学或化学的方法进行测量。最后，必须能用某种物理方法记录下对行为的测量结果，诸如在纸上做记号、用硬盘做数码存储、录音记录、书面记录等。当行为满足上述特性要求时，就能把一个人所做的任何事视作行为，并对其开展实验分析（参见专栏6.1）。

专栏 6.1　单一被试研究不分析认知和心智的原因

　　行为分析学家不研究认知和心智，并不是因为要回避探讨个体内部发生了什么，而是因为它们没有物理存在性，因此无助于理解个体大脑内发生了什么。换句话说，认知和心智只是一种隐喻而非事物。《新编韦氏大学词典第九版》对隐喻的定义是：一种比喻的修辞手法，它是把在字面意义上表述某一概念或客观事物的词汇或语句用于他处，表示二者之间的相似和类比性。广义上，隐喻是一种比喻性的语言。

　　通常来说，认知和心智是对在神经系统和其他组织器官发生的事情的一种隐喻和象征，不需要证明其实际存在。比如，由于短时记忆力不好，孩子记不住乘法口诀表，或因自尊水平低而导致动机不强等。这种从认知或心智角度阐释的比喻性语言，从表面上看是直观的、令人满意的。但通过参考物理上不存在的事物解释个体的行为，对理解个体为什么做、做了什么是一种很冒险的方法（参见第2章）。正因为如此，行为分析选用更稳妥保守的办法，关注可直接测量的、具有物理特性的事件。有趣的是，近年来，随着认知神经科学领域中脑成像技术的发展，人们把大脑活动视作物理实体，符合了事件可直接测量的要求。脑成像事件包括细胞放电速率的变化带来的电位改变，某种脑神经元的细胞运动导致的血流量显示的改变，激活大脑不同区域特定神经递质受体造成的辐射显像改变等。如此看来，唯有时间可证明物理事件和隐喻二者究竟哪个能更好地解释人类的行为。

一、行为数量化的益处

　　用数字体现行为特征有几大好处。行为分析方法的标志性特征是直接测量行为，量化反应特征以便分析。采用单一被试设计的研究者坚持对被试的行为进行计算有多个理由，其中一个理由是出于对人类记忆容易出现误差的考虑。至今，多种学科的研究都已证实人们的观察及后续的报告与实际发生的情况往往有较大差距。例如，对犯罪现场的目击证词，即便所有人都观察到了同一件事情，但他们的描述常常是不一致的，甚至有根本性的出入。更严重的是，随着时间的推移，人们的回忆会更加充满变数（Ross, Reid, & Toglia, 2003）。

如果研究者不得不依靠被试或观察者的回忆，那么由此产生的数据易变性将使开展系统化的研究变得异常困难。直接测量目标行为能帮助研究者掌握永久性的资料，包括当时发生的行为以及随事件进展而做的相关记录。这样能精确记录行为及其相关事件，且记录不随时间改变。此方法的另一优势是可对数据资料进行二次分析。

采用直接测量的另一个理由是，通过它能与其他人清晰地交流实验结果。由于行为数据在发生时就被记录下来并保存在不会随时间改变的媒介中，其他研究者可以分享数据，借由图、表、索引或其他媒介如网络等方式获得原始数据，共享信息。这种方法让不同的人可以对相同的数据做研究分析，对实验中的行为改变得出各自的结论。

直接测量还有助于更精确地记录研究中的行为事件。由于数据是直接测量且公开发表的，其他研究者可以仔细检查研究活动及产生的数据。它使研究过程变得更加透明，避免研究者对结果进行过度解释。总之，由于冒险的解释会受到批判性的质疑，相对来说，这种方法意味着研究者能对结果做更稳妥和严谨的解释。

最后，直接测量方法最令人信服的理由是它为解释行为事件的运行模式提供了可能。尽管教育研究者有时会探讨一个自变量对单一因变量的影响，但由于人类行为具有复杂性和丰富性，研究通常会使用更复杂的多种因变量测量方式。因此，如果拥有行为发生的长期记录数据，研究者就能分析一般哪种行为会在某种行为之前或之后出现，以更好地理解不同变量间的依存关系。

行为分析领域的先驱威廉姆·N. 舍恩菲尔德（William N. Schoenfeld, 1955）曾经指出人类行为的复杂性、行为与环境和他人的关联性，并将其称为"行为链"（the stream of behavior）。当人做出某种行为时，行为发生的前后会分别出现一系列连续的前提事件和后果事件，其中某些事件与这一行为的出现有某种功能关系，导致某些行为极易发生，而其他行为则不太容易出现。行为分析最重要的目标就是发现这些事件的特征并探讨其对行为的影响。

图 6.1 是一个行为链的例子（Baer, 1986）。图中显示了一个儿童和一个大人的行为。每个大写字母（如 A 或 L）代表一种攻击行为的形态（如打人或叫嚷）。每个小写字母（如 b 或 c）代表一种成人关注行为的形态（如说"停止"或转身

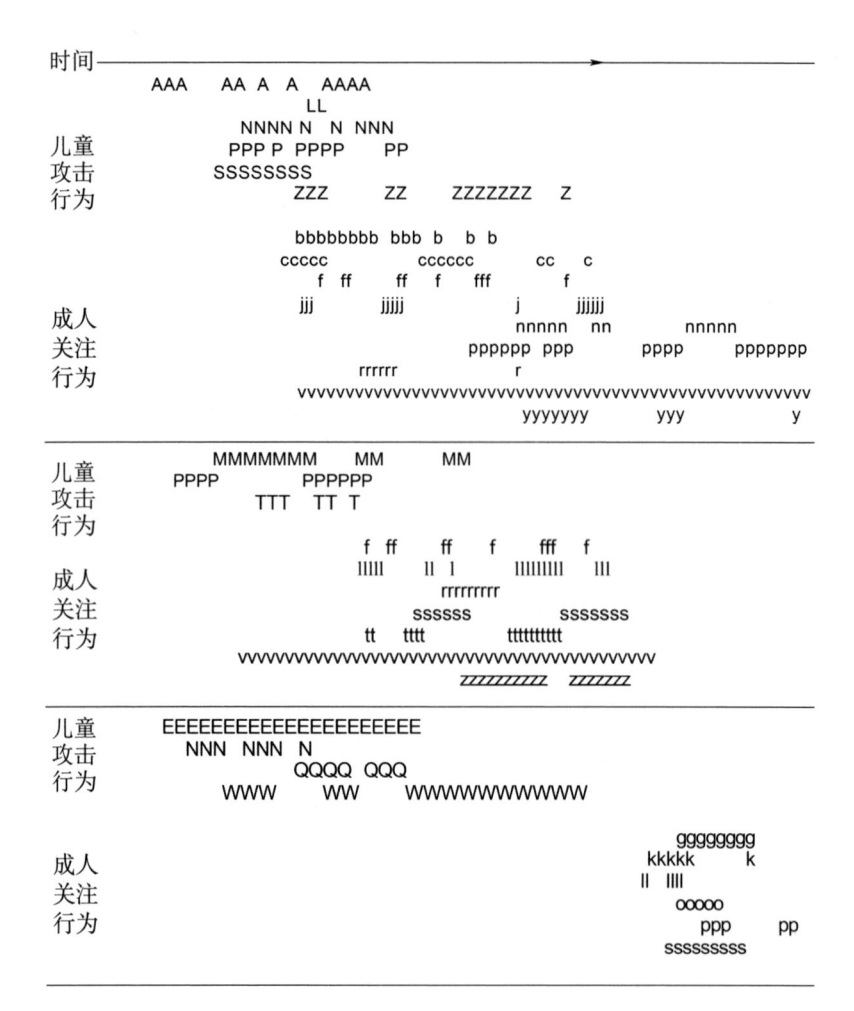

```
时间 ─────────────────────────────────────────────►
            AAA    AA A A  AAAA
                    LL
儿童        NNNN N  N NNN
攻击        PPP P PPPP    PP
行为        SSSSSSSS
                  ZZZ    ZZ   ZZZZZZZ   Z

             bbbbbbbb bbb b  b b
             ccccc      cccccc     cc   c
              f ff      ff  f  fff      f
             jjj      jjjjj         j    jjjjjj
成人                              nnnnn  nn      nnnnn
关注                              ppppp ppp      pppp      pppppp
行为              rrrrrr             r
             vvvvvvvvvvvvvvvvvvvvvvvvvvvvvvvvvvvvvvvvvvvvv
                                yyyyyy      yyy         y

            MMMMMMM    MM      MM
儿童        PPPP     PPPPPP
攻击                 TTT  TT  T
行为
                        f ff   ff   f   fff   f
                        lllll  ll l  llllllll   ll
                           rrrrrrrr
成人                      ssssss      sssssss
关注
行为                   tt   tttt       ttttttttttt
             vvvvvvvvvvvvvvvvvvvvvvvvvvvvvv
                                zzzzzzzz  zzzzz

           EEEEEEEEEEEEEEEEEEEEEE
儿童        NNN  NNN  N
攻击             QQQQ  QQQ
行为         WWW     WW    WWWWWWWWWWWW

                                        ggggggggg
                                        kkkkk      k
成人                                     ll  llll
关注                                     ooooo
行为                                        ppp       pp
                                         sssssssss
```

图 6.1 儿童"攻击行为"与成人"关注行为"之间能够出现的各种依联关系的例子（包括各种行为形态群集、子集、顺序、间隔时间及并存的情况等）

从左到右时间匀速地移动。儿童的每一种形态的"攻击行为"用一个大写字母表示，而成人的每一种形态的"关注行为"用一个小写字母表示。每种行为形态的持续时间用该字母无空格地反复出现表示（例如，AAAA 表示持续时间是 AA 的两倍）。字母之间的空格表示间隔时间。

资料来源：D. M. Baer, In Application, Frequency Is Not the Only Estimate of the Probability of Behavioral Units (《频数不是用于估计行为单元发生概率的唯一指标》), T. Thompson, M. D. Zeiler 主编：*Analysis and Integration of Behavioral Units* (《行为单元的分析与整合》), 图 1, p.125. Hillsdale, NJ: Erlbaum Associates. 1986 年版权归 Lawrence Erlbaum Associates 所有，同意翻印。

离开）。儿童的某些行为是一起发生的（如 N 和 P），而另一些行为则与其他行为的依存性较小（如 E 或 Z）。此模式表明，尽管表现形态有差异，但一些行为具有与其他行为共同的功能属性，这揭示了存在行为反应类的现象（参见专栏 6.2）。成人行为也呈现出相似的模式。除了个体行为模式，在儿童和成人行为之间有先后顺序的依存性，这种顺序可能反映了他们行为之间的功能关系（如 Z 和 b 各自的关系）。实验分析就是分析个体行为中是否存在不同反应类、不同反应类之间是否有功能关系。无论如何，直接测量行为的方法使人们能够进行这种实验分析。

> **专栏 6.2　反应类和行为组织**
>
> 　　行为反应类的概念在行为分析中备受关注，因为它揭示了通过普通观察无法看到的行为属性。与行为分析中大多数概念一样，反应类也是根据其功能特性进行定义的。反应类是指由一组相似的强化物维持的个体不同形态的行为。反应形态（即反应的形式）可以近乎相同、完全不同或两种情况皆有。联结它们的因素是行为对个体所处环境产生了相似影响。例如，一位少女可以学习如何正确回答数学课上的难题，或与一位男生聊天以获取另一位她喜欢的男生的关注。若这两种行为形态都引起了那位男生的积极关注，它们就有可能属于同一反应类。更有趣的是，反应类的概念可以扩展到前提事件（如区辨刺激）和后果事件（如负强化物）。

二、行为的测量维度

　　大多数人认为一个反应的发生是单一事件，但每个反应都具有可定量测量的多个维度，每个维度从不同方面揭示了某时某地某种行为如何发生。测量维度有五种基本类型（Johnston & Pennypacker, 1993），因为测量维度能让研究者考察出反应的不同特点，所以它很重要。例如，有时你可能关注在特定时间内行为出现了多少次，而有时又关注行为反应持续了多长时间。在其他情况下，你也可能对行为的这两方面特征都感兴趣。明确描述行为模式的测量维度是开发单一被试设计测量系统的第一步。

　　图 6.2 呈现了反应发生的假想情况。图的水平方向代表时间（以秒为单位），图的垂直方向代表个体行为反应的发生情况。当反应发生时，图中线的指标水平升高并在反应发生过程中维持高水平。当反应结束时，线的指标水平下降并维持在这一水平直到行为再次发生。下文将以这一行为模式为例讨论各种测量维度。

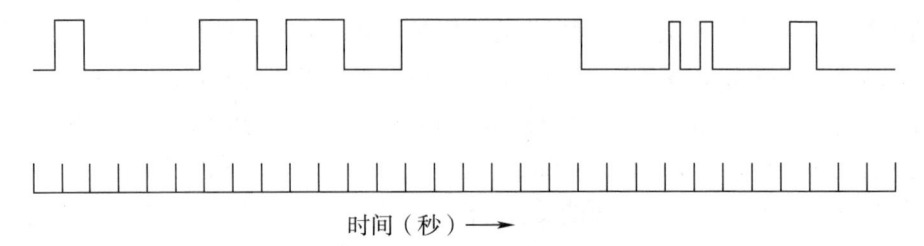

图 6.2　反应发生的假想情况

图的水平方向代表时间（以秒为单位），图的垂直方向代表个体行为反应的发生情况。当反应发生时，图中线的指标水平升高并在反应发生过程中维持高水平。当反应结束时，线的指标水平下降并维持在这一水平直到行为再次发生。

（一）频数（频率）

最常用、最直观的测量维度是累计行为的频数（Frequency）。行为的频数是指在一段时间内反应发生的数量。例如，研究者可累计一位学生在数学课上与同学聊天的次数。若数学课的时长一直是固定的，那么可将此数据简单报告为这位学生每天与同学聊天的次数。此外，研究者还可以对照一些时间单元来报告行为频数（如每分钟几次）。上述测量维度方法中的任何一个都是以行为频数作为指标的。

图 6.3 显示了如何以频数作为维度来呈现个体行为的发生。如图，不管"反应"的其他特征如何，每个反应一旦开始就算作行为发生 1 次，本例中总共有 7 个反应。同样，可以将其算作在固定观察时间里发生 7 次，或者每分钟 14 次。

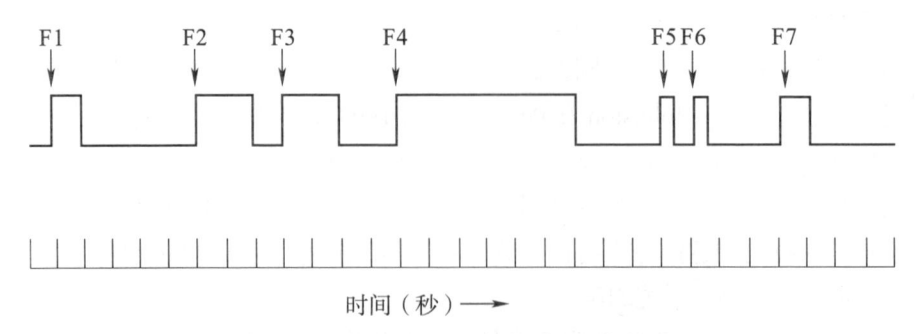

图 6.3　以频数作为测量维度的假想例子

一个 F 表示一个反应出现了，算作行为事件发生了 1 次。更多信息参见图 6.2。

另外一个累计频数的例子来自 2003 年的一项研究（Christle & Schuster）。

研究者分析了在面向全班授课的教学模式中使用反应卡这种干预手段提高小学生主动参与的情况。图 6.4 中，横轴代表观察次数（上课时间），纵轴代表学生争取回答问题的机会数和学生回答的次数。基线显示的是平时让学生举手回答问题（HR）时全班的教学情况。干预手段是使用反应卡（RC），即让学生在争取回答问题之前把答案写在卡片上。如图 6.4 所示，使用卡片时，学生争取机会和回答问题的频数都提高了。

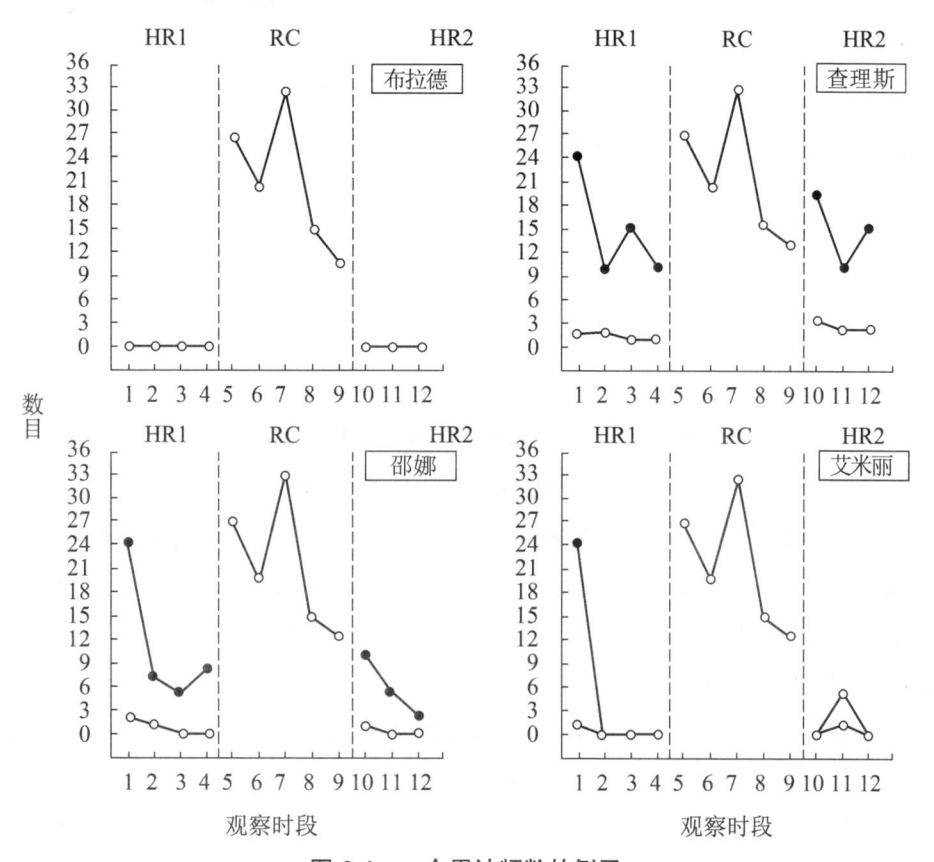

图 6.4 一个累计频数的例子

横轴代表观察次数（上课时间），纵轴代表学生争取回答问题的机会数（实心圆）和学生回答的次数（空心圆）。基线显示的是平时让学生举手回答问题（HR）时全班的教学情况。干预手段是使用反应卡（RC），即让学生在争取回答问题之前把答案写在卡片上。

资料来源：C. A. Christle, J. W. Schuster, The Effects of Using Response Cards on Student Participation, Academic Achievement, and On-Task Behavior during Whole-Class Math Instruction（《在面向全班授课的数学教学中使用反应卡对学生参与、学业成就和专注学习行为的影响》），*Journal of Behavioral Education*（《行为教育杂志》），2003, 12, 图 1, p.158. 2003 年版权归人文科学出版社所有，同意翻印。

将行为的频数与频率（rate）加以区分逐渐成为一种普遍的做法，但它更多地体现在语言上而非实质上。两种术语均指行为发生的数量，其中，频数是参照固定时间来累计行为发生的数目，而频率则是累计单位时间内行为发生的数目。无论怎样，由于单位时间的行为发生数目是固定量而非变化量，因此行为频数是人们关注的测量维度。本书把二者视为相同的指标，不再对如何区分两种累计反应的方法做令人费解的解释（参见专栏 6.2，Johnston & Pennypacker, 1993）。

累计频数是一种衡量行为出现次数的直观的、良好的指标，在频数是关键数据的案例中，频数就是一种恰当的测量维度。然而，当实验关注的关键行为特征是反应节奏、反应的持续时间和反应强度时，其他测量维度能更好地反映行为特征。正如本章后面讨论的，聪明的做法是，用多种测量维度更全面地反映行为的特征。

（二）持续时间

持续时间（Duration）作为一种测量维度，可使研究者估计出反应的时间长度。持续时间是指同一个反应从出现到消失所耗的时间。比如，一位学龄前儿童在活动中心开始一项任务并持续进行了 540 秒。在这个例子中，儿童完成任务的持续时间为 9 分钟。研究者可记录每一个反应的持续时间（如每个反应持续了多久），计算平均持续时间，或者记录每个反应所耗单位时间的百分比（如反应时间的百分比）。

图 6.5 是以持续时间为测量维度的假想例子。图中虚线表示每个反应的持续时间，记录每个反应从出现到消失的秒数。例子中，反应持续时间分别为 1、2、2、6、0.5、0.5 和 1 秒，合计 13 秒，总持续时间所占百分比为 43%。

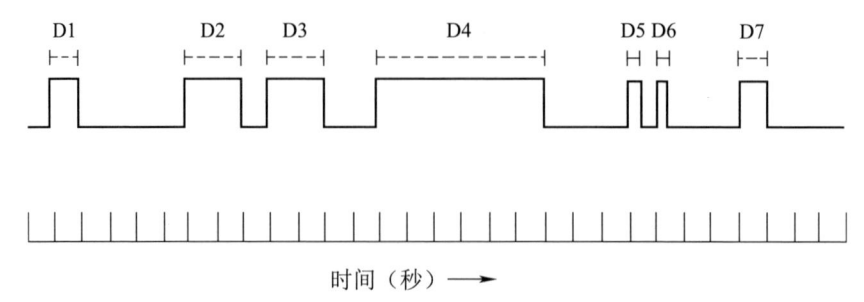

图 6.5　以持续时间作为测量维度的假想例子

每段虚线表示反应从出现到消失的持续时间（D）。更多信息参见图 6.2。

哈戈皮安等人（Hagopian, Rush, Lewin & Long, 2001）给出了用持续时间作为行为指标的一个实例。哈戈皮安等人研究了一位名叫纳塔莉的年轻孤独症女士完成学习任务时坐在座位上的持续时间（参见图6.6）。研究者观察并计算了她在短暂的工作时间里（X轴），在座位上的持续时间的百分比（Y轴）。自变量包括对工作的高偏好、中偏好、低偏好的奖励以及控制情况。在每个研究阶段都评估了不同奖励组合对纳塔莉在座位上工作的影响。与低偏好奖励或控制情况相比，当用高或中偏好奖励进行强化时，纳塔莉在座位上的持续时间最长。

若研究者关注某个行为的发生时长或反应所耗的观察时数，持续时间便是一种适当的测量维度。例如，若叫嚷行为每天只发生几次，但每次发生都持续很长一段时间，那么与频数相比，持续时间可能是更贴切的维度指标。总之，研究者可以用持续时间评估行为出现了多长时间。

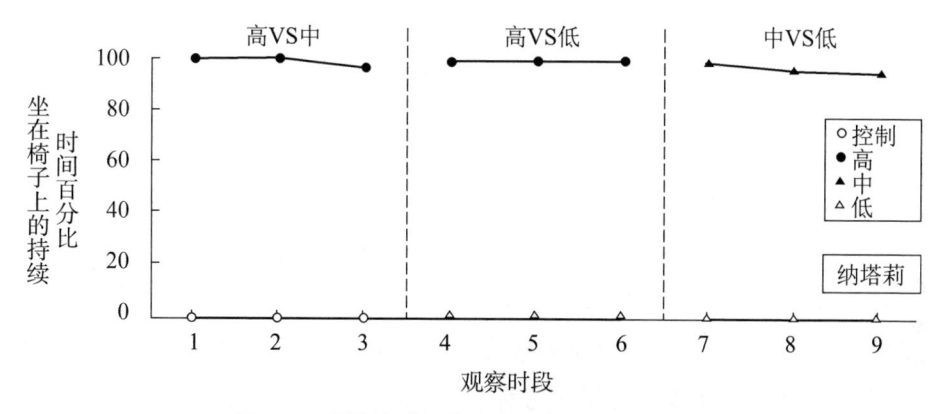

图6.6　用持续时间作为行为指标的一个例子

X轴表示各次观察，Y轴表示在座位上的持续时间的百分比。自变量包括对工作的高偏好、中偏好、低偏好的奖励以及控制情况。

资料来源：L. P. Hagopian, K. S. Rush, A. B. Lewin, E. S. Long: Evaluating the Predictive Validity of a Single Stimulus Engagement Preference Assessment（《评价单一刺激约定偏好评估的预测效度》），*Journal of Applied Behavior Analysis*（《应用行为分析杂志》），2001, 34, 图2, p.478. 2001年版权归实验行为分析协会所有，同意翻印。

（三）潜伏期

潜伏期（Latency）这种测量维度是指在刺激物出现和反应发生之间的时间

长度。潜伏期是一种行为特征，通过它可评估行为出现所需时间与环境中的某些重要事件的关系。例如，研究者可能会关注从铃响发出上课信号到学生坐在座位上之间的时间。报告的潜伏期指标可能包括每个反应的潜伏期或者平均反应潜伏期。

图 6.7 呈现的是一个反应潜伏期的假想例子。图中显示了实验关注的两种事件的发生（E1 和 E2）与行为发生间的关系。在本例中，从 E1 发生到反应出现耗时 2 秒，而 E2 发生 1 秒后才出现反应，平均反应潜伏期为 1.5 秒。

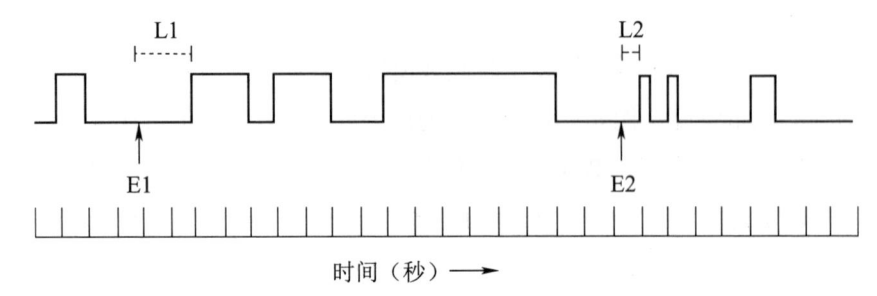

图 6.7　潜伏期作为测量维度的假想例子

每个潜伏期（L）都是从实验关注的事件（E1 和 E2）到第一反应的间距。

虚线表示从刺激到反应出现所耗费的秒数。更多信息参见图 6.2。

图 6.8 呈现的是 2000 年的一项研究（Wehby & Hollahan, 2000），研究者分析了不同顺序的指令对一位名叫梅格的有学习障碍的女孩开始学习活动的潜伏期的影响。图中显示了随着日常观察的进行（横轴），她的反应潜伏期的分析结果（纵轴）。若在要求女孩开始学习前发出一系列她不愿意服从的指令（只发出反应可能性低的指令，Low P），梅格开始学习的平均反应潜伏期是 677 秒。若在要求梅格开始学习前先发出一系列反应可能性高的指令（可能性高 + 可能性低，High P+Low P），梅格开始学习的平均反应潜伏期为 21 秒。如图 6.8 所示，反应可能性高的指令降低了梅格开始学习的潜伏期。

若实验关注两个不同事件的时间关系，则可以考虑用潜伏期作为测量维度。特别是在研究一个事件（如教师的指令）出现到其他行为事件（如学生服从）发生之间所耗时间的情况下，研究者可使用潜伏期指标。尽管事件内或事件间的关系不是功能关系，但是这种反应特征让研究者可以定量研究两个事件的时间关系。

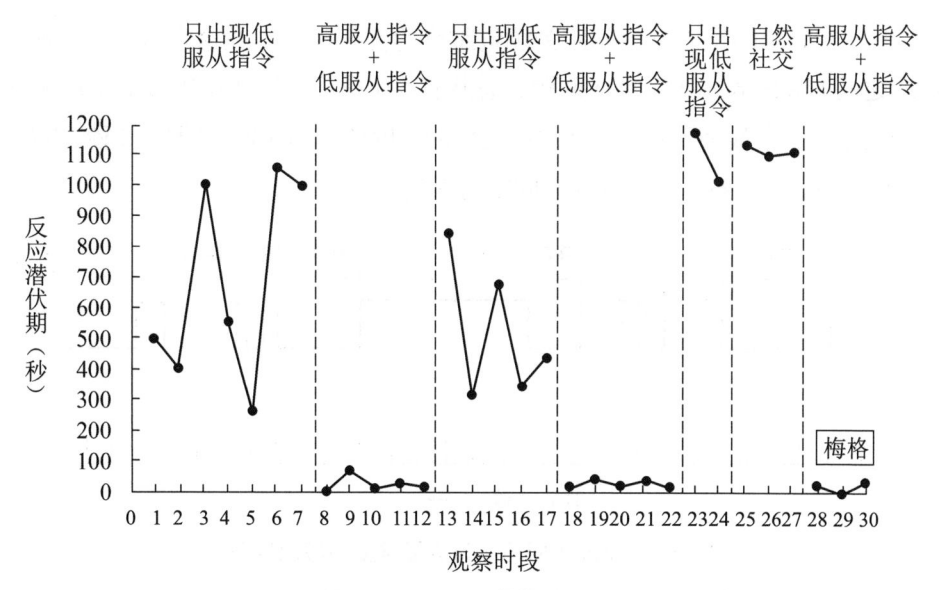

图 6.8 反应潜伏期的例子

本图呈现了随着日常观察的进行（横轴），被试反应潜伏期的情况（纵轴）。干预措施包括一系列反应可能性低的指令（Low P）和先发出反应可能性高的指令再发出反应可能性低的指令（High P+Low P）。

资料来源：J. H. Wehby, M. S. Hollahan: Effects of High-Probability Requests on the Latency to Initiate Academic Tasks（《可能性高的指令对开始学习活动的潜伏期的影响》），*Journal of Applied Behavior Analysis*（《应用行为分析杂志》），2000, 33, 图 1, p.261. 2000 年版权归实验行为分析协会所有，同意翻印。

（四）反应间距

道格拉斯·安格尔（Douglas Anger, 1956）是第一个用反应间距（Inter-response Time, IRTs）作为测量维度的研究者，那时，他是斯金纳的博士研究生。与潜伏期不同，反应间距评估的是一种反应每次出现的间隔时间。反应间距是指同一种反应两次发生之间所耗费的时间。午餐时每次咀嚼之间所耗秒数是说明反应间距的一个例子。第 0 秒时第一次出现咀嚼动作，在 25 秒之后可能第二次出现咀嚼动作，这种情况下反应间距为 25 秒。反应间距可总结为两次单独反应发生的时间间隔，或各次反应间的平均时间间隔。

图 6.9 显示的是以反应间距为测量维度的假想例子。在这个例子中，两个反应之间的虚线表示 1 个反应间距，总共有 6 个反应间距（反应数减 1）。每个反应间距用一个数字表示，这些反应间距的长度依次为 4 秒、1 秒、2 秒、3 秒、1 秒和 3 秒。总体看，平均的反应间距为 2.3 秒。

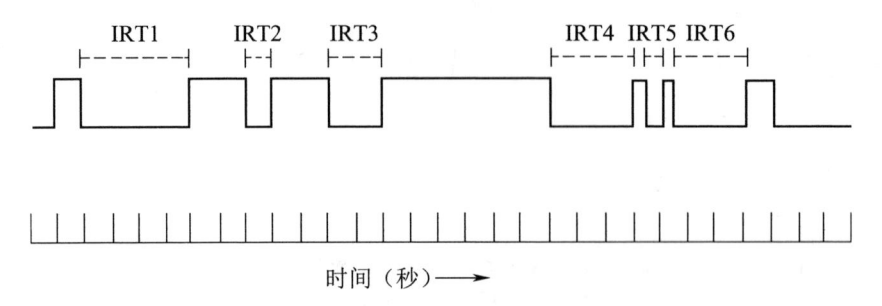

图 6.9　用反应间距作为测量维度的假想例子

一个反应间距是从某个行为在某一个时刻发生到它在下一个时刻发生所耗费的时间。虚线表示从一次反应出现到下一次反应出现所耗费的秒数。更多信息参见图 6.2。

根据有关的研究文献，李普曼等人（Lippman & Tragesser, 2003）提供了一个如何使用反应间距的例子。他们研究了强化的强度对大学生决策的影响，选择分析的任意反应是被试按电脑键盘的动作。自变量是一种正强化依联，即为短或者长的反应间距提供最大程度的强化。图 6.10 显示了强化依联如何影响大学生的反应模式。图中排列了针对每种强化依联方式，特定反应间距时间（X 轴）内的反应百分比（Y 轴）。李普曼的研究结果表明，按照强化程序表，无论是在较短反应间距还是较长反应间距的情况下，行为都对强化物的强度很敏感。

若研究一个反应随时间分布与同一行为其他发生情况之间的关系，用反应间距量化行为就具有特殊意义。这种分析的价值在于，反应间距能揭示行为是否成群组出现（即具有多个短反应间距），在某时间参数内是均匀分布（如有节奏的回答反应），还是呈现双峰分布或更复杂的分布（如呈现两种不同时间峰值）。尽管通常不把反应间距当作描述行为特征的唯一测量维度，但反应间距能提供一种描述反应时间结构的途径，这是其他测量维度所不具备的。

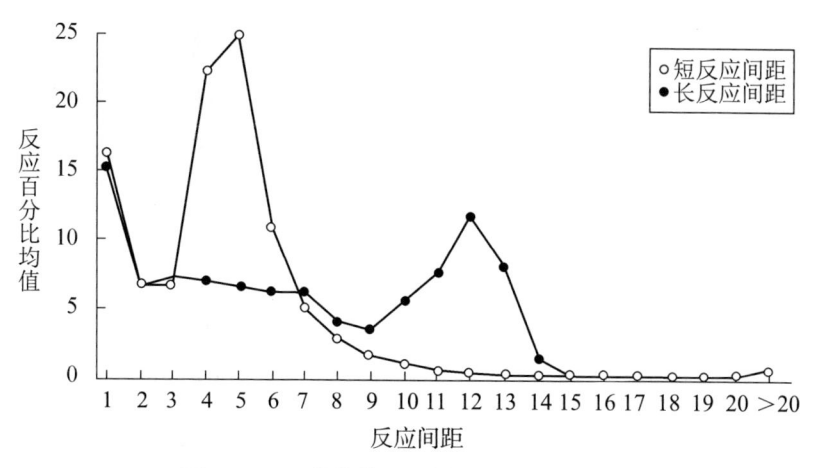

图 6.10　强化物的强度对大学生决策的影响

选择分析的任意反应是按电脑键盘的动作。每个反应百分比均值对应特定的反应间距长度。自变量是给短反应间距或长反应间距提供最大强度的正强化依联。

资料来源：L. G. Lippman, S. L. Tragesser, Contingent Magnitude of Reward in Modified Human-Operant DRL-LH and CRF Schedules, *The Psychological Record*（《心理学记录》）, 2003, 53, 图 4, p.440. 2003 年版权归 Kenyon College 所有，同意翻印。

（五）加速度

加速度（Celeration）是一个能够对反应频数随时间变化进行量化的测量维度，它与在物理和工程领域使用的加速度是同义词。加速度是指特定时间单位内的反应频数除以单位时间。也就是某一时间段（如几秒钟）相对于另外一时间段（如几分钟）的平均反应间距的变化指数。例如，可以把正确解答数学题的情况表述为每分每秒完成的数量，这样就能分析在一分钟时距内解答数学题的速度变化。

图 6.11 给出了一个以加速度为测量维度的假想例子。图中显示了相对于 15 秒时距每 5 秒时间单位的反应数。它能描述每秒时距的反应数以及这一速度在每 15 秒内的变化。在这个例子中，从一个时间单位到另一个时间单位反应的变化为 0.1 到 0.07 个。

有研究者（Kostewicza, Kubina, & Cooper, 2000）报告了一个以反应加速度为指标表示反应随时间变化的例子。他们调查了一个刚毕业的大学生产生攻击想法和感受的情况，他们按对数量尺计算学生每天出现攻击行为以及愉快感受的情况（Lindsley, 1991）。图 6.12 显示了基线期这些行为发生的速度，学生在基线期平均出现 40~50 次愉快感受，而愤怒或攻击想法相对较少。

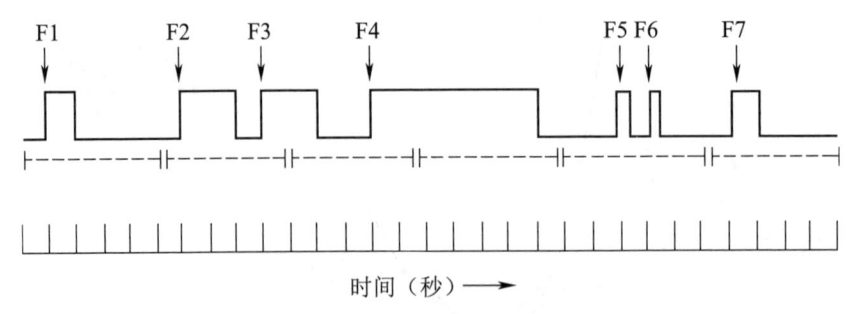

图 6.11　以加速度为测量维度的假想例子

加速度是指特定时间单位内的反应频数（F）除以时间单位。图中虚线表示从一个反应到另一个反应的秒数。在这个例子中，第一个单位时间是 15 秒，要相对于 30 秒进行指数化。更多信息参见图 6.2。

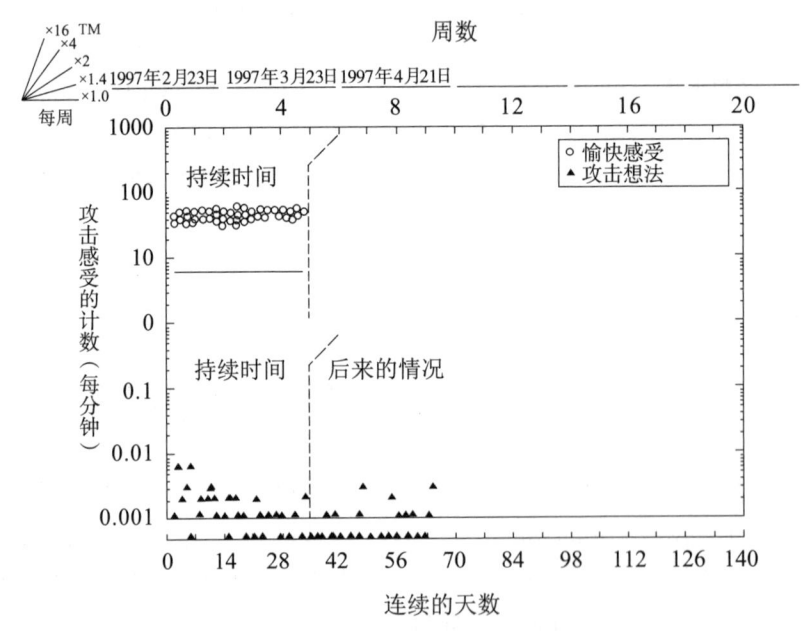

图 6.12　以加速度为指标体现行为随时间变化的例子

图中按对数量尺呈现了一个刚毕业的大学生每天产生攻击想法和愉快感受的情况。

资料来源：D. E. Kostewicz, R. M. Kubina, J. O. Cooper, Managing Aggressive Thoughts and Feelings with Daily Counts of Nonaggressive Thoughts and Feelings: A Self-Experiment（《以每日累计非攻击的想法和感受管理攻击的想法和感受：一个自我实验》）, *Journal of Behavior Therapy and Experimental Psychiatry*，（《行为治疗与实验精神病学杂志》）, 2003, 31, 图 2, p.183. 2000 年版权归培格曼出版社所有，同意翻印。

在教育情境中，加速度分析尤其有用，因为它能提供人们通常说的行为流畅性的信息。行为的流畅性是人们希望学生能发展起来的能力，是一种通过反复练习形成的、流畅且准确地完成任务的表现（Johnson & Laying, 1996）。反应加速度能精确捕捉到这种行为随时间变化的反应模式。另外，反应加速度也与日常生活中使用的速度一词相近，即一定时间内行为频数随时间的变化。

三、选择测量维度

正如本章所述，行为并不是没有维度的单一实体；相反，即使在对一种行为表现形态的分析中，每一个反应也具有多面性，提供每次反应发生时不同维度的信息。由于行为具有多维度性，人们在进行研究设计时需要做出重要的决策，使用哪种分析最能反映行为的特征。做出这种决策并不容易，也没有哪本规则手册能明确告诉你答案。因此，研究者需要运用自己对所研究的现象已积累的经验以及其他研究者对同一现象已积累的经验来做判断（参见专栏6.3）。

> **专栏6.3　有没有其他测量维度？**
>
> 研究者对测量维度的讨论令人振奋，毋庸置疑，读者一定会思考：有没有本章未涉及的测量维度？答案是肯定的。测量维度是一种描述行为在时间和空间上物理特征的方式。本章讨论的是教育研究中最常用、与教育情境关系最密切的维度。然而，在本章讨论范围以外还有其他测量维度以及量化分析的手段，如"强度"，一个反应能明确产生某种与行为的力度有关的、物理上可测量的特性。比如，反应可能产生了一定数量的以牛顿为单位的力度或者以分贝为单位的响度。此外，还有大量未发表的研究使用比率作为测量维度（Johnston & Hodge, 1989），例如，用频数和持续时间的比率来量化行为。总之，在开发新的测量维度以及利用不同测量维度的比率发现反应的新特性等方面，还有广阔的研究空间。

个体的行为通常不是孤立出现的，而且在大多数研究中主要的实验问题是不同行为的相互关系，这就为判断如何恰当地量化行为增加了难度。这种相互关系可能是如何将同一个人做出的不同表现形态的行为视作同一行为反应类或同一自变量，也可能是如何将不同的人做出的行为视作各种强化依联。正如图6.1所呈现的，个体的行为链非常复杂，这种复杂性只有当个体与其他人有交互作用时才会成倍增加。鉴于行为的复杂性，人们迫切需要选择能够精准描述实验研究中要探讨的功能关系的测量维度。

选择测量维度的第一原则是直接观察要研究的行为，考察反应的各个方面。这项工作没有很高的技术含量，需要做的是花时间在目标情境下仔细观察人们的一举一动并适当地做好记录，同时注意思考观察的是什么，哪些反应看起来与实验问题相关？行为的节奏是什么？刺激出现后行为发生的快慢程度如何？行为发生的频数如何？随着时间的推移，频数如何变化？行为发生的持续情况如何？

一旦确定了与研究问题密切相关的测量维度，就要与即将共事的同事和/或熟悉该领域的研究者讨论观察过程。从检查实验问题入手，思考这个研究到底要了解什么，它们与实验问题是否相关？所关注的行为是不是恰当的研究分析的对象？选择的测量维度能否反映目标行为的有意义的特征？在诸如此类问题得到反馈后，研究者就具备了测量行为的多种视角，这有助于改进构想，提高描述行为特征的水平。

下一步是选择反应的多种维度。在实验室研究中，人们通过多种测量维度描述行为特征的做法很常见，它能够尽可能完整地勾画出行为与实验环境之间的关系。但实验室研究的特点是自动记录行为，且行为一般出现在高度简单化的环境中。而教育研究的情境通常更为复杂，也不允许记录所有可能的测量维度。尽管如此，选择一种以上行为维度进行研究仍然是一种聪明的实验策略。例如，可能某反应的频数和持续时间有相互关系，频数、持续时间或二者的交互作用有可能对研究所要分析的干预手段格外敏感。

无论是研究假设、测量，还是实验设计，判断所做的决策是否准确的最终标准来自所获取的数据。数据是否显示出规律性？对数据能做出解释吗？它们是否揭示了之前的研究没有发现的内容？很遗憾，这些问题无法事先得到答案，与其他操作式行为一样（研究行为本身也是一种操作式行为），研究者需要在做出行为之后从结果中去探寻答案。研究的现象以及选择实验设计后观察到的结果，最终将指引研究者了解当初的决策是否正确以及未来如何系统化地复制研究结果。

第7章 记录系统

严谨的测量是采用行为分析方法解决教育问题的基础。对任何现象进行实证研究，测量都是必不可少的环节。测量包括选择测量维度、用记录系统详细记载行为和刺激、检查数据采集的完整性等。在测量中，你需要高度谨慎，因为要揭示自变量对因变量的潜在影响，就需要精确记录因变量水平。例如，如果你对一个事件测量的精确度在真实水平±35%的范围内，那么任何由实验变量产生的效应就必须超过真实水平±35%的范围。若自变量未能产生如此大的效应，那么自变量对行为的影响就会被不恰当测量导致的变异掩盖。相反，如果你对事件测量的精确度达到真实水平±5%，就能检测到干预带来的更多细微变化。

设计严谨的测量方法的关键是使用记录系统（Thompson, Felce, & Symons, 1999）。记录系统包含若干不同部分：第一，记录系统需要对行为和刺激进行恰当编码，确保记录的内容能准确反映实验研究的目的。这看上去不难理解，但在实践中颇具挑战性；第二，记录系统要能精确记录研究的目标事件，需要采用某些测量技术记录发生以及未发生的事件；第三，采用某些物理媒介长期保存对事件记录的信息；第四，对事件进行抽样以反映实验问题的范围；第五，部署并维护记录系统，包括确保尽可能精确地记录行为及刺激，并持续更新记录系统以保证精确度。如果满足了上述条件，就可以开始采集数据并进行有意义的分析了（参见第五篇）。

事件记录的过程包括将上述这些方面纳入研究的日常活动中。从根本上而言，记录系统是达到目的的一种手段，没有恰当的记录系统，研究无法获得可解释的结果。因此，在整个研究领域中，对行为反应和刺激的记录发挥着独特的作用。鉴于它如此重要，一些研究者专门研究记录系统（Kipfer, 1998; Trout, 1998; Whaley, 1973），还有学者以他们的成果为工具，探索其他实验问题。

本章讨论如何记录行为和刺激，这些信息将以线性方式从头至尾呈现记录全过程。从记录过程的开始到结束，讨论内容包括：设计观察编码、选择测量技术、选择记录的媒体、行为抽样以及观察者培训。先讨论如何记录实验的因变量，然后讨论一个相关但不同的问题——自变量的记录。

一、设计和使用记录系统

（一） 观察编码

设计记录系统的第一步就是设计观察编码，这意味着行为类型和其他相关事件将成为观察的重点。精心设计观察编码至关重要，因为观察编码提供了在实验过程中记录何种行为事件的基本框架。若观察编码中遗漏某些事件或者研究概念界定不清楚，将导致必须用改进的记录系统重新开展实验。因此，对设计记录系统这一步应给予足够的重视（Bijou, Peterson, & Ault, 1968）。

哪些事件是应该记录的呢？通常有两类事件需要记录。第一，记录研究的目标行为，这不仅包括研究对象的行为反应，还包括研究对象所在环境中其他个体的行为反应。记录的行为可能包括完成数学题、刻板行为的发生、迷宫问题的解决步骤、各种问候语的使用，等等。正如第 6 章所述，能被认定为行为的条件是，它能支持研究者将反应操作化和对反应直接测量；第二，观察编码的第二种对象是刺激。同行为一样，刺激也有多种多样的表现形态，发生的任何非行为事件都可被认定为刺激。例如，教学材料的呈现、某些物体的出现、可能发出的声音，等等。同行为一样，也需要对刺激进行操作化和直接测量。

记录系统需要包括哪些特定的行为和刺激取决于实验问题。若研究学生如何解决数学问题，观察编码就应集中在解决数学问题的各种行为和刺激上。同样，若研究攻击行为，观察的焦点就是各种攻击行为及相关的刺激。有一种重要的方法可用于识别可能要关注的行为和刺激，那就是在情境中反复观察并在行为反应出现时进行记录。识别相关事件的另一方法可能是参考先前类似主题的实验，其他研究者设计的观察编码也许足够实现你的实验目标，也许能通过调整符合你的实验要求。如果可行，请采用已设计好的观察编码，有助于在数据分析层面综合以往的研究成果。

无论采用什么样的行为和刺激，都需要把它们划定为独立的类别（Sulzer-Azaroff & Mayer, 1991）。对"社会互动"和"积极的语言表述"同时加以记录是没有意义的，因为后者是前者的子集。因此，设计编码的研究者必须确保对行为和刺激的操作性定义没有重叠的地方。例如，"社会互动"可以分成积极的、消极的和中性的语言表述。还有一个问题是，观察编码所包含的元素是穷尽式的还是开放式的（Bakeman & Gottman, 1997）。若使用穷尽式编码来定义事件，所有事件都可以记录为某一种类别。上述关于积极的、消极的以及中性的语言表述的例子恰是穷尽式分类的范例。开放式分类系统则侧重于特定的事件，并不试图全覆盖地定义一个逻辑上穷尽式的行为集合。例如，当研究者只关注对其他同伴的问候行为，并且这足以解释实验问题时，就没有必要使用更复杂的观察编码。

人们设计的最简单的观察编码聚焦于单一行为反应。更复杂的观察编码包括大量的行为和刺激。2003 年的一项研究（Tang, Patterson, & Kennedy）提供了一个非常基础的记录系统的范例。研究者研究了重度残障学生的一种刻板行为（如摆手的动作），由于实验问题是识别环境中引发这种行为的因素，因此不需要更复杂的观察编码系统。另外一种观察编码系统由沃克及其同事（Walker et al., 1987）设计，用于研究学校情境下学生的反社会行为，包括多种学生行为类别、各种环境因素、各种刺激事件，以及其他人对研究对象的行为如何做出反应。在研究的众多方面，奥卡姆剃刀原理的应用值得重视。观察编码需要识别相关的行为及刺激，以便充分地解释实验问题。但编码越复杂，对观察者进行培训的难度就越大，获得一定水平的观察者间一致性的难度也越大（参见第 8 章）。基本的原则是，观察编码应尽可能简单，但不能过于简单。

（二）测量技术

一旦建立了观察编码，研究者就要决定使用哪种或哪几种测量维度记录编码系统中所列的每一个反应和刺激的发生（参见第 6 章）。例如，叫嚷行为是研究者关注的反应，那么频率或持续时间，或者这两者都是呈现这种反应的最佳形式吗？如果行为短暂出现，频率可能是适当的指标，而如果每次反应出现时都会保持一段时间，那么持续时间可能是更恰当的维度。或者，也许有人认为使用两个指标才能充分地体现叫嚷行为的本质特征。研究者要决定测量反应和刺激的哪些维度，就要在设计记录系统之前熟悉需要记录的行为。研究者对观察编码中的每一个反应和刺激都要经历这种熟悉的过程，而且可能需要针对不同反应和刺激选择不同的测量维度。

在选定观察编码的测量维度后，研究者就需要决定使用哪种测量技术。在对反应和刺激的抽样中可以使用两大类技术，即直接测量和间接测量。直接测量是通过对行为和 / 或刺激本身的观察对事件抽样，这意味着对行为事件进行直接观察。间接测量恰恰相反，它是通过事件或刺激的成果对事件抽样。例如，在就业的工作情境中，洗碗的数量就是对洗碗行为的间接测量。需要指出的是，直接测量和间接测量与自动记录和手工记录是不同的话题（参见专栏7.1）。

> **专栏7.1　教育情境中的自动记录**
>
> 　　实验行为分析的一个标志是使用自动装置记录反应和刺激出现的情况。例如，在操作式条件作用的实验箱中，每当按下杠杆或送出食物粒时，电脑就会对每个事件分别予以记录（Catania, 1998）。这种实验安排可在记录事件的发生中避免人为干扰（如用纸笔记录具体事件的情况），并能够避免记录中的人为失误，当然，它无法避免机器软硬件可能出现的错误。
>
> 　　在教育情境中，通过人工观察记录行为和刺激的历史由来已久（Bijou et al., 1968），这是因为自动记录在教育环境下不太容易实现。例如，很难找到一种机械装置来记录在楼道中的社会互动或者不文明举动。然而这些却是观察者人工记录很容易实现的。正是由于教育情境的这种特殊性，研究者从20世纪60年代起就不断设计各种复杂的借助人工记录行为和刺激的方法。鉴于教育情境的这种特性以及人工观察的悠久历史，本章侧重介绍这种记录事件的方法。但随着计算机软件的应用和基于网络的应用的增多，未来在教育情境中自动记录的情形将不断增加。

　　在选定测量维度和一般测量技术后，就需要确定数据采集方法的类型。下文将讨论行为分析研究文献中已提出的7种不同的方法，内容涉及数据采集程序、使用示例，以及优点和局限性分析（Springer, Brown, & Duncan, 1981）。

1. 事件记录

　　事件记录法（Event Recording）记录观察时段内单个反应或刺激的发生情况。作为目标行为的一种测量手段，对研究的目标事件每发生一次就记录一次，并在观察结束时，计算出特定类型事件的数量，报告发生的总次数。图7.1给出了一个事件记录系统的例子。观察时段为20分钟，研究者记录了在课堂上提问的次数和正确回答的次数。图中显示，观察到教师问了12个问题，其中有9个学生做出正确回答。在这个例子中，事件记录系统记录了两种不同的事件。

　　事件记录中的观察时段的长度可以是固定的（如50分钟），也可以变化（如40~60分钟）。在某些情况下，尤其是在教室情境中，由于每天的教学时间可能不同，因此不太可能固定观察时长。在这些情况下，研究者通常会选取与所研究的教育活动持续时间相匹配的观察时长。在观察时长固定的情况下，因变量可以是发生的次数，也可以将因变量转化为单位时间（如每秒、每分钟、每小时）内出现的次数。在观察时长可变的情况下，则需要将每次观察中事件出现的次数转化为单位时间内出现的次数。例如，由于使用了固定观察时长，可以将图 7.1 中的数据报告为分别发生了 12 次和 9 次，或者每分钟分别发生了 0.6 次和 0.45 次。

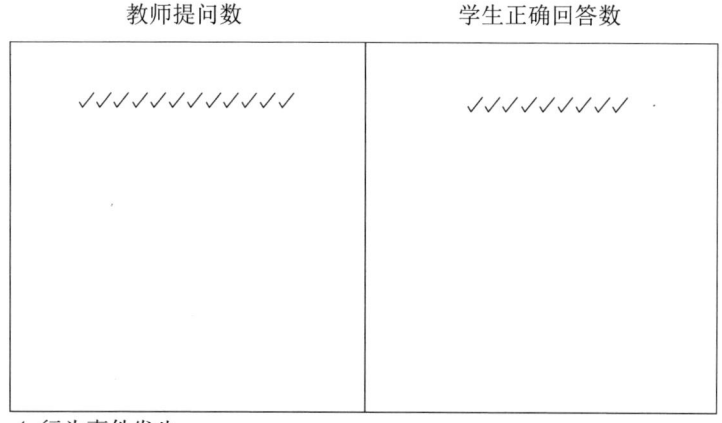

教师提问数	学生正确回答数
√√√√√√√√√√√√	√√√√√√√√√

√=行为事件发生

图 7.1　事件记录的例子

观察时段为 20 分钟，研究者记录了在课堂上提问的次数和正确回答的次数。

事件记录非常适合持续时间短的离散行为。事件记录可以与频率一起作为测量维度。若在事件记录中加入时间性元素（如记录每个事件发生的时间），那么这种测量方法还可用作反应加速度或反应间距的指标。

事件记录法的优点如下：
- 可用于记录作为离散事件的有多种表现形态的行为和刺激。
- 若记录的离散事件数量有限，这种方法易于使用。事件的类别越多，记录系统就越复杂（将要讨论的所有测量技术都有这个特点）。
- 能提供观察时段内特定行为或刺激多久发生一次的明确估计。

事件记录法的局限性如下：
- 要求连续观察，观察者需要在整个观察时段里一直对情境进行监控。
- 无论是在同类还是不同类的事件之间，当事件的长度不同时，易造成持续时间和频数的混淆。

2. 永久成果记录

永久成果记录法（Permanent Product Recording）类似事件记录，但它是在观察时段结束或某些任务完成后记录关注的事件。例如，不去观察学生解答作业本上数学题的行为，而在任务结束时收集学生的作业本，记录题目以及正确回答的数量。在图 7.2 的例子中，让学生做 25 道题，学生答对的题数为 19 道。

报告永久成果的数据时，可以采用类似事件记录的方法，即给出事件的绝对数量值而不是事件与时间的比率。此外，诸如图 7.2 中的情形，可以从数据中推导出百分比，让学生做 25 道题，学生答对了 19 道，回答正确率为 76%。

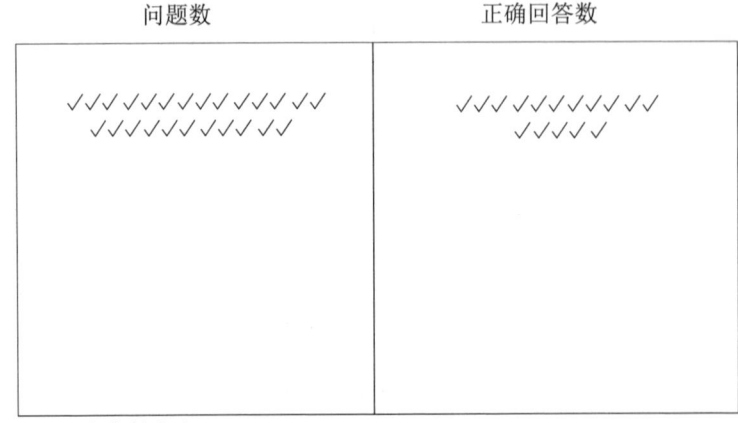

问题数	正确回答数
✓✓✓✓✓✓✓✓✓✓✓✓✓ ✓✓✓✓✓✓✓✓✓✓✓✓	✓✓✓✓✓✓✓✓✓✓✓✓✓ ✓✓✓✓✓✓

✓=行为事件发生

图 7.2 永久成果记录的例子

不去观察学生解答作业本上数学题的行为，而在任务结束时收集学生的作业本，记录题目以及正确回答的数量。

永久成果记录非常适合记录在行为结束后产生离散结果的行为和刺激。和事件记录一样，永久成果记录特别适合以频数作为测量维度。不过，若能用某种方式记录事件出现的时间，则可以尝试用反应间距和反应加速度进行量化分析。

永久成果记录法的优点如下：

- 允许不连续地记录行为和刺激事件。在实验关注的行为事件发生时，观察者仍能进行其他活动。
- 允许对永久成果进行检查，并可以进行错误类型分析（Bellamy, Horner, & Inman, 1979）。可以使用这种分析识别出现的各种类型的错误，并对准确的表现提供总体估计。

永久成果记录法的局限性如下：

- 行为反应和刺激必须附带产生具体的产品，否则无法使用这种测量技术。

3. 持续时间记录

测量维度中最直接的测量技术是持续时间记录（Duration Recording），持续时间记录法记录同一行为事件发生与结束之间的时间长度。图7.3显示了用持续时间记录法填写的数据表的例子。数据反映了体育课上学生游泳时游完单程的耗时，体育课要求学生每天游10个单程。如图7.3所示，研究者记录了10个单程中学生每游完一个单程所花的时间。

单程游泳的持续时间（秒）

```
单程 1=48.7
单程 2=49.0
单程 3=47.1
单程 4=47.3
单程 5=47.8
单程 6=48.2
单程 7=49.3
单程 8=52.8
单程 9=53.7
单程 10=58.6
```

图 7.3　用持续时间记录法填写的数据表的例子

该图反映了体育课上学生游泳时游完单程的耗时，体育课要求学生每天游10个单程。

在图7.3所示的例子中，要求行为事件的数量是固定的（如游10个单程），而单程的持续时间则是因变量。这些数据要用数据的集中趋势（如平均数、众数和/或中位数）和分布范围的估计值（如绝对值或相对值）进行归纳（参见第16章）。例如，游完单程的平均时间长度为50.3秒（分布范围是47.1秒~58.6秒）。在事件发生的数量可变的情形中，记录事件的基础率（即事件发生的次数）、平均持续时间以及持续时间的范围可能很有帮助。若观察的时间固定或有变化，可以推算出行为事件发生的总时间所占的百分比。例如，使用持续时间记录法能观察和测量出在一节数学课中23%的时间里学生随便说话的情况。

持续时间记录法的优点如下：
- 能精确估测行为和刺激发生的时间长度，包括每个行为事件发生的持续时间或在观察期间行为发生的总的时间长度。

持续时间记录法的局限性如下：
- 该技术要求研究者进行连续观察。
- 该技术要求使用某种计时工具（如秒表）。
- 记录频繁且短暂发生的事件时，该技术的操作可能比较麻烦且不精确。

4. 潜伏期记录

与持续时间类似，潜伏期记录（Latency Recording）与特定的测量维度（这里指拖延时间）有密切的关联。采用潜伏期记录，要记录刺激或行为的出现与随后出现的目标反应之间相隔的时间。反应潜伏期记录法的例子呈现在图 7.4 中，数据显示了从教师提出要求到学生服从之间耗费的秒数。在观察时段中，教师提出了 6 个不同的要求，学生服从行为的潜伏期中值为 7.15 秒（分布范围为 4.8 秒~45.1 秒）。

学生服从行为的潜伏期（秒）

| 要求 1=5.3 |
| 要求 2=45.1 |
| 要求 3=12.4 |
| 要求 4=8.1 |
| 要求 5=6.2 |
| 要求 6=4.8 |

图 7.4　用潜伏期记录法填写的数据表的例子

图中的数据显示了从教师提出要求到学生服从之间耗费的秒数。

在有些情况下，可以安排实验情形呈现固定数量的刺激。而在其他一些情况下，可以在自然条件下呈现数量不等的刺激。不管哪种情形，都可以报告潜伏期集中趋势和某些变异性的指标，因为都可以用潜伏期的总时长（以秒计算）除以所呈现的刺激的数量。

潜伏期记录法的优点如下：
- 能提供两个行为事件之间时间关系的指标。

潜伏期记录法的局限性如下：

- 需要连续观察。
- 需要使用某种计时工具（如秒表）。
- 当呈现的刺激不固定时，在每次观察中行为事件的数量会有很大变化。
- 行为反应与呈现的刺激之间可能并非因果关系，两个变量间可能仅是相关关系。

5. 部分时距记录

不同于在离散事件发生时进行记录（前述4种技术均用于这种情形），下面3种方法使用抽样策略来估计刺激和行为的发生。也就是说，把观察时间分为离散的时距，并记录特定事件发生与否。这个过程并不能精确记录发生了什么事情，然而可对观察到的刺激和反应做粗略估计。

在使用部分时距记录（Partial-Interval Recording）的案例中，若被观察的事件在特定时距的任意时刻上发生，则该时距就被记录为刺激或反应发生1次。若相同行为在该时距中发生多次，则仍记录为发生1次。如果在该时距内未观测到事件，则记录为刺激或反应发生0次（未发生）。图7.5（左列）显示了部分时距记录法的例子。在观察中记录了一个行为（如打其他同学）。当观察到该行为时，在时距空格内标一个"X"。如图所示，使用部分时距记录法，10个时距中有8个记录了反应的发生。可以将这样的结果概括为，在80%的观察时段里出现了行为反应。

使用部分时距记录法时，时距的长度是重要的考量因素。总的来说，时距越小，对行为发生的估计就越精确（Powell, Martindale, & Kulp, 1975）。举例来说，可将最敏感的时距设为1秒钟，这样能够对行为出现与否做出非常精确的追踪。它可能会被同长达1分钟的时距做比较。1分钟时距可能会高估事件的出现次数，因为行为只在时距中出现1次即被记录为行为发生。但是，如果这有可能实现的话，使用很短的时距（如1秒钟）将导致事件记录困难。因此，按照惯例，研究者倾向于选择5秒、10秒、15秒长度的较短时距，采用较短的时距有利于最大限度地缩小对行为发生的过高估计。此外，时距长度和事件的持续时间之间存在重要的关联（Repp, Roberts, Slack, Repp, & Berkler, 1976）。事件发生的持续时间越短，时距长度就应该越小，以避免夸大事件发生的频率。

部分时距记录法的优点如下：
- 不需要记录每个事件，就可估计行为和刺激的发生情况。

- 不要求连续的观察。

部分时距记录法的局限性如下：

- 需要一些提示性工具（如秒表），在时距开始和结束时向研究者发出信号。
- 若使用较长时距记录，尤其是对短暂发生的事件，将会高估反应发生的次数。

行为	部分时距	全时距	瞬时时距
▌	X		X
▌	X		
▌	X		X
▌	X		X
▌	X		X
▌	X	X	X
▌	X		
▌	X		
结果	80%	10%	50%

图 7.5　部分时距（左列）、全时距（中间列）和瞬时时距（右列）记录法的例子

图的左边显示了被观察行为从出现到消失的真实时间。若该行为满足发生的条件，就在对应的时距空格内标一个"X"。计算有标记的时距的百分比，列在图的最下面一行。

6. 全时距记录

第一种采用时距估计反应和刺激的方法是全时距记录（Whole-Interval Recording）。使用该方法，所关注的事件在整个时距内持续发生才能被记录为该时距内发生1次。若在时距中的大部分时间内发生反应，但不是全部时间，则记录为该时距内行为未发生。图7.5（中间列）显示了全时距记录的例子，针对出现的行为，唯一记录反应出现的时距是第7个时距。尽管在多个时距内均观察到了行为，但观察的行为中只有1个行为是在整个时距内连续发生的。观察结果是，估计在10%的时距里发生了行为。

很显然，目标行为出现的时间大于观察时段的10%，这种差异性的存在让采用全时距记录方法的研究者特别有顾虑。对于发生时间短暂的行为，这种测量方法会低估行为的实际发生情况，若选择较长时距，这种特征会更加显著。因此，这里再次强调，用时距测量方法时，时距长度和行为的持续时间之间存在相互关联（Repp et al., 1976）。基于这个原因，一般只有在观察的行为和/或刺激持续时间较长的情况下才采用全时距记录。考虑到这一局限，研究者很少使用全时距记录法（Kelly, 1977）。

全时距记录法的优点如下：

- 能估计持续时间长的行为和刺激的发生情况，不需要记录每个事件。

全时距记录法的局限性如下：

- 需要连续观察。
- 需要在每个时距开始和结束时，使用某种提示设备向研究者发信号。
- 若采用较长的时距，会低估反应的发生情况，尤其在观察记录发生时间短暂的行为事件时。

7. 瞬时时距记录

最后一种时距记录系统是瞬时时距记录（Momentary-Interval Recording），它又叫作时间抽样或瞬时时间抽样记录（Harrop & Daniels, 1986）。这种方法只观察时距的某个子集，因此，只需要观察整个时距的一部分时间（即某个时刻）。通常，时距中不观察的部分称作"等候"部分，观察的时间称作"记录"部分。例如，研究者选择10秒的时距，其中包括5秒等候部分和5秒记录部分。观察者在时距的前5秒不观察，只在时距的最后5秒对事件的发生进行观察和记录。大多数情况下，记录部分使用类似部分时距记录的策略（如行为事件只需发生1次），但也有可能采用全时距记录的技术。

图7.5（右列）显示了采用10秒瞬时时距记录法的例子，其中9秒等候1秒记录。结果显示，10个时距中5个做了标记，产生的估值为在50%的时距里发生了行为。瞬时时距记录通常采用5秒、10秒和15秒的时距，但也可使用30秒、1分钟（甚至更长）的时距来估计行为的发生。一般来说，总体观察时间越长，时距可能越长。与之有关联的是记录部分的长度，其范围常介于1秒（短时距）至15秒（长时距）之间。

瞬时时距记录的独特优势是能在同一观察时段里记录多个被试的行为。比如，若研究者采用15秒时距，其中10秒等待5秒用于记录部分的方法，那么他可以同时观察3名学生的行为，即对一名学生观察5秒钟后，转向关注下一名学生 5 秒钟，之后再观察第三名学生 5 秒钟，随后再次开始上述流程。

瞬时时距记录法的优点如下：
- 能够有效利用观察者的时间，以便同时观察多个被试。
- 不需要连续观察。

瞬时时距记录法的局限性如下：
- 需要使用时间提示设备或工具，在时距开始和结束时向观察者发出信号。
- 可能会高估或低估行为事件发生的数量，因为行为事件是否被记录会受行为事件的持续时间、频数、等候时间和记录部分的长度的影响。

（三）记录媒体

与选择测量技术密切相关的议题是记录行为所用的媒体。在设计好观察编码、选择好测量方法后，一定要通过某种手段捕捉行为事件用于后续的分析。通常，研究者或选择直接观察记录，或用录像或其他数码媒体来记录。在观察时段直接采集数据的好处是有效率，观察时段结束时数据也已经采集好了，可以进行下一步的数据分析了（参见第五篇）。用录像等手段捕捉观察信息的优点是可对行为事件进行反复分析，这意味着如果研究者需要改变观察编码，可以用修订后的方式重新记录所有的观察时段。此外，研究者可以反复观察录像设备捕捉到的观察信息，因此，可以使用更精细的编码。然而，先录像再记分的局限性主要是耗费时间，另外，由于设备特性所限，摄像机或其他数码设备并不能完整记录当时情境中出现的全部事件信息。

研究者需要做出相关的决策，是使用纸笔记录还是计算机系统。纸笔记录系统是使用现成的技术记录行为反应和刺激。纸笔记录系统的优点是制作和使用方便。另外一种方法是使用基于计算机技术的数据采集程序，使用各种软硬件采集和记录信息（Kahng & Iwata, 1998）。使用计算机技术的优势包括：①迅速归纳整理数据；②电脑直接存储数据用于分析；③便于通过按键同时记录多个行为。但是大部分数据采集情形不需要用到基于计算机的记录系统，在已发表文献中显示的大部分研究都使用了纸笔记录系统（Miltenberger, Rapp, & Long, 1999）。

（四）情境抽样

与记录系统相关的重要决策还包括抽取什么样的情境（行为反应和刺激发生于其中）实施观察。教育研究中有两种一般的情境类型：自然情境和模拟情境。自然情境中的行为是那些在学生的普通生活中预计会出现的行为。自然情境包括个体所在的家庭、学校和社区等情境，他在其中生活、工作和接受教育（Kennedy, 2003）。这种情境是应用研究工作的主要研究情境，因为在自然情境中，个体行为的改变正是所有教育研究要努力达到的终极目标。但在研究结论推广到自然情境之前，也常常需要在一种更有控制性的环境下实施一系列研究，即在所谓的模拟情境中开展，尽管这种情境也被称为临床的、插页式的或实验室情境。模拟情境中的研究目的是尽可能减少影响行为的无关变量，分析更基本的功能关系（Wacker, 2000）。如果能成功地在模拟情境中开展研究，其结果将有助于更好地理解自然情境中学生的行为，从而改善他们的表现。目前，很多政策制定者和研究者关注如何将模拟情境的结论推广至自然情境中，并称其为从研究到实践或转化研究（Lerman, 2003; Malouf & Schiller, 1995; Nunes, Carroll, & Bickel, 2002）。

由前面的论述可以推断出，需要抽取什么样的情境进行观察取决于单一被试分析中所提出的实验问题。如果实验问题是揭示行为的基本性质，模拟情境可能（但非必然）会是一种较好的选择。通常，模拟情境抽样观察的时间长度有限，其选择也有方便研究者的考量。比如，采用简式实验设计（参见第13章），这种实验设计中，每一时段只有 5~10 分钟，也许最少只要 3~4 个时段就可反映行为之间的功能关系。由于在模拟情境中研究的目的是探索行为加工过程，观察时段的长度和数量的设定取决于需要用多长时间来揭示行为加工过程以及需要用多长时间来证明功能关系。

在自然情境中，情境抽样的问题较为复杂，最好的办法是根据实验问题的范围考虑抽样程序。若实验问题关注一节代数课上学习某种数学技能，那么研究应聚焦于课堂上解决数学问题的行为。而如果实验要探讨数学问题解决能力的迁移，那么选择更多种的情境可能更为适宜。当实验问题关注的是个体在学校一天的生活或在家庭、社区的表现时，也许要对这些情境进行抽样。当然，并非在所有的时间里都要观察这些情境，只要观察能反映在这些情境中发生的真实情况即可。

选取什么情境进行观察决定了研究者能在多大范围内根据发现得出结论，这也是选择抽样情境的基本原则。关键是所抽样的情境是否符合实验问题关注的情况，对情境的抽样是否限制了研究结论的得出。例如，需要研究在一天的学校生活中做出的解决数学问题的行为，但若抽样只限于单一的教室情境，则结论只能针对在那间教室中表现的行为变化而做出，而对于在这间教室外的行为的任何其他结论均由猜测得出。

此外，需要抽取足够多的时间量，以便充分了解实验关注的情境中的各种情况，最佳的选择是在整个实验时间里进行观察。若实验感兴趣的是代数课上的数学问题解决行为，那么最好选择观察整堂课中的数学问题解决行为。但在人力物力有限、不允许穷尽性抽样（即在所关注的整个时段里观察）的情况下，则有必要进行选择性抽样。基本原则是：若已做了穷尽性抽样，则抽样应与要观察的情境十分匹配。理想的情况是抽样策略能被实际证明（直接做出比较），但当无法实现这一要求时，研究者往往转而进行逻辑论证分析，说明研究采用的抽样策略对回答实验问题有效。前者更有说服力，后者的使用更普遍。

最后一个问题与反应和刺激的发生有关。抽样的时间应足够长，长到能记录反应和刺激多次发生的情况。若观察时间太有限，则不能取到足够的反应与刺激。这一般对经常发生的行为（如解决数学问题）不构成问题，但对不常发生的行为（如拒绝搭一个陌生人的顺风车）就可能造成严重的策略方面的挑战。对此，研究它们的最实际的办法是借助能刺激行为发生的模拟情境来获得可用于分析的发生率。

（五）观察者培训

无论采用纸笔记录还是计算机记录系统，观察者误差都是观察数据误差的主要来源。基于这一事实，研究者需要培训观察者，使他们采集反应与刺激的数据时尽可能达到操作的忠诚度（fidelity）和最高的精确度。此部分主要讨论研究者需要遵循的步骤，确保数据采集尽可能具有完整性。

第一步显然是识别和挑选能够担任数据采集员的观察者。对于谁能成为观察者，没有特别的规定，但需要考虑某些一般特征和逻辑性问题。总的要求是，守时，投入精力学习观察编码，接受有关观察质量的批评意见，在观察情境中表现出恰当的礼仪，遵守相关规则。此外，还应具备一个积极的特质，即愿意和研究团队一起工作，投入较长的时间（如几年），这样能减轻培训新观察者的工作量。除了上述要求，任何有意愿成为研究助理的人都可能有效地采集高质量的直接观察数据。

挑选和聘用观察者后，需要对其进行大学认可的伦理培训。所有高等院校或研究机构都有针对新研究人员开展的获得相关机构认可的培训课程，这些课程都由某些资助单位（如国家健康研究所）资助。一般来说，培训内容包括保密性、观察者礼仪、数据保存、数据报告和信息精确性等问题。

下一步是系统地培训观察者。首先要求每个观察者记住观察编码及编码中对每个行为事件的定义，可用举正面和负面事件的例子与讨论的方法进行。在观察者表示已经理解观察编码后，需要向他们介绍将要使用的记录系统和记录媒体。通常请他们观看录像材料中的实例，对要观察的各种情况进行实践训练，一般包括：观看录像实例，讨论每个反应和刺激的发生情况，对行为事件的类型及如何记录等问题的看法达成一致。然后，每个观察者自己安静仔细地对录像实例进行观察并做记录。记录的数据将通过观察者间一致性指标（参见第8章）进行分析，估计两个观察者间记录的一致程度。一般培训要求观察者间一致性指标在85%以上，当然，一致性水平越高越好。

此刻，可以向新观察者介绍数据采集情境中的各个观察时段。值得注意的是，当观察者首次进入某个环境时，该环境会引起观察反应。这种反应产生于介绍新观察者进入观察情境时教室内或其他教育情境中个体的行为改变。这种行为的变化会导致基线数据不真实。因此，一般把初始观察视为热身训练的机会（非实验性数据），让观察者和被观察者都适应数据采集过程。

观察者培训还有一项工作就是周期性再培训（"再校准"），一般会使用原来的教材。周期性再培训的目的是避免观察者偏差。在实验的进程中，当观察者使用的定义明显地或隐性地发生了改变时，就会出现观察者偏差。例如，在基线期，观察者把任何手对头的接触动作都记录为自伤行为，但随着实验的展开，记录内容有所改变，只把看起来很用力的手对头的接触动作记录为自伤行为。这种编码标准的偏差可能会导致被记录的事件数量减少，因而扭曲实验结果以及数据的解释。为尽量减少观察者偏差，要开展周期性培训，以确保在整个研究过程中观察者使用的定义前后保持一致。

（六）自变量记录

通常所谓的数据采集只针对研究中的因变量测量而言，这是研究者监控因变量的必要程序。很少有研究者采集自变量的定量信息（Gresham, Gansle, & Noell, 1993）。实际上，据格雷沙姆等人估计，公开发表的研究中只有9%呈现了有关自变量的数据。正如彼得森等人所指出的，"操作技术中奇怪地出现了双重标准。当被观察的行为是目标反应或因变量时，按照惯例会对这些变量（如社会行为、笑、关注等）下操作性定义和设定一些观察者信度的指标，而对目标行为的前提事件或后果事件（作为自变量）却未应用上述严格的标准"（Peterson, Homer, & Wonderlich, 1982, pp.478-479）。考虑到单一被试设计一直以严谨和精确著称，出现这种疏漏确实很奇怪。研究者们不测量与行为改变有关的干预水平似乎是一种严重的疏忽，在实验过程中测量干预水平有助于评估自变量的完整性。

不采集自变量数据的最大问题是，研究者不能客观地衡量干预实施的忠诚度。对于缺少干预忠诚度的信息，研究者只能假设自变量的实施是精确和一致的。但考虑到教育情境的复杂性，这可能是一种错误的假设。缺少这种信息，研究者完全无法评估因变量的变异与自变量的共变程度，只能认为二者以二项式的方式存在。也就是说，人们不得不依据研究者的语言表述来判断是否开展了干预，而不能用连续性量表上的测量数据予以说明。由于需要定量估计自变量的出现和水平以及因变量在研究中如何与自变量发生共变，因此需要采集自变量的数据。

如果研究者采集了有关自变量的数据，这种信息一般称作"实验处理的完整性""干预的忠诚度"或"实施的可靠性"数据。采集这种数据通常需要实施以下步骤：第一，对自变量进行操作性定义；第二，选择能反映干预措施特征的测量维度；第三，制订采集自变量信息的记录系统；第四，确定需要使用的记录媒体；第五，培训观察者间使用记录系统，并达到稳定的观察者间一致性水平。

肯尼迪（Kennedy, 1994）提供了一个记录自变量和因变量的研究实例。如图 7.6 所示，研究者追踪了两种与学生行为有关的变量：问题行为和社会情感。此外，还追踪记录了两种与教师行为有关的变量：提出任务要求和社会性评价。由于提出任务要求和社会性评价是两种主要的自变量，因此安排对实验处理的完整性进行检查。在基线期，任务要求的提出、三个学生的问题行为的发生都保持一致的速度，积极情感（学生行为）和社会性评价（教师行为）都处于较低水平。自变量包括教师时常做出社会性评价、逐渐增加任务要求的数量。随着时间的推移，任务要求提高到基线期的水平，而与基线期相比，问题行为发生的水平下降了。这种实验安排可记录学生行为与教师行为的共变情况。

通过证明操纵自变量的忠诚度（干预的实施符合设计要求的程度），研究者获得了密切追踪行为随干预的实施和移除而发生变化的能力。通过应用上述程序，研究者能够更明确地说明干预与因变量之间的关系。这样不仅能得出更精确的结论，未来也可分析自变量的参数变化以及它们如何影响教育关注的行为。

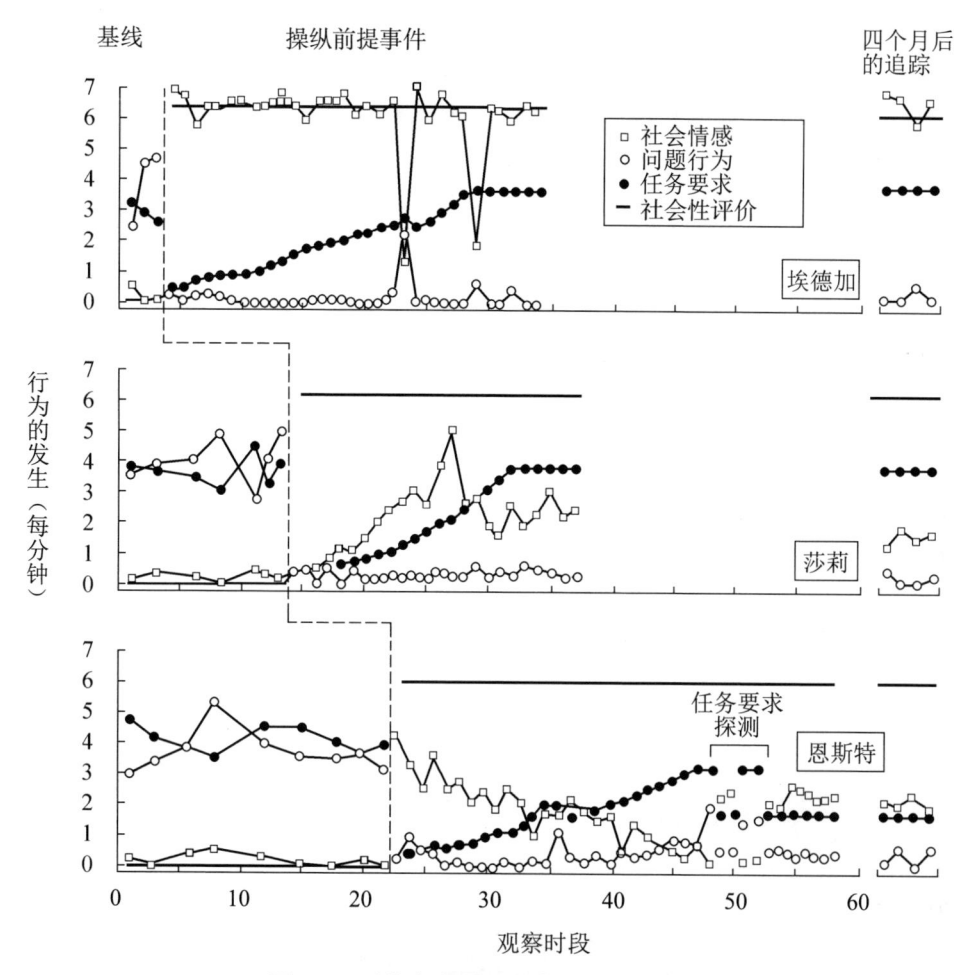

图 7.6　采集自变量和因变量数据的例子

纵轴表示行为发生的频数，横轴是对三个学生（埃德加、莎莉和恩斯特）观察的时段。追踪了两种与学生行为有关的变量：问题行为和社会情感。此外，还追踪了两种与教师行为有关的变量：任务要求和社会性评价。由于提出任务要求和社会性评价是两种主要的自变量，因此安排对实验处理的完整性进行检查。

资料来源：C. H. Kennedy, Manipulating Antecedent Conditions to Alter the Stimulus Control of Problem Behavior（《操纵前提条件以改变问题行为的刺激控制》），*Journal of Applied Behavior Analysis*（《应用行为分析杂志》），1994, 27, 图 2, p.166. 1994 年版权归实验行为分析协会所有，同意翻印。

二、小结

　　本章阐述了基本的数据记录系统，这是我们在设计和使用测量系统以估计实验事件发生情况中所涉及的一个重要因素。本章与测量维度（第 6 章）和观察者间一致性（第 8 章）的内容合在一起，提供了采集自变量与因变量定量信息的基础知识。在教育情境中开展应用研究时，数据采集这一环节非常关键，因此，本书第三篇讨论的内容应特别引起重视。否则，即便采集了数据，无论这些数据在图表上看起来多么精致（参见第 15 章），但因为不能精确地反映实验关注的目标事件，人们也不会对这些数据感兴趣。

第 8 章 观察者间一致性

如果所有的行为记录都能够自动化，那么单一被试设计中的测量问题将会大大地简化。我们所要做的事情就是调整和保持机器的精确度，并收集机器记录的数据。然而，在教育研究中，很多研究环境和目标行为并不适合使用自动化记录。例如，休息和午餐期间的大多数行为很难用机器来记录。同样，同学间的社会交往或者问题行为的发生也很难进行机械化记录。

基于上述情况，在过去的 40 年间，研究者们开发了一系列程序，用于测量现实环境中的行为。虽然观察者间一致性属于测量程序中的一部分内容，但是在第 7 章中没有予以讨论。观察者间一致性（Interobserver Agreement）指的是，检查一个研究中所测量的自变量和因变量（如果需要的话，还有无关变量）的一致性，其目的是从数量上确定对个体行为所实施的测量的一致性程度。观察者间一致性的同义词是评分者信度（interrater reliability），或者更简单地说就是信度（reliability）。通常，我们习惯使用观察者间一致性这个术语，但是，观察者间一致性、评分者信度和信度之间也可以互换。

本章将讨论观察者间一致性的检验方法，特别是和因变量的评估有关的方法（虽然观察者间一致性同样适用于对自变量的评估，具体内容请参阅第 7 章）。

一、为什么要收集观察者间一致性的数据

当不能对行为进行自动化记录时，使用单一被试设计的研究者只能靠人来记录特定的行为是否发生。由于是靠人来做记录，这个过程就把不希望出现的变异引入了测量过程，从而导致对每个目标行为发生与否的记录不完全一致。由于记录过程中会出现观察者误差，研究者需要采用一定的程序来检查和评估可能发生的各类错误。

通过采集观察者间一致性的数据，研究者可以检查和评估有关变量记录信

息的真实性。通常，让两位受过训练的观察者同时按照同样的测量程序独立记录目标行为。这种独立的观察十分重要，它确保了观察者记录的唯一性。根据这些独立观察的结果，研究者可以客观地比较两位观察者运用测量系统捕捉到行为发生与否的情况。通过这种客观比较，研究者可以估计两位独立的观察者记录结果的一致性程度。

在讨论观察者间一致性数据的时候，研究者要十分注意用词。讨论观察者间一致性时，研究者可以使用**一致性**（agreement）、**可靠性**（reliable）、**一贯性**（consistent）等词来描述数据所表明的情况。研究者应避免使用**准确性**（accuracy）、**正确性**（exactness）或者**真实性**（truthfulness）等词。因为即使两位观察者能够独立地记录行为，并且在行为是否发生的记录上完全一致，他们的记录也可能同样不准确（Deitz, 1988）。因此，观察者间一致性数据能够用于评估两位观察者记录结果的一致性，但不能用于评估两位观察者记录结果的准确性。

为了收集观察者间一致性数据，两位观察者都需要接受培训，学习使用相同的行为编码和记录系统。如果满足了这些较明显的标准，那么就让不同的观察者对相同的行为情景进行独立的记录，研究者就可以评估他们的记录结果的一致性程度。采集观察者间一致性数据至少有三个重要的原因。

第一，观察者间一致性可以作为训练标准以评估新的数据记录员。在一位新的观察者学习了一套观察编码和记录方法之后，让他和一位经验丰富的观察者同时记录行为发生的情况，能够获得一致性的定量指标。这样就可以估计在记录行为的方式上新的观察者与经验丰富的观察者之间的相似程度。通过运用诸如此类的一致性评估策略，就能够确定新的观察者是否在观察技术上得到了充分的训练。

第二，在实验中收集观察者间一致性的数据可以用来评估观察者记录的一致性程度，这也是最主要的原因。在一项研究中，观察者间一致性使研究者能够明确地估计不同观察者使用相同的测量系统记录行为事件的情况。通过观察者间一致性的数据，其他人可以判断不同的观察者收集数据的一致性程度。观察者间一致性越高，运用测量系统的一致性就越高。也就是说，一个变量（如因变量）水平的改变，可能是由于实验情形的改变（如引入了自变量），而不是由观察者的变化引起的。这些信息一般会在论文的方法部分予以报告（参见专栏 8.1）。

第三，收集观察者间一致性数据可以避免观察者偏差。在研究的过程中，当观察者对一套行为编码原始定义的使用出现了偏差时，也就产生了观察者偏差（Kazdin, 1977）。例如，对于头撞物体这个行为，其操作性定义可能是一个人的头接触任何物体。然而，随着研究的进行，观察者可能开始判断意图和记录前兆行为（如将头移向一个目标），好像他们的头撞到物体了。这种在定义的使用上的偏差可能会严重影响数据的真实性。为了避免观察者偏差的产生，观察者经常查阅观察编码并收集观察者间一致性的数据是十分必要的。另外，在研究开始的时候，为了训练观察者，一些研究者使用行为事件的录像记录作为一种方法，可以确保不同观察者和处于不同时段的观察者的一致性。

> **专栏8.1　发表研究成果时，研究者在何处报告观察者间一致性数据？**
>
> 　　有时候，研究者会错误地将观察者间一致性结果报告在论文的结果部分，而不是在方法部分。人为地将观察者间一致性的程序和公式与结果数据分开，也会导致对观察者间一致性含义的误解。观察者间一致性的数据（如一个行为的时段百分比或事件的持续时间）不是实验分析的结果。相反，观察者间一致性是对如何使用观察系统收集信息的完整性检查。因为观察者间一致性是对测量系统使用一致性的程序性核查，因此，观察者间一致性不是研究结果，但它确实是开展一项研究不可缺少的部分。鉴于此，把观察者间一致性数据的采集程序、公式和结果报告放在研究方法部分的最后一节，标题为"观察者间一致性"，是最恰当的做法。

二、计算观察者间一致性的方法

　　在本章的前面部分，我们概括介绍了观察者间一致性是什么和为什么要收集这种数据，这一节将探讨概括和计算观察者间一致性的各种方法（Page & Iwata, 1986）。我们将选择性地讨论一些计算方法，不包括相关法或更复杂的统计方法（参见专栏8.2）。相反，我们将讨论在单一被试研究中经常用来估计观察者间一致性的方法——研究者已发现在做研究时很有用的计算观察者间一致性的方法。

　　表8.1给出了一组假设的数据，用于说明计算观察者间一致性的不同方法。数据是用以10秒为一个时距的部分时距记录法来记录的。表8.1呈现了10个观察时距。两位观察者（甲和乙）独立记录被试的反应。在时距中当观察到反应发生时就记下R。在第1个时距中，两位观察者都没有记录R；在第2个时距中，两位观察者都记录了R；在第3个时距中，只有一位观察者记录了R，以此类推。观察者甲共记录了5个R，观察者乙同样共记录了5个R。

> **专栏 8.2　观察者间一致性、相关分析和 Kappa 统计法**
>
> 　　另外还有两种计算观察者间一致性的方法在本书中没有讨论，之前也有过这样做的先例。然而，不讨论这两种方法各有各的原因。第一种没有讨论的方法是用相关系数（通常是皮尔逊积差相关系数）估计观察者间一致性。使用相关系数计算观察者间一致性存在一个严重的缺点，就是即使观察者们在行为发生上确实没有达成一致的看法，依然有可能得到极高的相关。只要两个分数按相似的比例提高或者降低其估值，观察者们记录结果的相关就会非常高。
>
> 　　第二种没有讨论的方法是 Kappa（k）。科恩（Cohen, 1960）首先发明了 k 统计法，哈特曼（Hartmann, 1977）建议用它来计算观察者间一致性。用 k 统计法计算观察者间一致性的目的是合理有效的，即对行为记录中固有的一些基础率问题进行统计控制。所谓基础率，指的是与特定行为有关联的发生概率。如果行为频繁发生（即有很高的基础率），那么两位观察者随机地确认行为发生的概率就会高过行为发生频率低的情况。这种统计现象会导致观察者间一致性的虚高估计。k 统计法通过对随机一致性进行校正，补偿了基础率的问题。虽然 k 统计法有某些优点，但是，有关单一被试设计的研究文献却很少报告 k 值。k 统计法的使用目的值得称赞，但是由于研究者很少使用，影响了它在估计观察者间一致性上的功用。

（一）总一致性

计算观察者间一致性，一种比较直接的方法是计算总一致性（total agreement），即频数比的方法。使用总一致性时，研究者要先将每位观察者记录的反应分别求和，然后用最小的总和除以最大的总和，最后乘以 100%。总一致性的公式如下：

$$S \div L \times 100\%$$

在这里，S 是最小的总和，L 是最大的总和。

表 8.1　一个反应（R）是否发生的假设数据

	\multicolumn{10}{c}{10 秒的时距}
	1	2	3	4	5	6	7	8	9	10
观察者甲		R	R			R		R	R	
观察者乙		R		R		R		R	R	

采用表 8.1 的数据计算总一致性需要采取以下步骤：

（1）观察者甲共记录 5 次反应；

（2）观察者乙共记录 5 次反应；

（3）由于数值相等，所以观察者甲和观察者乙的总和都既可以做分母，也可以做分子；

（4）5 除以 5 等于 1；

（5）1 乘以 100% 等于 100%。

因此，若以总一致性作为观察者间一致性的指标，用表 8.1 的数据计算得到的结果是 100%。

总一致性的第一个优点是十分容易概念化和计算。第二个优点是当观察者没有对准时距做记录时，也可以用总一致性计算观察者间一致性（如一个观察者在第 1 个时距开始记录，而另一个观察者到第 3 个时距才开始记录）。第三个优点是它对反应的总体水平相当敏感。

虽然总一致性具有上述优点，但是用总一致性来估计观察者间一致性有一严重的局限。总一致性提供了行为发生总体水平的指标，但是它无法估计所有观察者是否在一个具体行为上达成一致。因此，研究者可以得到很高的总一致性，但是永远无法了解某次行为发生的观察一致性。例如，表 8.1 的数据模式表明，第 3 个时距和第 4 个时距的结果就整个观察过程而言是相同的，使用总一致性计算观察者间一致性，结果是 100% 的一致性。显然，对于数据真正含义的解释确实是一个令人担忧的问题。

（二） 时距一致性

时距一致性（interval agreement）是考虑到行为何时发生时用于计算观察者间一致性的方法。这种计算观察者间一致性的方法也叫作联合的、点对点或者总体的一致性（Kazdin, 1982）。时距一致性需要使用时距测量系统来记录行为。计算时距一致性时，需要根据每个时距的观察记录来比较两位观察者。如果在一个特定时距中，观察者都记录行为发生或者行为没有发生，这个时距记录就具有一致性。如果在一个时距中，一位观察者记录行为发生，而另一个观察者没有记录行为发生，这个时距记录就具有不一致性。那么，可以将具有一致性的时距总数除以具有一致性的时距总数与不具有一致性的时距总数的和，然后乘以 100%。时距一致性的公式是：

$$A \div (A+D) \times 100\%$$

在这里，A 是具有一致性的时距总数，D 是具有不一致性的时距总数。

运用这个方法需要采取以下步骤：

（1）将每一时距划为一致性或者不一致性；

（2）计算一致性的总数；

（3）计算不一致性的总数；

（4）一致性的总数除以一致性与不一致性的和；

（5）用第 4 步得到的数字乘以 100%。

依据上面的计算步骤，使用表 8.1 的数据将会得到以下结果：具有一致性的时距是 8 个，具有不一致性的时距是 2 个，8 除以 10 等于 0.8，用 0.8 乘以 100% 等于 80%，也就是说，表 8.1 的观察者间一致性是 80%。

显然，在计算观察者间一致性方面，时距一致性比总一致性更加精确。这种精确是基于时距对时距的数据比较。时距一致性不仅能对两位观察者记录行为的情况做总体的估计，还能基于每一特定的时间单位计算一致性。由于这种积极的特征，时距一致性已成为观察者间一致性最常用的指标。

时距一致性有一个和行为的基础率有关的缺点（参见专栏 8.2）。因为时距一致性是根据时距对时距的一致性来计算观察者间一致性的，因此，当行为发生的频率非常高或者非常低时，时距一致性可能无法适当地表示观察者记录一个反应是否发生的一致性（Bijou, Peterson, & Ault, 1968）。例如，和表 8.1 类似，如果在观察过程中，观察者只记录了一次，那么尽管在行为的发生上观察者没有达到一致，时距一致性还可能是非常高的（即 90%）。然而，在这个例子中，对于行为的发生，观察者从来没有达成一致。当行为发生频率高的时候，观察者间一致性指标高估的现象同样会发生。由于有这种顾虑，研究者发明了更加严格的观察者间一致性的计算方法，即发生 / 不发生一致性。

（三）发生 / 不发生一致性

一种更加严格的估计观察者间一致性的方法是分别计算行为发生和不发生的时距一致性。发生 / 不发生一致性（occurrence/nonoccurrence agreement）需要计算两个一致性系数：一个是反应发生的一致性系数，一个是反应不发生的一致性系数。由于是把同一事件发生的系数与不发生的系数分开计算，从两方面报告观察者间一致性，因此，不管事件发生的频率极高还是极低，发生 / 不发生一致性估计虚高的现象都不会出现（Hawkins & Dotson, 1975）。

发生 / 不发生一致性的计算公式与时距一致性是一样的，只是发生 / 不发生一致性的两个系数是分开计算的：一个用于一致性，一个用于不一致性。两个统计结果也是分开报告的（Johnson & Bolstad, 1973）。计算时距一致性时，指定一位观察者为主要观察者（如表 8.1 中的观察者甲），另一位为次要观察者（如表 8.1 中的观察者乙）。计算发生一致性时，每一次当主要观察者记录行为发生时，检查次要观察者是否也记录行为发生。如果两位观察者都记录行为发生，那么就标记为发生一致性。如果观察者甲记录行为发生，而观察者乙记录行为没有发生，那么就标记为发生不一致性，接下来的计算与时距一致性的计算方法相同。

计算不发生一致性时，每一次当主要观察者记录行为没有发生时，检查次要观察者是否也记录该时距行为没有发生。如果两位观察者都记录行为没有发生，那么就标记为不发生一致性。如果观察者甲记录行为没有发生，而观察者乙记录行为发生，那么就标记为不发生不一致性。同样，接下来的计算与时距一致性的计算相同。

按照发生 / 不发生一致性的计算步骤，运用表 8.1 的数据，发生一致性的标记结果是：时距 2、6、8 和 9 为发生一致性，时距 3 为发生不一致性。按照时距一致性的计算公式，我们用 4 除以 5（4 加上 1）乘以 100% 等于 80%；时距 1、5、7 和 10 为不发生一致性，时距 4 为不发生不一致性，按照时距一致性的计算公式，我们用 4 除以 5（4 加上 1）乘以 100% 等于 80%。结果可以报告为，对于目标行为的观察，观察者具有 80% 的发生一致性和 80% 的不发生一致性。

霍金斯和多森（Hawkins & Dotson, 1975）还提出了一种分开报告发生和不发生一致性的变式。他们建议计算发生和不发生一致性的平均数（在表 8.1 的例子中，平均数是 80%），并用这个结果作为观察者间一致性的估计值。这种方法被称为平均的发生 / 不发生一致性。在本章中，为了体现完整性，我们谈到了平均的发生 / 不发生一致性，然而在研究文献中合并观察者间一致性系数的做法是很罕见的。

发生 / 不发生一致性正逐渐成为报告观察者间一致性的普遍方式（Kelly, 1977; Pag & Iwata, 1986）。发生 / 不发生一致性是各种常用的计算观察者间一致性的方法中最严格的一种，因此，研究者偏向于用它来计算观察者间一致性。有时，为了显示周密性，研究者会既报告时距一致性（作为观察者间一致性的总体指标），又报告发生 / 不发生一致性，以便充分地说明研究中不同观察者的一致性程度。

（四） 计算观察者间一致性的其他方法

根据行为测量维度的特征和记录系统的不同，研究者还可以用另外几种方法来计算观察者间一致性。

1. 精确一致性（Exact Agreement）

雷佩等人（Repp, Dietz, Boles, et al., 1976）曾提出记录时距事件（event-by-interval）数据的方法，称为精确一致性。使用这种方法时，研究者需要标记在每一个观察时距内两位观察者是否记录了相同数量的行为事件。表 8.2 给出了一组假设的数据，我们将用这组数据计算精确一致性。计算精确一致性时，要使用时距一致性的计算公式。根据表 8.2 的数据可知，时距 1、2、5、7、8 和 10 具有一致性，时距 3、4、6 和 9 具有不一致性，因此，6 除以 10 乘以 100% 等于 60%。

表 8.2　一个反应的时距事件记录的假设数据

	\multicolumn{10}{c}{10 个时距}
	1	2	3	4	5	6	7	8	9	10
观察者甲		3	1			6		1	2	
观察者乙		3		1		4		1	1	

注：每个时距下的数字是行为发生的频数。

用这种方法计算观察者间一致性，其优点同时也是它最大的缺点。也就是说，因为达到一致性的标准过于严格，能够得到令人满意的观察者间一致性是很难的。（正是基于这个原因，我们不再讨论创造计算发生/不发生精确一致性公式的可能性。）

2. 持续时间或潜伏期一致性（Duration or Latency Agreement）

要计算持续时间或者潜伏期的观察者间一致性，研究者需要使用前述的总一致性的方法。例如，观察者甲记录行为的持续时间是 300 秒，观察者乙记录的是 264 秒，那么他们的观察者间一致性就是 88%。同样地，如果观察者甲记录行为的潜伏期是 75 秒，观察者乙记录的是 84 秒，那么他们的观察者间一致性就是 89%。无论用这种方法计算持续时间还是潜伏期的观察者间一致性，在解释计算结果时，都需要考虑之前讨论过的局限性。

3. 事件或永久成果一致性（Event or Permanent Product Agreement）

与持续时间和潜伏期一致性一样，在计算事件或永久成果一致性时，也需要用到总一致性的方法。例如，如果观察者甲记录了 42 个行为反应，观察者乙记录了 40 个行为反应，那么他们的观察者间一致性就是 95%。即使有缺点，总一致性仍是计算事件或永久成果一致性最适当的方法。

三、观察者间一致性的水平与观察次数

到目前为止，我们已经讨论了采集观察者间一致性数据的原因和计算估值的方法。此刻，该分析一下观察者间一致性达到什么水平以及采集观察者间一致性数据的次数达到多少可以接受了。下面将分别探讨这些概念，并根据这些概念的性质和需要，详细地阐述它们的相互关系。

（一） 可接受的观察者间一致性结果

刚才讨论了各种公式和用公式算出的各种数字，由此引出的一个问题是，它们应该达到多高的水平呢？或者，换个说法，观察者间一致性的百分比达到多高的水平才是可以接受的？根据应用研究的惯例，观察者间一致性至少要达到80%。不过，这仅仅是惯例，并没有科学证据表明为什么必须是80%，只是长久以来，研究者都采用80%作为可以接受的以及研究活动成功的标准。

当然，有一些因素会导致80%的标准过高或者过低（Kazdin, 1982）。当一个观察编码包含了多个复杂的行为时，研究者通常可以接受一个略低的观察者间一致性结果。同样地，如果实施观察的环境十分复杂，或者收集数据的难度非常大，观察者间一致性的估值略低也是可以接受的。每个行为的基础率也非常重要，对于几乎连续发生的行为所获得的高水平一致性，就不像发生频率很低或中等的行为所获得同等水平的一致性那么让人感到惊讶。在权衡某个观察者间一致性结果的可接受性时，必须考虑上述每个因素。

此外，还需要考虑以下两个因素：用于计算观察者间一致性的公式类型，与自变量相关的行为变化的敏感性。很显然，如果对同样一组数据使用两种严格程度不同的一致性计算公式，将会得到不同的观察者间一致性。比如，对于表8.1的数据，使用总一致性会得到100%的结果，而使用时距一致性会得到80%的结果。因此，在报告观察者间一致性时，报告所使用的计算公式是十分重要的，以便其他研究者能够依据用于计算的统计方法判断结果所达到的水平。最后一个问题是，要考虑从基线到干预行为变化的程度。如果随着条件的变化，行为波动的幅度很大，或者行为水平的变化很小，那么就需要较高的观察者间一致性结果。之所以出现这种情况，是因为观察的不一致所产生的波动可能大于自变量的效应。

（二） 观察次数的百分比

需要用多少次观察来收集观察者间一致性数据，以便恰当地评估测量的一致性呢？这个问题同样没有科学上站得住脚的标准。不过，近40年来，在用单一被试设计进行的应用研究中，研究者们已逐步形成了某些惯例。一般来说，在讨论或者报告观察者间一致性的时候，用于检查一致性的观察总数都用百分比来表示。当前的惯例是，用于检查一致性的观察次数的百分比至少为20%，33%则更好。

（三） 观察者间一致性水平与观察次数的交互作用

显而易见地，收集观察者间一致性数据是单一被试设计必不可少的一部分，而对这些数据的解释一般都依照惯例。除了前面谈到的影响观察者间一致性数据收集的次数和应该达到的水平的因素外，还需要考虑一个问题。一般来说，观察者间一致性水平越高，需要用于一致性检查的观察次数的百分比越低；或者，反过来说，观察者间一致性水平越低，需要用于一致性检查的观察次数就越多。总之，在做有关需要多高的观察者间一致性水平和观察多少次的决定时，最好牢记检查观察者间一致性的目的。也就是，研究者收集这种数据，是为了能估计所收集的数据的一致性，并利用这些信息实现恰当地解释调查数据的目的。

四、小结

观察者间一致性为评估研究中自变量和因变量测量结果的一致性提供了一个重要的方法。尽管一致性的数据并不说明观察者的记录是否真实，但是观察者间一致性的信息的确能够帮助研究者估计不同的观察者是否能够运用测量系统收集到同样的信息。多种计算公式可用于获得这样的信息，这些计算公式在严格程度上存在一定的差异。此外，在收集观察者间一致性数据的次数和观察者间一致性应该达到的水平方面也形成了若干惯例。不过，目前在科学意义上还没有标准，除非依照惯例，研究者能有效地进行科研活动，并且这些科研活动能被其他人复制。

Design Tactics

第四篇 实验设计

第 9 章　A–B–A–B 设计

前面三篇探讨了关于实验法、单一被试设计的使用、功能关系的建立、复制，以及如何定义和测量行为的一般方法。第四篇将讨论在单一被试研究中为实现自变量对因变量的实验控制而使用的各种设计策略。回顾之前的定义，单一被试设计是用以呈现对单个被试的行为实施的实验控制。这个被试既是控制组的被试，又是实验组的被试（借用对照组设计的用语）。另外，在基线期和干预期，随着时间的推移，要对因变量进行反复抽样，以建立行为模式。

无论在使用的频率上，还是在行为的实验控制上，A-B-A-B 设计策略都是单一被试设计的核心。但首先，在此有必要回顾一下在第 3 章中讨论过的许多初步的设计方法。无论是单一被试设计还是其他的设计方法，所有实验法中最重要的逻辑是有计划的比较（参见第 1 章）。一般来说，有计划的比较采取两种实验条件相互对比的形式。这个定义隐含的意思是要确定某种因变量，至少，在自变量存在或者不存在的情况下评估因变量。如果满足某些先决条件，基线期与干预期之间的差异就可以归因于自变量。

简言之，在单一被试设计中，这些先决条件指的就是功能关系的建立。对于单一被试设计，所有有计划的比较都要归到如何安排基线条件（A）和干预条件（B）的逻辑中。最基本的形式是 A-B 设计，所有的单一被试设计都是 A-B 条件的组合。例如，先建立一个学生阅读流畅性的基线，当他接受某种干预时，就有机会将他在干预期的阅读流畅性与基线做比较。不过，如果采用 A-B 设计，将两种条件之间的差异都归为自变量的影响，这种推断十分草率。对解释的限制是非常有必要的，因为它可能会影响到内部效度（参见第 3 章）。

为了控制其对内部效度的影响，或者最大限度地降低无关变量对实验结果的影响，使用单一被试设计的研究者便利用了复制的概念，或者确切地说，被试内的直接复制（参见第 4 章）。也就是说，在操纵完 A-B 条件以后，随着自变量的移除，研究者返回基线条件（A），观察最初基线条件下的行为模型能否再次建立。如果可以再次建立，那么毫无疑问，自变量和因变量之间的功能关系就能被确立。这种类型的实验序列叫作 A-B-A 设计。

一、A–B–A–B 设计

在单一被试设计中，A-B-A 设计是用最少量的实验安排就能建立实验控制的设计类型，然而，如果实验条件允许的话，研究者倾向于至少再引入一次自变量，这种实验安排就是 A-B-A-B 设计。因此，在使用 A-B-A-B 设计的时候，研究者首先要确定基线，然后引入干预，接着返回基线，再次引入相同的干预。如果因变量的水平随着自变量的出现和消失而发生相应的变化，那么就可以肯定地说，研究者已经对反应进行了高度的控制。

研究者们倾向于使用 A-B-A-B 设计而不用 A-B-A 设计，其原因至少有两个。第一个原因是，A-B-A-B 设计能够分别复制两种情况。当研究者再次引入基线时（即 A-B-A），就开始了第一次复制。如果成功，那么随着自变量的移除，基线期的反应模式将会再次出现。再次引入干预时（即 A-B-A-B），就开始了第二次复制。同样，如果成功，最初的实验效应将会再一次出现。这种 A-B-A-B 的设计安排既能复制基线期的行为模式，又能复制干预的效果。

研究者倾向于使用 A-B-A-B 设计的第二个原因是，教育研究具有应用性。根据定义，应用行为分析主要关注"实验行为分析在社会重要问题上的应用"[①]。这句话隐含的意思是，研究者关注人们遇到的各种由于自己或者其他人的行为发生过多或者过少而感到烦恼的情况。因此，如果干预改善了这种困境，那么让被试接受最有效的干预之后再终止研究（即 A-B-A-B），这是符合伦理的。

图 9.1 给出了一个 A-B-A-B 设计的例子。研究人员曾针对校长的行为对教师的课堂教学所产生的影响进行研究（Gillat & Sulzer-Azaroff, 1994）。因变量是校长为提高教师绩效而做出的三种行为：目标设置、非语言（书面）反馈、表扬（Daniels, 1989; Sulzer-Azaroff & Mayer, 1991）。基线条件是校长到教师的课堂上来巡视，这也是她每天履行行政职责时通常要做的事情。自变量是咨询师给校长做有关组织行为管理技术的培训，让校长学会运用自我监控系统，研究

---

① 原注：这是印在《应用行为分析杂志》封面上的话，从第 1 卷至今。

人员根据校长的表现每天给予反馈（Hayes et al., 1985）。在最初的基线期，校长发生目标行为的频率很低。在初始的干预期，她的目标设置、非语言反馈、表扬行为有所增加。在移除干预后，校长的反馈行为有所下降（参见专栏9.1），基本上复制了之前基线期的情况。然后，再次引入自变量，她的目标行为再次提高。结果是，用A-B-A-B设计确定了校长的绩效反馈与咨询师的干预之间的功能关系。

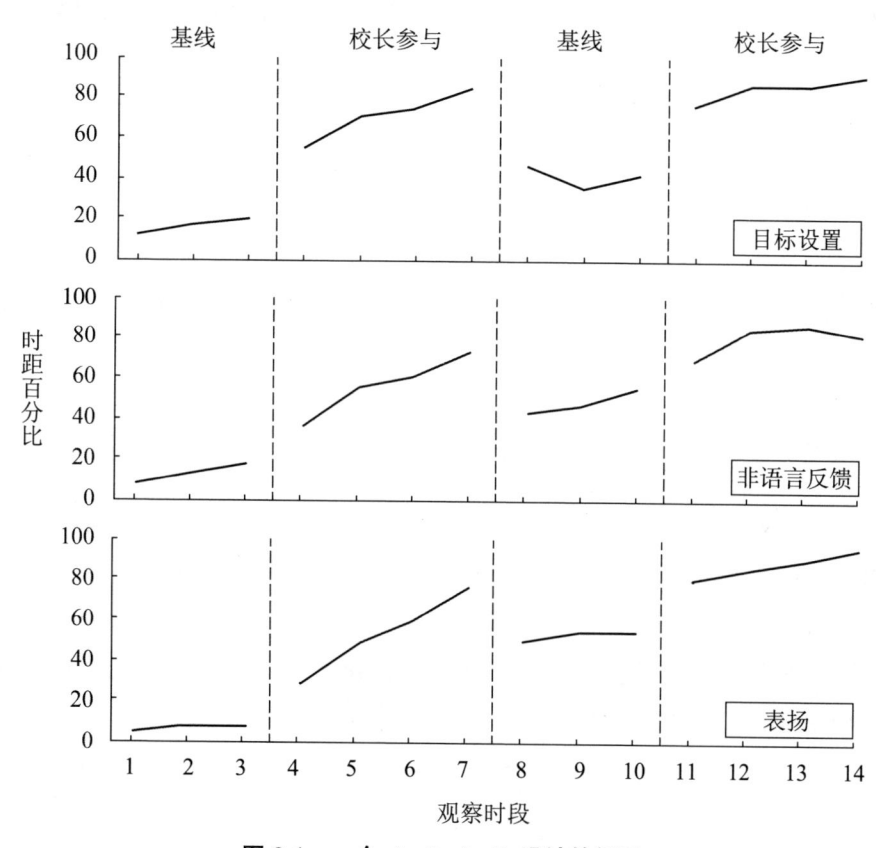

图9.1 一个 A-B-A-B 设计的例子

用 A-B-A-B 设计探讨咨询师的干预对校长给教师提供绩效反馈所产生的影响。纵轴代表校长与教师互动时运用目标设置、非语言反馈和表扬的时距百分比。干预是咨询师给校长做有关组织行为管理技术的培训，让校长学会运用自我监控系统，研究人员根据校长的表现每天给予反馈。

资料来源：A. Gillat, B. Sulzer-Azaroff, Promoting Principals' Managerial Involvement in Instructional Improvement（《促进校长对教学改进管理的参与》），*Journal of Applied Behavior Analysis*（《应用行为分析杂志》），1994, 27, 图1, p.120. 1994年版权归实验行为分析协会所有，同意翻印。

> **专栏 9.1　倒返还是移除自变量?**
>
> 在本书中，一个反复出现的话题是关于准确地使用语言，以避免模糊不清和错误的表达。用文字来暗示某些子虚乌有的东西很可能令人产生误解，从而导致对研究结果的错误解释。在一个特定的研究领域中，尽管多个术语代表的含义各有不同，但常常被当成同义词，这种情况增加了语言使用的难度。与 A-B-A-B 设计相关的术语就有这种问题。特别是，从干预（B）到基线（A），经常出现将两个术语当成同义词使用的状况，这两个术语就是倒返和移除。我们常常看到类似"把干预倒返到基线"和类似"移除干预，返回到基线"这样的短语。从历史上看，这两个术语在 A-B-A-B 设计中的使用有一定区别。**倒返**（reversal）是贝尔等人（Baer, Wolf, & Risley, 1968）首先使用的术语，指的是剔除自变量后，其对行为产生的影响，即行为水平应该倒返回基线的反应模式。然而，莱滕伯格（Leitenberg, 1973）认为**移除**（withdrawal）这个术语更加精确，因为它表示去除干预的操作，但并没有假设将会发生行为的改变。无论它们的来历和区别是怎样的，现在在描述 A-B-A-B 设计的时候，这两个术语是交替使用的，尽管它们包含的意思略有不同。显然，它们在学术上的区别要大于实践上的区别。

兰乔尼等人（Lancioni et al., 2002）提供了另一个 A-B-A-B 设计的例子，如图 9.2 所示。目标行为是重度多重残障学生通过激活光学微动开关来表达选择。两名被试的名字分别叫作西蒙和弗兰克。每天有多个观察时段，每个时段持续 10 分钟。最初的基线观察结果表明，目标行为大概每分钟发生 1 次。当以系统的指导作为干预措施时，西蒙使用光学微动开关的行为提高到每分钟 3.7 次，弗兰克使用光学微动开关的行为提高到每分钟 2.6 次。在第二个基线期没有实施干预时，两个学生的行为频数都出现了下降。在第二个干预期，西蒙和弗兰克的表达行为又分别提高到每分钟 4.5 次和每分钟 2.8 次。兰乔尼等人使用 A-B-A-B 设计的结果表明，如果提供系统的指导，重度残障学生也可以学会使用扩大沟通系统（augmentative communication system）。

行为的可逆性

使用 A-B-A-B 设计的一个主要问题是，在初始的干预期（B）发生行为变化后，当进入第二个基线期（A）时行为是否返回到基线水平。这个问题与行为的可逆性有关（Sidman, 1960）。因为 A-B-A-B 设计的逻辑是预期从第一个基线期到第一个干预期发生的行为改变，在进入第二个基线期时行为又变回到基线水平，行为的可逆性是保证这种实验设计的真实性的关键。如果在第二个基线期行为没有转回到基线水平，那么实验可能会失去控制，也就无法证明自变量与因变量之间的功能关系。

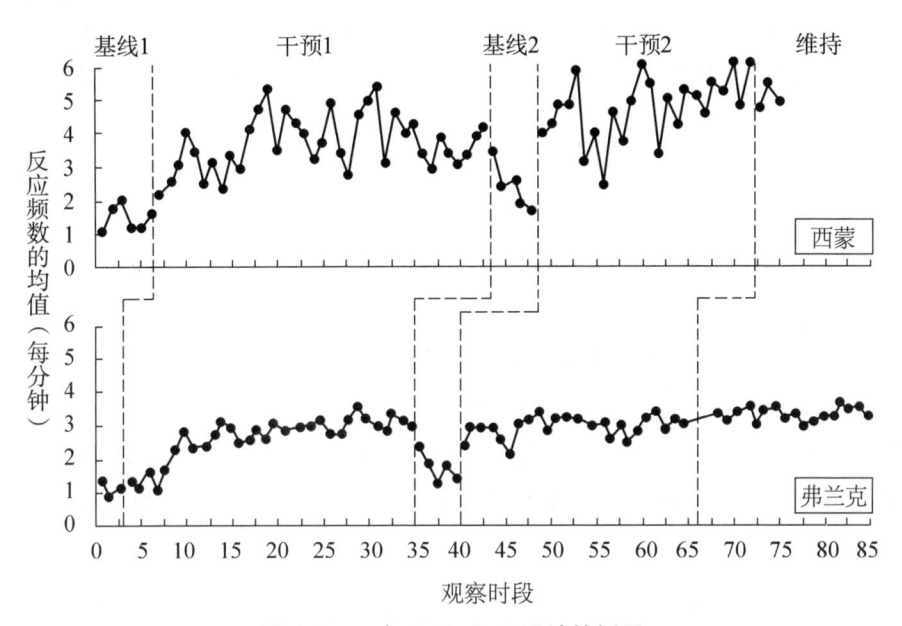

图 9.2　一个 A–B–A–B 设计的例子

目标行为是重度多重残障学生通过激活光学微动开关来表达选择。两名被试是西蒙和弗兰克。每天有多个观察时段，每个时段持续 10 分钟。

资料来源：G. E. Lancioni, N. N. Singh, M. F. O'Reilly, D. Oliva, S. Baccani, A. Canevaro, Using Simple Hand-Movement Responses with Optic Microswitches with Two Persons with Multiple Disabilities（《通过光学微动开关使两名多重残障者做出简单手部运动》）, Research and Practice for Persons with Severe Disabilities（《重度残障者的研究与实践》）, 2002, 27, 图 1, p.278. 2002 年版权归 TASH 所有，同意翻印。

图 9.1 的数据显示了在干预之后，因变量没有返回到原来的基线水平的某些特征。具体而言，在吉拉特等人（Gillat & Sulzer-Azaroff, 1994）的研究中，在第二个基线期，校长的非语言反馈、表扬没有返回到初始的基线水平。然而，虽然在第二个基线期校长的行为高于初始基线期的水平，但是从第一个干预期到第二个基线期，可以观察到行为模式的改变。这一现象有力地说明，

尽管目标行为没有完全返回到基线水平，但是行为对于干预措施还是十分敏感的。

这种现象并不罕见，尤其是当干预能给人的行为系统添加新技能的时候。一旦学会某项技能，就很难逆转教学的效应。比如，一旦学生学会"cat"和"kissa"分别代表英语和法语中的猫科动物，一般就很难遗忘。或者更确切地说，某一行为一旦受到刺激控制，对该行为的这种有差别的控制就很难清除（Sidman, 1994）。因此，当分析新学习的行为时，所学行为的可逆性对于如何设计研究方案具有重要意义。

图 9.3 给出了说明行为可逆性问题的第二个例子。德普赖等人（De Prey & Sugai, 2002）曾研究监督和预先矫正干预对某个六年级班级问题行为的影响。他们研究了课堂管理策略与社会研究课中轻微违纪行为的时距百分比的相关。在初始的基线期，德普赖记录到持续稳定的高水平轻微违纪行为（89%~100%）。在干预期，从第 10 个到第 13 个观察时段，这些行为发生的时距百分比降到 50% 左右。在移除干预后，课堂里的问题行为的波动比第一个干预期的最后几个时段大，但是没有返回到基线水平，而是与先前的干预期有大量的重叠。然而，在重新引入课堂管理策略以后，能观察到的轻微违纪行为明显地减少。

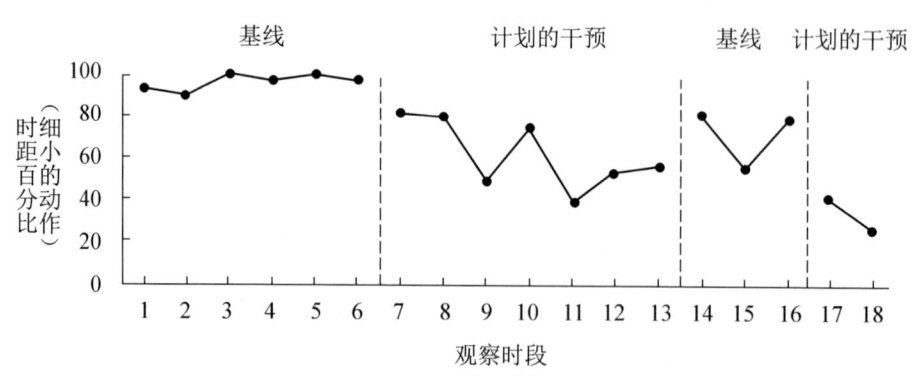

图 9.3 一个 A–B–A–B 设计的例子

研究的重点是监督和预先矫正干预对某个六年级班级问题行为的影响。研究者研究了课堂管理策略与社会研究课中轻微违纪行为的时距百分比的相关。

资料来源：R. L. De Prey, G. Sugai, The Effect of Active Supervision and Precorrection on Minor Behavioral Incidents in a Sixth-Grade General Education Classroom（《对六年级普通教育班轻微违纪行为实施积极监督与预先控制所带来的影响》），*Journal of Behavioral Education*（《行为教育杂志》），2002, 11, 图 1, p.261. 2002 年版权由人文科学出版社所有，同意翻印。

图 9.3 的数据突出了在使用 A-B-A-B 设计时要考虑的两个问题。第一，关于可逆性的问题。在德普赖的研究中，第二个基线期的行为模式倒返趋势不显著。实际上，他们的实验控制主要表现在第一个干预期发生的行为改变和第二个干预期发生的行为水平的迅速下降。这意味着两个数据点（第 17 个和第 18 个时段）是说明实验控制的主要依据。这个现象引出了第二个问题：在 A-B-A-B 设计中，行为仅仅是部分倒返时，如果增加额外的基线期和干预期，结果常常会更加令人信服。对实验效应实施额外的直接复制叫作 A-B-A-B-A-B 设计（依重复的阶段数而定）。图 9.3 呈现的是部分倒返现象，通过增加复制，可以提高干预是行为控制的主要来源这个结论的可信度。

二、B-A-B 设计

在某些情况下，当研究者打算在教育情境中做实验时，干预工作可能已经开始了。这种情况可能会出现，因为具有创新精神的老师会制订看起来有效的干预方案，并且在干预之后还要检验其有效性。在其他情况下，由于可能先实施了干预，因此只能采用 A-B-A-B 设计的变式建立实验控制。

B-A-B 设计是从已经实施的干预开始的。要用这种设计进行实验控制，有赖于从干预期到基线期，因变量对于自变量的移除或倒返非常敏感。另外，在第二个干预期，当再次引入干预时，行为水平需要再次发生变化。从某种意义上来说，B-A-B 设计与 A-B-A 设计正好相反。

下面就以 1981 年的一项研究（Robinson, Newby, & Ganzell, 1981）来说明 B-A-B 设计的使用（参见图 9.4）。鲁滨逊等人是在已确定代币经济能提高有行为问题的学生完成课堂作业的数量后才开始进行行为分析的。在最初的干预期，学生平均每天完成 35 份作业。移除干预以后，平均每天完成作业的数量下降到 4 份。在第二个干预期，复制之前的干预效果，学生平均每天完成作业的数量又上升到 40 份。这个 B-A-B 研究证明，任课教师使用代币经济时学生的学业表现好于不用代币经济时的学业表现。

第二个使用 B-A-B 设计的例子来自佩斯等人的研究（Pace & Toyer, 2000）。在这个临床案例中（参见图 9.5），研究者介绍了一个病人，即一名有严重残障的女孩，她的父母已经对她进行了铁元素和复合维生素的干预。因为这个女孩具有异食癖（即吃难消化的东西）的问题行为，可能会威胁到生命，所以她被转介到诊所。她的父母报告，自从他们开始采用维生素疗法，女孩的异食癖已得到显著改善。佩斯评估了在初始的干预期异食癖的发生情况，他们看到异食癖的发生频数很低。当移除多种维生素干预成分的时候，在诊所里再次对女孩进行评估，她的异食癖的发生频数升高了。再次定期给女孩服用复合维生素，其治疗效果出现倒返。通过使用B-A-B设计，佩斯等人获得了令人振奋的证据，表明营养问题可能与某些异食癖的案例有关联。

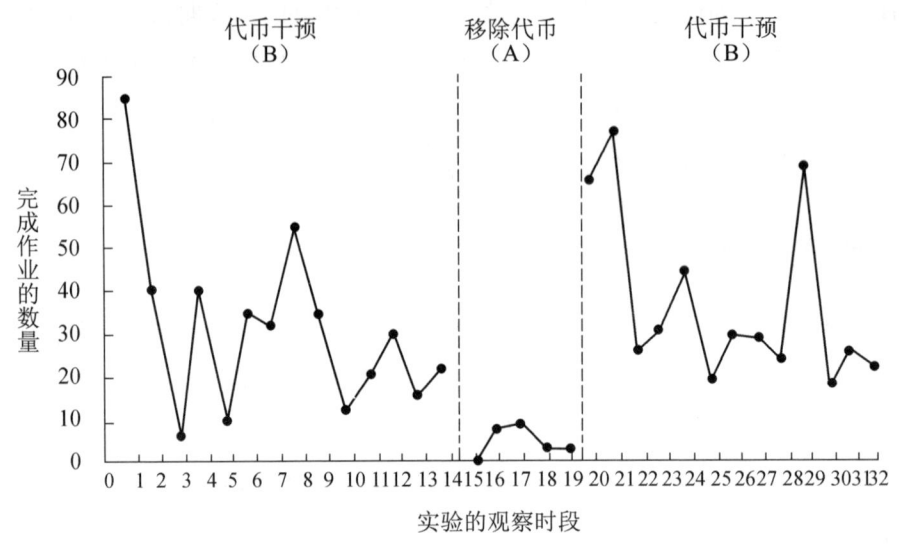

图9.4 一个B-A-B设计的例子

本研究探讨了代币经济对有行为问题的学生完成课堂作业数量的影响。

资料来源：P. W. Robinson, T. J. Newby, S. L. Ganzell, A Token System for a Class of Underachieving Hyperactive Children（《用于学业不良的多动症儿童班级的代币系统》），*Journal of Applied Behavior Analysis*（《应用行为分析杂志》），1981, 14, 图1, p.311. 1981年版权归实验行为分析协会所有，同意翻印。

使用B-A-B设计的时候，可以增加一个基线期，以便进一步复制结果（即B-A-B-A）。这种直接复制可以进一步提高在因变量与自变量之间已建立的功能关系的可信度。如果继续这种直接复制的模式（如B-A-B-A-B），那么B-A-B设计就开始具有A-B-A-B设计的许多性能。B-A-B设计最主要的局限性是缺少初始基线期的行为模式，这就限制了研究者对于干预如何影响被试先前行为模式的探讨。也就是说，即使已经建立了实验控制，在随后的基线期行为恶化，仍然没有证据说明干预之前的行为是有问题的。虽然B-A-B设计存在解释上的局限性，但是如果研究者对分析已经提前实施的干预感兴趣的话，那么这种设计还是很有价值的。

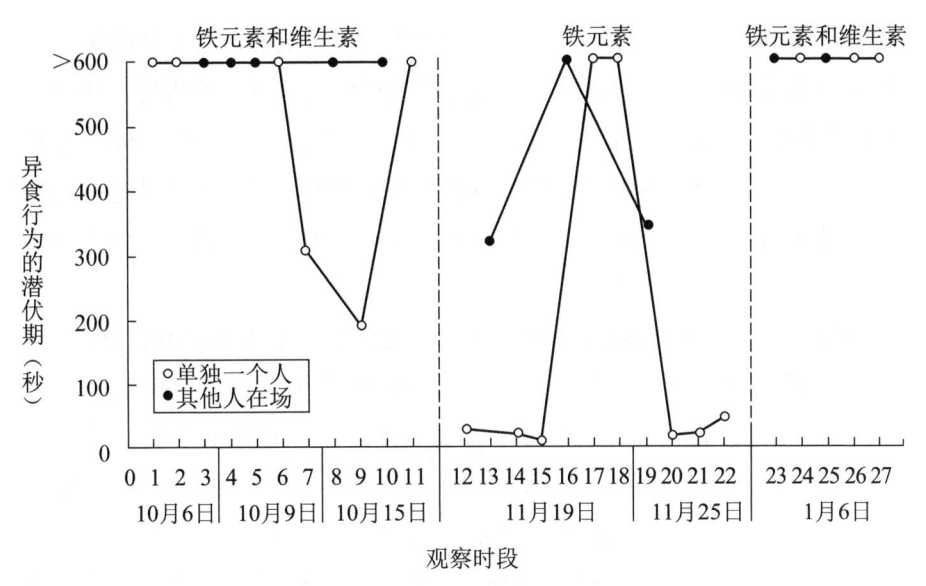

图 9.5 一个 B–A–B 设计的例子

这个研究关注的是复合维生素营养补充剂对异食癖发生情况的影响。因变量是当成人出现或未出现时，异食癖首次发生的潜伏期。

资料来源：G. M. Pace, E. A. Toyer, The Effects of a Vitamin Supplement on the Pica of a Child with Severe Mental Retardation（《维生素补充剂对一个严重智力障碍儿童异食癖的影响》），*Journal of Applied Behavior Analysis*（《应用行为分析杂志》），2000, 33, 图 1, p.621. 2000 年版权归实验行为分析协会所有，同意翻印。

三、A–B–C 及相关设计

一种重要的 A-B-A-B 设计的变式是 A-B-C 及相关的设计。A-B-C 设计增加了对 A-B-A-B 分析的附加条件。也就是说，A-B-C 设计中的 C 给研究者提供了额外的机会分析各种不同的干预是如何影响行为的。例如，在之前讨论过的校长反馈研究中，通过增加一个只有书面反馈的阶段，每周只提供一次反馈，或者评估基于网络的反馈的效果，研究者可以进行扩展分析。如果吉拉特等人（Gillett & Sulzer-Azaroff, 1994）的研究中增加了这些额外分析中的一种，那么实验设计中就会出现一个 C 阶段。

A-B-C-B 设计让研究者特别感兴趣的地方在于它提供了超出验证性实验

（这通常是 A-B-A-B 设计的核心）范围的机会。也就是说，通过基线阶段和干预阶段的对比，研究者可以评估干预改变了之前的基线状态的程度。然而，随着 C 阶段的加入，研究者就有了操纵干预成分、参数或者比较分析的可能性（参见第 5 章）。一个人不仅可以是实验组和控制组的被试，还可以是对比的被试。通过这种实验安排，单一被试的研究者在做行为分析时就有了很大的战术灵活性。

戈尔茨坦等人（Goldstein et al., 1992）提供了一个 A-B-C-B 设计的例子。图 9.6 呈现的是戈尔茨坦和他的同事们对同伴中介干预进行分析的结果。因变量是沟通和社会行为发生的频数，被试为 5 名有孤独症的学龄前儿童。刚开始，先将基线条件下的行为（A 阶段）与实施沟通和社会行为的同伴中介干预时的行为（B 阶段）做比较。然后，将 B 阶段与 C 阶段（即非残障的同伴以低结构化的方式与孤独症儿童交往）做比较。接着，将这种撤销主动交往的情况与采用之前的同伴中介教学策略的效果（B 阶段）做比较。这种实验安排就是 A-B-C-B 设计，其结果显示，同伴中介干预在教授孤独症儿童沟通和社会技能方面是有效的，而群体中非结构的交往无法产生那样有效的结果。

通过安排 A-B-C-B 的实验条件，研究者可以得到某些结论，但同时也限制得出其他结论。因为从 B 阶段到 C 阶段的条件变化所产生的效应通过返回到 B 阶段进行了复制。通过 A-B-C-B 设计，研究者可以强有力地说明研究中 B-C-B 各成分之间可能存在的功能关系。它的基本逻辑与 A-B-A 或者 B-A-B 设计相同。不过，关于 A 阶段与 B 阶段之间的关系没有多少可说的，因为没有对 A 阶段进行复制。另外，要严格限制 A 阶段与 C 阶段之间关系的结论。无论是 A 阶段还是 C 阶段，都没有被复制，它们也不能直接进行比较。因此，若使用 A-B-C-B 或者相关设计，在解释研究结果时，需要进行大量的思考。在戈尔茨坦等人的例子中，主要是将中介干预与倒返情况进行比较，对其他相邻阶段的解释却没有给予充分重视。

A-B-C 设计有多种变式。依靠其变式，可以做出一系列不同的解释。例如，在 A 阶段和 B 阶段之间增加一个额外的比较，如 A-B-C-B-A-B 设计，就可以对基线和干预（B）做出更加清晰的解释。类似地，增加 A 阶段和 C 阶段，如 A-B-C-B-A-C-A 设计，就可以对基线与 C 阶段之间的关系进行更多的解释。

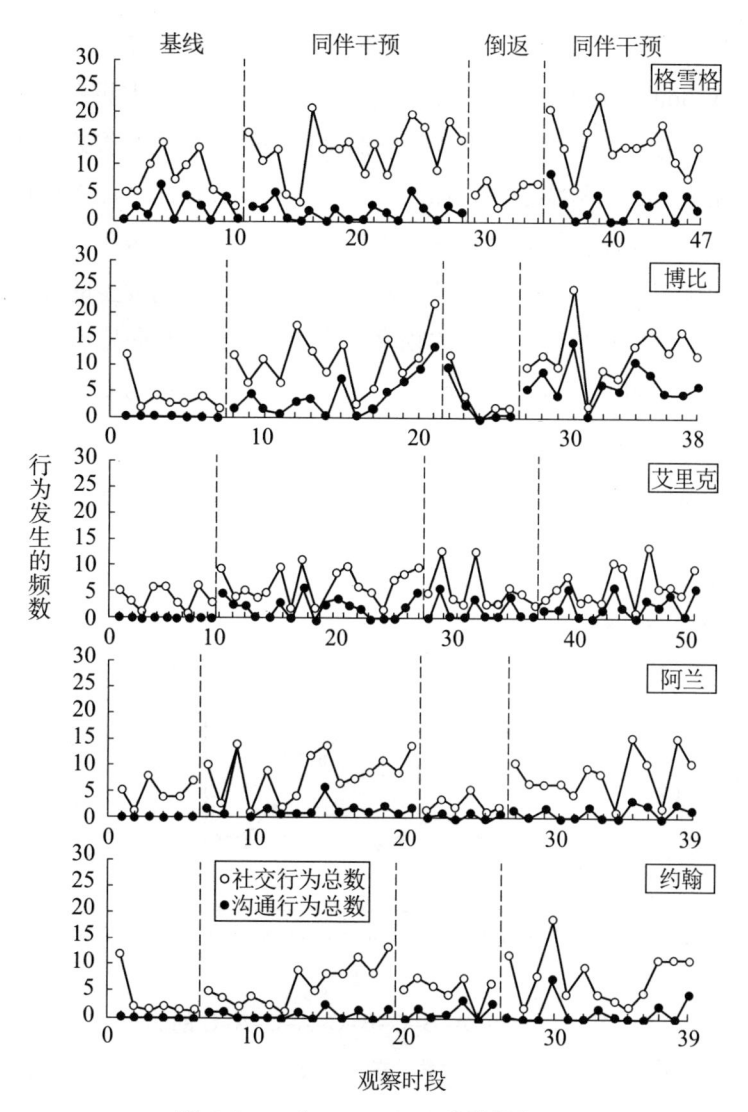

图 9.6　一个 A–B–C–B 设计的例子

因变量是沟通和社会行为发生的频数，被试为 5 名有孤独症的学龄前儿童。刚开始，先将基线条件下的行为（A 阶段）与实施沟通和社会行为的同伴中介干预时的行为（B 阶段）做比较。然后，将 B 阶段与 C 阶段（即非残障的同伴以低结构化的方式与孤独症儿童交往）做比较。

资料来源：H. Goldstein, L. Kaczmarek, R. Pennington, K. Shafer, Peer-Mediated Intervention: Attending to, Commenting on, and Acknowledging the Behavior of Preschoolers with Autism（《同伴中介干预：关注、评论和感谢学龄前孤独症儿童的行为》），*Journal of Applied Behavior Analysis*（《应用行为分析杂志》），1992, 25, 图 2, p.297. 1992 年版权归实验行为分析协会所有，同意翻印。

图 9.7 给出了一个如何将 A-B-C 设计精细化的例子。肯尼迪和苏扎（Kennedy & Souza, 1995）研究了各种条件如何影响一个有严重残障的青年自戳眼睛的自伤行为。因变量是在上学期间测量每小时戳眼睛的次数。比较三个阶段：没有提供刺激的基线条件；加入音乐刺激的相互作用；加入视频游戏刺激的相互作用。实验设计是 A-B-C-B-C-A-C-A-C 安排。在基线条件下，自戳眼睛行为发生的频率最高，在视频游戏条件下，自戳眼睛行为发生的频率最低，在音乐条件下，自戳眼睛行为发生的频率中等。因为对各个阶段做了配对的重复比较（即 B 与 C 和 A 与 C），因此可以说明第一个 A 阶段与 C 阶段、第一个 B 阶段与 C 阶段之间的功能关系。

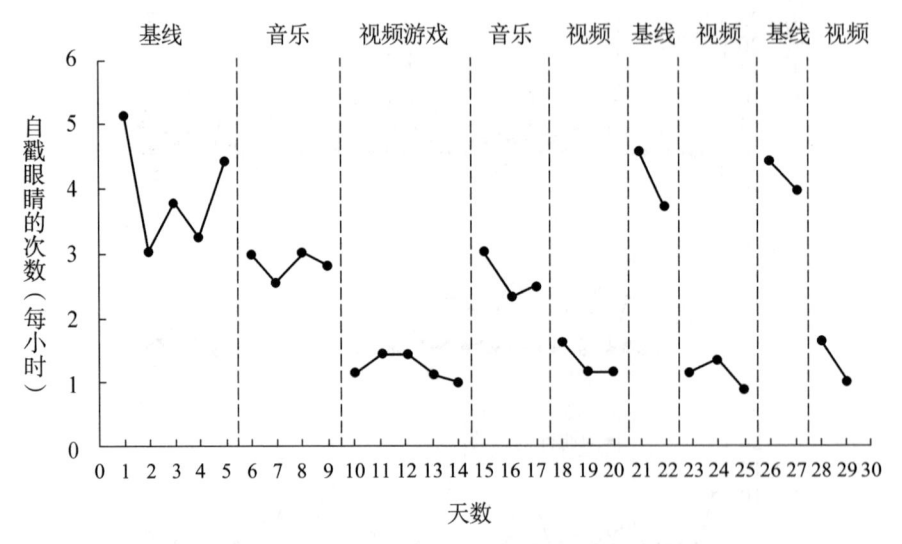

图 9.7　一个 A-B-C-B-C-A-C-A-C 的例子

因变量是每小时戳眼睛的次数，在上学期间测量。比较三个阶段：（1）没有提供刺激的基线条件；（2）加入音乐刺激的相互作用；（3）加入视频游戏刺激的相互作用。

资料来源：C. H. Kennedy, G. Souza, Functional Analysis and Treatment of Eye Poking（《功能分析与自戳眼睛的治疗》），*Journal of Applied Behavior Analysis*（《应用行为分析杂志》），1995, 28, 图 3, p.33. 1995 年版权归实验行为分析协会所有，同意翻印。

除了 A、B、C 阶段的许多实验安排外，还可以将其他阶段添加到 A-B-A-B 设计中。例如，可以增加 D 阶段和 E 阶段，从而扩展研究分析的范围，在各种自变量之间进行更多的比较。不过，对如何将这种设计予以精细化存在一定的限制。为了在所有的条件之间进行有意义的比较，每增加一个新的阶段，对于比较的数量而言必须产生成倍的效应。由于 A-B-C-B 设计已具有这种特点，若使用太多额外的分析阶段，可能会导致研究设计非常复杂。

四、优点和缺点

A-B-A-B 设计是 A-B-A 设计的延伸。在 A-B-A-B 设计中，研究者可以比较单一被试在两种条件下的行为表现。复制次数的多少很大程度上决定了数据模式的清晰度。在有些情况下，A-B-A-B 的安排就已经足够了；在其他情况下，要证明某种功能关系，可能需要 A-B-A-B-A-B（或者复制更多次）的安排。B-A-B 设计是 A-B-A-B 设计的一种变式，可以用来证明先前实施干预的效应。另外，使用 A-B-C 和相关设计，可以对增加的阶段进行比较。由于具有上述灵活性，所以研究者经常使用 A-B-A-B 单一被试设计。

然而，这种设计类型有一些缺点。首先，如果行为不具有可逆性，A-B-A-B 设计就不适用（参见专栏 9.1）。在行为不可能朝相反方向改变的情况下，研究者一般倾向于采用其他类型的单一被试设计，比如，多基线设计（第 11 章）或者重复习得设计（第 12 章）。其次，如果行为倒返至基线水平具有危险性，那肯定是不能接受的，多基线设计会比 A-B-A-B 设计或者其他类型的单一被试设计更加合适。最后，如果大量的条件需要做比较，或者少数的条件需要多次复制，A-B-A-B 设计，尤其在教育情境中，会变得非常复杂。在这种情况下，研究者一般会采用多成分设计（第 10 章）或者简式实验设计（第 14 章）。

第 10 章 多成分设计

在这一章，我们讨论单一被试研究中的多成分设计。相对于其他类型的单一被试设计方法，多成分设计有一系列不同的相关术语。与这种设计有关的术语包括交替处理设计（Barlow & Hayes, 1979; Barlow & Hersen, 1984）、多成分设计（Sidman, 1960; Ulman & Sulzer-Azaroff, 1975）、多程序设计（Agras, Leitenberg, Barlow, & Thomson, 1969; Herson & Barlow, 1976; Leitenberg, 1973）、多处理设计（Kazdin, 1982）和同时处理设计（Browing, 1967; Kazdin & Geesey, 1977）。如专栏10.1所述，这些术语大多不够准确或者仅代表本章所探讨的这类设计方法的一个子集。为此，我们将用多成分设计来泛指这类设计方法，因为这个术语出现的时间较早，且具有技术上的精确性和包容性。

第9章探讨了交替操纵研究中的A阶段和B阶段作为建立实验控制的途径。这些A-B-A-B设计可以在不同的情况下建立功能关系。然而，A-B-A-B设计及其变式的局限性使得其他的单一被试设计（如多成分设计）成为一种更理想的选择。尤其当需要对一系列条件进行实验分析时，A-B-A-B设计会变得很难实施。像多成分设计这样的单一被试设计，其优点是让多种实验条件之间的比较成为可能。

一、多成分设计

多成分设计是通过变换实验条件来证明实验控制的手段。这类设计尤其要依靠不同条件下被试反应的差异性来建立功能关系，也就是说，至少在两个要分析的变量间被试的反应必须出现明显的差异，才能够证明它们存在功能关系。在最简化的实验安排中，多成分设计可以用来研究两种条件对行为的影响，这两种条件包括基线（A）和干预（B）。通过这种设计方法，研究者可以从一个观察时段到下一个观察时段交替操纵基线和干预。对两种实验条件之间快速变换的分析可以用来评估不同条件下的行为水平是否存在差异。如果在 A 条件和 B 条件下的反应存在差异，那么功能关系就得以确立。

> **专栏 10.1　多成分设计的各种名称及含义**
>
> 　　人们曾用各种各样的术语来指代多成分设计，其中一些比另外一些更准确。20 世纪 50 年代，在操作实验室工作的基础研究者创造了多成分设计这个术语，后来被西德曼编入《科学研究策略》这本书中，该书介绍了那个时期实验行为分析的研究实践。由于这段历史，厄尔曼等人（Ulman & Sulzer-Azaroff, 1975）沿用了多成分设计这个词向应用研究者介绍这种新颖的实验策略。然而，同时期的其他应用研究者也开发了新的设计，有些与多成分设计十分类似，但都根据自己的研究工作的特点来命名，这样就产生了很多术语，例如，交替处理设计、多程序设计、多处理设计、同时处理设计等。尽管如此，人们一直坚持使用多成分设计，并认为它应是优先选择的术语，因为它比其他术语更具有包容性和精确性。例如，多程序设计实际上指的是在需要独特的强化依联与区辨刺激之间转换的地方使用多个强化程序（Ferster & Skinner, 1957），但这种方法不适用于所有的多成分设计。类似地，同时处理设计指的是让被试选择他们要接受的实验处理的选择程序。现在，这种设计已是同时操作设计的一部分（参见第 14 章）。因为一系列单一被试设计都可以用来比较多种处理，所以我们认为多处理设计这个术语太模糊不清了。交替处理设计这个术语在一定程度上有着更复杂的发展史，我们会在这一章中的后面部分讨论。所以，尽管可能会有很多读者反对，这一章中我们仍优先选择多成分设计这个术语来代表这类单一被试设计。

　　运用多成分设计的一个例子是 1998 年对孤独症儿童吉米的破坏行为发生次数的研究（Heckaman, Alber, Hooper, & Heward, 1998, 参见图 10.1）。实验中比较的两种条件是教授简单任务（A）和困难任务（B）。研究者将这两种条件共变换了 6 次。结果显示，在困难任务条件下破坏行为的次数总是比简单任务条件下多。这个结果说明吉米的问题行为与任务的难度有关。这种设计可以使研究者在短期内对实验效果进行多次被试内直接复制。

　　图 10.2 给出了一个更加精致的多成分设计。在另一项研究中（Taylor,

Alber, & Walker, 2002），研究者对三种不同的条件进行了分析。因变量是学习障碍学生的阅读理解能力。第一种条件是自我提问，要求学生在阅读一段文章后回答一系列指定的问题；第二种条件是依故事绘图，要求学生用图画表达出他们刚读过的一段文章内容；第三种条件是无干预，要求学生阅读文章但没有任何援助。这些不同的阅读条件在数天内变换。数据显示，在自我提问条件下，被试正确回答测验问题的数量最多，其次是根据故事绘图条件，最后是无干预条件。

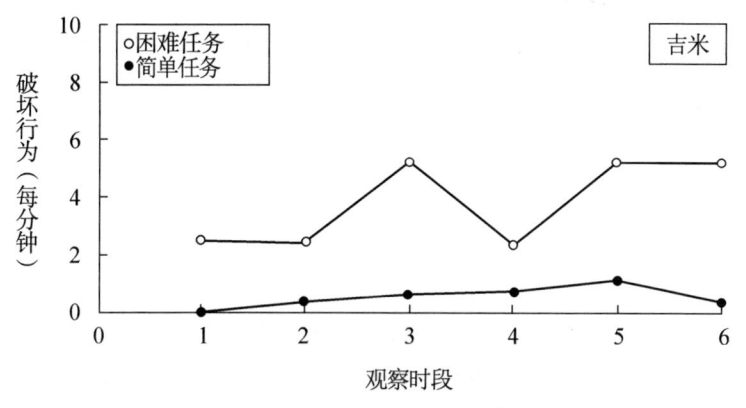

图10.1 基本的多成分设计的例子

这个图的 Y 轴表示孤独症儿童每分钟破坏行为的次数。实验中比较了教授困难任务和教授简单任务两种条件。研究者将两种条件变换了 6 次（X 轴）。

资料来源：K. A. Heckman, S. Alber, S. Hooper, W. L. Heward, A Comparison of Least-to-Most Prompts and Progressive Time Delay on the Disruptive Behavior of Students with Autism（《由少到多辅助与逐渐延迟对孤独症学生破坏行为影响的比较研究》）, *Journal of Behavioral Education*（《行为教育杂志》）, 1998, 8, 图 1, p.187. 1998 年版权归人文科学出版社，同意翻印。

图 10.3 给出的是另一个多成分设计的例子。这项研究是由艾瓦塔等人（Iwata, Dorsey, Slifer, Bauman, & Richman, 1982/1994）实施的，通过对发展性障碍儿童的自伤行为的研究，他们识别出一些可能会维持这种行为的强化物。该研究分析了 4 种不同的条件：移除与自伤依联的作业要求（教学）；无交互作用或其他刺激（独自一人）；与自伤依联的成人关注（社会不赞同）；一个有玩具和成人关注的丰富环境（游戏）。如图 10.3 所示，在这 4 个孩子中，每一个孩子在不同条件下自伤行为的变化模式都不一样。第 1 个孩子只在教学情境下

会发生自伤行为，第 2 个孩子在不同条件下的自伤行为模式基本上无差别，第 3 个孩子在独自一人的情况下自伤程度最高，第 4 个孩子在社会不赞同的情况下自伤程度最高。艾瓦塔等人利用多成分设计证明了每个孩子的自伤行为都有一系列不同的发生条件，这也表明每个孩子的行为都需要一个针对个体的干预计划。

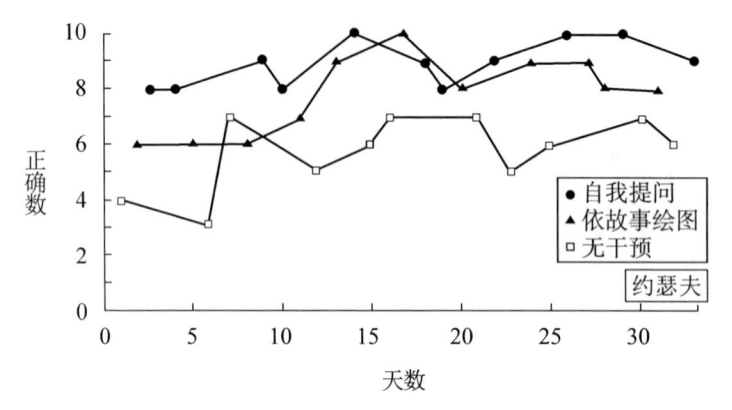

图 10.2 多成分设计的例子

本研究的因变量是学习障碍学生的阅读理解能力（纵轴）。第一种条件是自我提问，要求学生在阅读一段文章后回答一系列指定的问题；第二种条件是依故事绘图，要求学生用图画表达出他们刚读过的一段文章内容；第三种条件是无干预，要求学生阅读文章但没有任何援助。不同的阅读条件在数天内变换（横轴）。

资料来源：L. K. Taylor, S. R. Alber, D. W. Walker, The Comparative Effects of a Modified Self-Questioning Strategy and Story Mapping on the Reading Comprehension of Elementary Students with Learning Disabilities (《矫正性自我提问策略与依故事绘图对学习障碍小学生阅读理解干预效果的比较》), *Journal of Behavioral Education* (《行为教育杂志》), 2002, 11, 图 1, p.79. 2002 年版权归人文科学出版社所有，同意翻印。

上述每一个实验都采用了多成分设计，通过对单一被试的研究建立了功能关系。尽管每个实验的测量方法和实验条件都不一样，但它们都有多成分设计的共同特征。每个研究者都区分了不同的实验条件，在不同的时段轮换实验条件并观察所产生的反应的差异程度。这些一般的要求构成了多成分设计的基础。

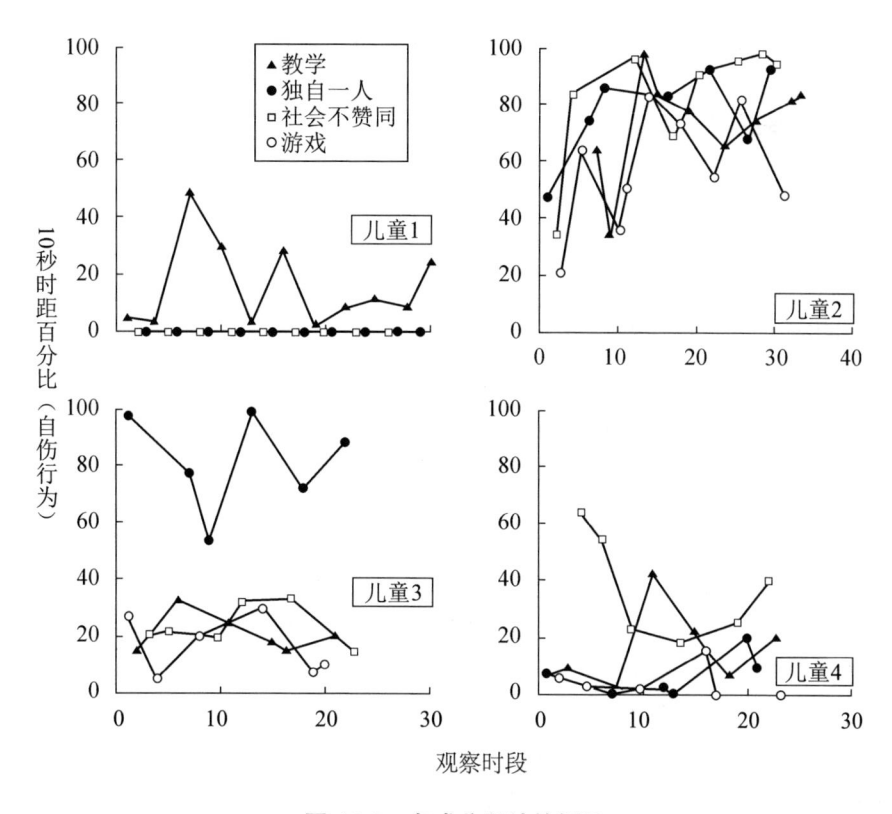

图 10.3　多成分设计的例子

图中给出了自伤行为（Y 轴）在不同的观察时段（X 轴）发生的时距百分比。该研究分析了 4 种不同的条件：（1）移除与自伤依联的作业要求（教学）；（2）无交互作用或其他刺激（独自一人）；（3）与自伤依联的成人关注（社会不赞同）；（4）一个有玩具和成人关注的丰富环境（游戏）。

资料来源：B. A. Iwata, M. F. Dorsey, K. J. Slifer, K. E. Bauman, G. S. Richman, Toward a Functional Analysis of Self-Injury（《针对自伤的功能分析》），*Journal of Applied Behavior Analysis*（《应用行为分析杂志》），1994, vol.2, pp.3-20. 1994 年版权归实验行为分析协会所有，同意翻印。

二、策略问题与多成分设计

当使用的多成分设计需要精心构思的时候，就会出现许多问题。要分析的一系列实验条件都包括哪些内容，如何识别实验条件之间的交互作用以及具体的多重基线设计的形式等都应该讨论。在接下来的部分，我们将探讨这些问题，因为这些问题与多成分设计和功能关系的建立都密切相关。

（一）基线与自变量

大多数单一被试的研究者认为，为了建立实验控制，必须建立某种类型的基线条件。但是，就像第3章和第5章所讨论的，基线由什么构成仍存在争议。从西德曼（1960）使用这个术语的意思来看，基线是初始的实验条件。实验者要明确地定义基线的特征，尤其是要参考将与之做比较的自变量。因此，基线是依据用来研究自变量的功能性质的实验设计而定义的程序安排。例如，研究者可以用可变比率（variable ratio, VR）正强化程序表来建立行为，以便将其效果与用可变时距（variable interval, VI）正强化程序表做比较（Catania, Matthews, Silverman, & Yohalem, 1977）。在这个例子中，VR程序表是基线，VI程序表是自变量。研究者把强化依联的可变方面选择出来并在每个阶段中保持恒定，这样就可以分析强化依联的"反应—依赖"的性质。选择基线条件的原则完全基于实验问题的性质。

然而，在教育研究或者更一般的应用研究中，基线有时等同于当前的教育条件。这在一定程度上反映了这类分析的应用性质，即从问题情境出发，然后检验某种干预的效果。虽然如此，这并不意味着基线理所当然地就是现有的情境。而是基线的合理构成与实验问题和研究假设有直接关系。如果实验是为了证明一个问题（第5章），那么预先存在的基线（如低水平的课堂教学实践）可以用来说明干预改善了行为。如果要研究的是其他类型的实验问题（如比较、成分或参数），那么合理的基线可能由其他实验安排组成。

我们以一项研究为例说明什么是合理的基线，这项研究关注的是3名注意力缺陷与多动障碍学生专注于学习的行为。弗勒德等人（Flood, Wilder, & Masuda, 2002）在一个多成分设计实验中设定了6种条件，用于更好地理解哪一种条件能够增加或者降低专注于学习的行为（参见图10.4）。弗勒德等人没有选择"典型"的教室情境，而是选择了他们假定可能导致问题行为的一系列条件（如困难要求、独自一人、成人关注或同伴关注），并将这些条件与他们假定不会引起问题行为的条件进行比较（如简单要求或控制条件）。他们选择后面这两个条件是因为它们不太可能引起脱离学习任务的行为，因此，可以与能提高脱离学习任务的行为的条件进行比较。从某种意义上说，简单要求和控制条件可以看成基线，其他条件可以与之做比较。更重要的是，这些条件的组成和选择都来自实验问题而不是预先存在的情境。

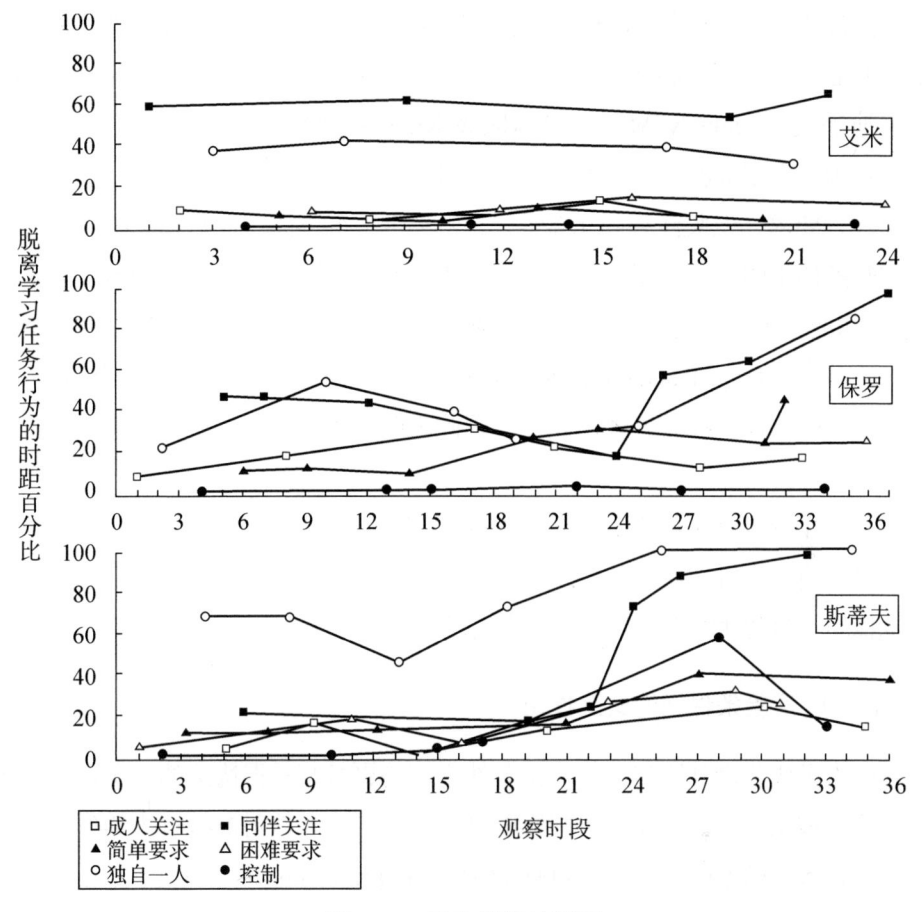

图 10.4　确定基线的例子

图中显示了3名注意力缺陷与多动障碍学生（艾米、保罗和斯蒂夫）脱离学习任务的行为。因变量是脱离学习任务行为发生的时距百分比。研究包含了6个自变量（即成人关注、独自一人、控制、困难要求、简单要求和同伴关注）。

资料来源：W. A. Flood, D. A. Wilder, A. L, Flood, A. Masuda, Peer-Mediated Reinforcement plus Prompting as Treatment for Off-Task Behavior in Children with Attention Deficit Hyperactivity Disorder（《用同伴中介强化和提醒对注意力缺陷与多动障碍儿童脱离学习任务行为的干预》），*Journal of Applied Behavior Analysis*（《应用行为分析杂志》），2002, 35, 图 1, p.202. 2002 年版权归实验行为分析协会所有，同意翻印。

弗勒德等人所设定的简单要求和控制条件也可以在各个实验条件之间产生反应的差异，这也是建立功能关系的一个必要的结果。在多成分设计中（或者就此而言任何其他的实验设计），实验条件导致反应间的差异对于说明实验控制是很有必要的。图 10.5 给出了一个没有产生反应差异的实例。在这个例子中，肯尼迪等人（Kennedy, Meyer, Shukla, & Knowles, 2000）研究了孤独症儿童的刻板行为。根据刻板行为的性质，因变量采用时距记录和事件记录。自变量包括关注、要求、无关注和娱乐条件。3 名学生（布拉德、吉姆和汤姆）在不同的实验条件下的反应出现差异，表明行为受到实验控制。然而，另有 2 名学生（朱莉和丽塔）在所有的实验条件下刻板行为都处于较高水平，且没有观察到反应的差异（Tang, Paterson, & Kennedy, 2003）。由于朱莉和丽塔的刻板行为在不同的实验条件下没有表现出差异，因此表明肯尼迪等人的研究没有建立实验控制。

在多成分设计（或者其他单一被试设计）中基线的构成取决于实验问题。你选择的研究内容取决于你想从这个研究中了解什么。然而，很关键的一点是你选择的实验条件能够产生某种程度的反应的差异性。

（二） 实验条件间的交互作用

因为多成分设计所包含的实验条件之间的更替都是很快速的，所以一个实验条件对被试行为的作用有可能影响到另一个实验条件对被试行为的作用。人们用很多术语描述这一现象，如顺序效应（sequence effects）、遗留效应（carry-over effects）、交替效应（alternation effects）和多重处理干扰（multiple treatment interference）（Barlow & Hersen, 1984）。上述每一个术语都代表了某种实验条件间的交互作用的情况，因此，海恩斯和贝尔（Hains & Baer, 1989）建议用一个统称，即交互作用（interaction effects），来代表这些效应。

图 10.3 给出了一个假设由实验产生交互作用的例子。在这个实验过程中，教学条件安排在游戏条件之前，如果前一个实验条件下被试表现出很高的行为水平，那么有可能会影响其在后一个实验条件下的行为。这是有可能发生的，因为教学条件所产生的行为动量（behavioral momentum）会对游戏条件产生影响或者游戏条件会削弱实验控制（Nevin, 1996; Nevin, Milo, Odum, & Shahan 2003）。最终的结果可能是游戏条件下所观察到的行为水平不仅仅是实验条件本身造成的，也受到实验条件顺序（即教学条件在先，游戏条件在后）的影响。

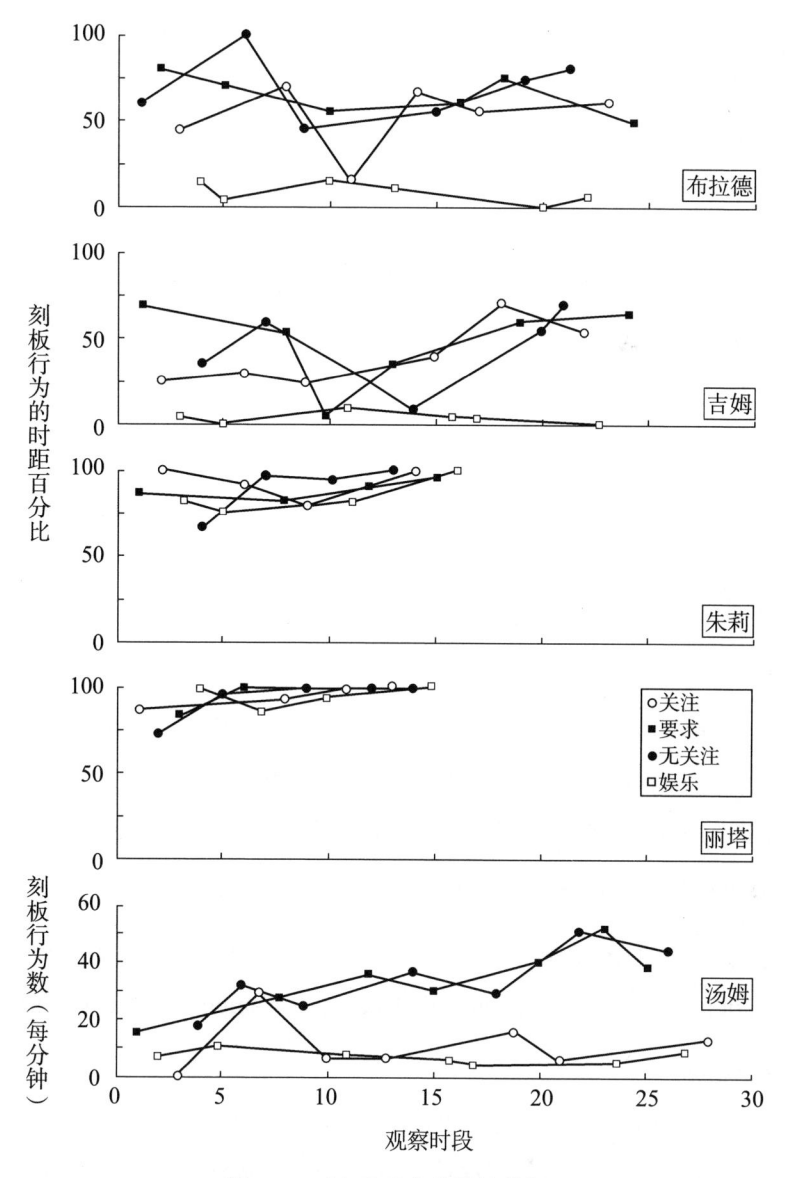

图 10.5　缺乏反应差异性的例子

图中给出了 5 名孤独症儿童每分钟刻板行为发生的次数。实验条件包括关注、要求、无关注和娱乐。朱莉和丽塔没有反应的差异性。

资料来源：C. H. Kennedy, K. A. Meyer, T. Knowles, S. Shukla, Analyzing the Multiple Functions of Stereotypical Behavior for Students with Autism: Implications for Assessment and Treatment (《分析孤独症学生刻板行为的多种功能：对评估和干预的意义》), Journal of Applied Behavior Analysis (《应用行为分析杂志》), 2000, 33, 图 1, p.563. 2000 年版权归实验行为分析协会所有，同意翻印。

我们可以用下面的符号为这种现象建立模型。

A = 教学条件

B = 独自一人条件

C = 社会不赞许条件

D = 游戏条件

- = 从一种实验条件到另外一种实验条件，无交互作用

* = 有交互作用

刚才讨论的实验顺序发生了下面的情况。

B-C-A*D

因此，实验条件的顺序（独自一人、社会不赞许、教学和游戏）与从教学条件到游戏条件所产生的交互作用一同发生了。然而，在这个实验中，如果将游戏条件和教学条件的顺序颠倒过来，就没有交互作用产生。

B-C-D-A

这种安排的结果表明，一个实验条件对另一个实验条件的影响，除了单个条件对行为产生绝对的效应外，它们出现的顺序也会产生影响。或者说，我们只要把教学条件放在前面，就会出现如下面所示的交互作用。

C-B-A*D 或 A*C-D-B 或 D-A*B-C

在心理学的许多领域中，"控制"交互作用的传统方法是随机化法（randomization）或者平衡法（counterbalancing）（Campbell & Stanley, 1963）。

1. 随机化法

随机化法指的是用独立于真实事件的某种随机过程来指定事件出现的顺序。例如，用随机数字表、计算机程序或者掷骰子就能做到这一点。这种方法的逻辑是在没有任何实验者偏见的情况下，每种实验条件都有同样的机会发生在其他实验条件之前和之后。例如，下面所呈现的序列就是随机产生的。

C-B-A-D-A-C-D-B-D-A-B-C

按这个序列进行的多成分设计，每个实验条件都将出现三次。因此，如果有交互作用，这个交互作用就随机地分配到了整个实验过程中。然而，使用单一被试方法的研究者会指出，这种方法并没有对序列效应进行控制，而是用统计方法将交互作用产生的行为改变平均分配到了每个实验条件下。如果 A 实验

条件一直与紧随其后的实验条件有交互作用，那么就会有下面的交互作用序列。

C-B-A*D-A*C-D-B-D-A*B-C

2. 平衡法

平衡法是一种更加直接地将可能产生的交互作用平均分配到每个实验条件中的方法。平衡法的目标与随机化法一致，不过它是一种计划好的对实验条件序列进行设置的方法。例如，研究者可能会选择拉丁方（Latin Square）平衡技术（Reese, 1997），每个实验条件在每个顺序位置上只出现一次，每个实验条件在另外一个实验条件之前和之后各出现一次。拿图10.3的例子来说，用这种方法可能产生的序列如下。

A-D-B-C-D-C-A-B-B-A-C-D-C-B-D-A

然而，和随机化法一样，如果存在交互作用，下面所示的交互作用还是会发生的。

A*D-B-C-D-C-A*B-B-A*C-D-C-B-D-A

3. 交互作用的分析

从实验法的视角来看，尽管随机化法和平衡技术能将交互作用平均分配到各实验条件中，但对交互作用没有进行任何控制（参见专栏10.2）。这些方法都是运用统计方法在各实验条件中平均了交互作用。单一被试研究者（Hains & Baer, 1989）建议，如果存在交互作用，理解这些交互作用的最恰当方法就是对该现象做实验分析。也就是说，如果怀疑实验中存在交互作用，那么交互作用就应该成为研究的重点（尽管最初的实验问题并非如此）。单一被试设计的一个优点是实验的灵活性，它使研究者能够探究其所发现的现象，而不是严格地按照计划好的程序进行实验（McGonigle, Rojahn, Dixon, & Strain, 1987; Shapiro, Kazdin, & McGonigle, 1982）。

伯格等人（Berg et al., 2000）提供了一个根据数据结果开展研究的例子。伯格和他的同事对一个有多重残障和问题行为的儿童进行了问题行为的功能分析。在研究的初期，他们发现这个孩子的问题行为可能存在交互作用。尤其是他们注意到，在有些评估中成人关注是问题行为的正强化物，而在另外一些评估中同样的关注却是一个中性刺激。于是，伯格等人假设在评估前受到成人关注会降低其作为强化物的价值。这个行为加工过程称为建立或动因操作（an establishing or motivating operation, Laraway, Snycerski, Michael, & Poling, 2003; McGill, 1999）。为了验证这个假设，他们系统地操纵观察之前成人关注的程度，然后分析成人关注是否为问题行为的正强化物。图 10.6 给出了在观察时段内所观察到的自伤行为的时距百分比，研究者以此来检验成人关注是否影响自伤行为。本研究分析了两种实验条件：①在对关注做评估之前，被试是独自一人；②在对关注做评估之前，被试和成人做游戏。结果发现，先前受到成人关注会削弱在功能评估期间成人关注的强化效应。伯格等人不仅发现了交互作用，还分析了交互作用并解释了其发生的原因。

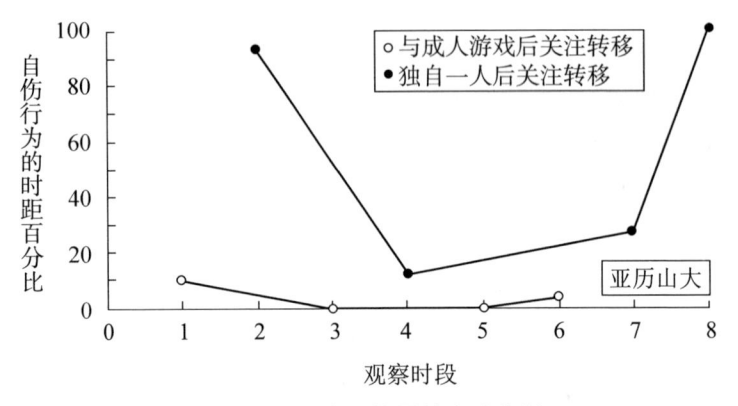

图 10.6 交互作用的实验分析

在观察时段内所观察到的自伤行为的时距百分比，研究者以此来检验成人关注是否影响自伤行为。本研究分析了两种实验条件：①在对关注做评估之前，被试是独自一人的；②在对关注做评估之前，被试和成人做游戏。

资料来源：W. K. Berg, S. Peck, D. P. Wacker, J. Harding, J. McComas, D. Richman, K. Brown, The Effects of Presession Exposure to Attention on the Results of Assessments of Attention as a Reinforcer（《先前受到关注对关注的强化物作用评估结果的影响》），*Journal of Applied Behavior Analysis*《应用行为分析杂志》），2000, 33, 图 2, p.469. 2000 年版权归实验行为分析协会所有，同意翻印。

4. 数据的图形分析

帮助识别交互细的一种策略就是对数据进行图形分析（参见第 16 章）。当把由多成分设计获得的数据描绘在图形上时，研究者可以直观地分析数据，这个时候有两个选择：在图中描出数据点，这样，不同时段的图形是重叠在一起的（参见图 10.1），或者按顺序排列每个时候的数据（参见图 10.2）。按时间顺序描数据点的价值在于你可以看见一个时段是先于或者紧随着另一个时段进行的。这种方法更容易让研究者在多成分设计中发现交互作用。

专栏10.2　多成分设计中随机化法和平衡法是否有用?

任何一门实验心理学的基础入门课程都会强调随机化法和平衡法在实验设计中的重要性。事实上，这些技术被称为实验情境中的"控制"技术。然而，这些方法都是基于组间比较设计和与之相关的统计分析的逻辑。如果存在交互作用，随机化法或平衡法就会将这些效应均匀地分配到每个实验条件下，以至于它们的数学形态对所有其他实验条件下的数据都会产生同样的影响。然而，在单一被试设计或任何归纳式的实验方法中，这种实验策略并不代表建立了实验控制的技术。对于运用单一被试设计的研究者来说，实验控制技术与建立变量间的功能关系有关，而建立功能关系就能解释某些行为效应产生的原因。如果发生了交互作用，那就是行为加工过程未在实验程序中受到良好控制的结果。在单一被试设计中，这样的情况需要进一步分析和挖掘。就像默里·西德曼在《科学研究策略》（1960）一书中所写的那样："变异不仅仅是系统中的噪声，还是主要的数据。"（pp.197-198）

有趣的是，当单一被试研究者使用多成分设计方法的时候，一贯的做法都是将实验条件的顺序随机化。这样做的好处大概就是研究者可以将交互作用平均地分配到每个实验分析中去。如果交互作用存在且稳定，那么在数据的视觉化分析过程中就要说明实验条件的顺序。然而，一些研究者，尤其是行为药理学（根据定义，是对交互作用的研究）研究者的一贯做法是先固定实验条件的顺序，再颠倒顺序以确定交互作用是否存在。到底哪种方法用在教育情境中更加科学有效，还有待观察。

（三）交替处理设计

交替处理设计（Alternating treatment design, ATD）是多成分设计的一个变式。20世纪70年代末，巴洛和海斯（Barlow & Hayes, 1979）介绍了这种设计方法，此后 ATD 成为本章所讨论的众多实验设计中的一个特例。巴洛和海斯曾指出："典型的实验设计（如 ATD），在基线期之后，要交替实施两个实验处理（A 和 B），并观察它们对一个行为的影响。"（p.200）图 10.7 是对 ATD 的一个直观描述。在这个图中，第一阶段是基线期；基线期之后的第二阶段是一个多成分设计，包含两个自变量；紧接着进入第三阶段，实施更有效的干预。有趣的是，巴洛和赫森（Barlow & Hersen, 1984）在他们很有影响力的教科书中写了一章标题为"交替处理设计"的内容，他们将最初的 ATD 的范围扩大，包含了前述多成分设计的内容（这一章及该术语并没有在那本书更早的版本中出现过，Hersen & Barlow, 1976）。在同时期同样具有影响力和历史价值的另一本单一被试的教科书中，卡兹丁（Kazdin, 1982）也写了类似的一章，不过该章的标题是"多处理设计"。

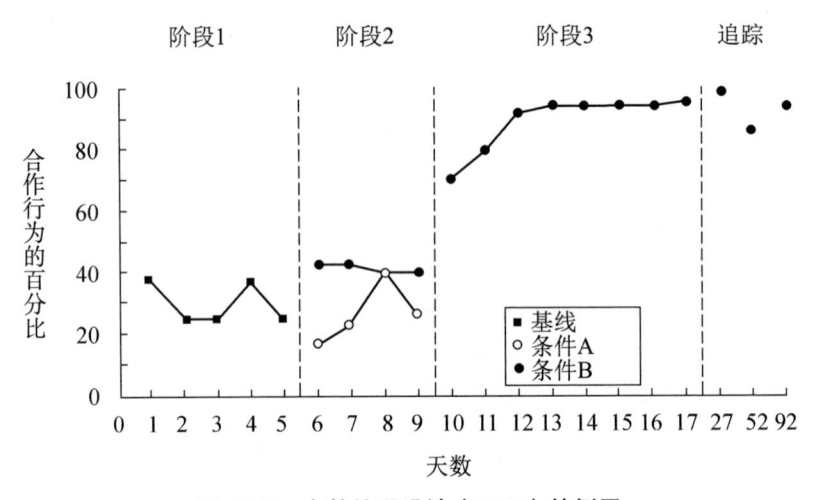

图 10.7　交替处理设计（ATD）的例子

第一阶段是基线期；基线期之后的第二阶段是一个多成分设计，包含两个自变量；紧接着进入第三阶段，实施更有效的干预。

资料来源：D. H. Barlow, S. C. Hayes, Alternating Treatment Design: One Stategy for Comparing the Effects of Two Treatments in a Single Subject（《交替处理设计：一种用单一被试比较两种处理效果的策略》）, Journal of Applied Behavior Analysis（《应用行为分析杂志》）, 1979, 12, 图 1, p.201. 1979 年版权归实验行为分析协会所有，同意翻印。

显然，这样的程序安排与多成分设计的逻辑是一致的，但是把基线和最后阶段的单个干预包含在内，使这种设计的应用范围受到了限制。事实上，当使用 ATD 时，这些条件带来了大量解释上的局限性。首先，主张在实验中包含基线，而在随后的各研究阶段中又没有复制基线，会使行为模式的解释十分困难。由于基线条件下的行为分析只在研究的最初阶段进行，并且没有复制，因此没有人会尝试返回到基线条件。其次，实验的最后阶段实施了更有效的干预，从应用的角度看，这是值得肯定的，但是和基线一样，这些数据是比较难解释清楚的，因为缺乏更多的实验操作。尽管如此，ATD 的第二阶段仍是经典的多成分设计，能够用来展现实验控制。

图 10.8 显示了一个扩展型的 ATD，这种设计至少对前面提到的第一种局限性进行了改进。在这个图中，肯尼迪和苏扎（Kennedy & Souza, 1995）用改良的 ATD 来分析一个有严重残障的青年男子的戳眼行为。为了与 ATD 技术保持一致，研究者先建立基线，然后引入两种干预措施。不过，在这个设计中，基线阶段延长到了第二阶段，这样就可以在各个自变量与基线之间进行比较。研究的最后一个阶段被延长，在此阶段对最有效的干预处理进行评估。虽然对这个延长的第三阶段基本上不进行分析，但是这种设计安排能够对基线和各种干预进行比较。

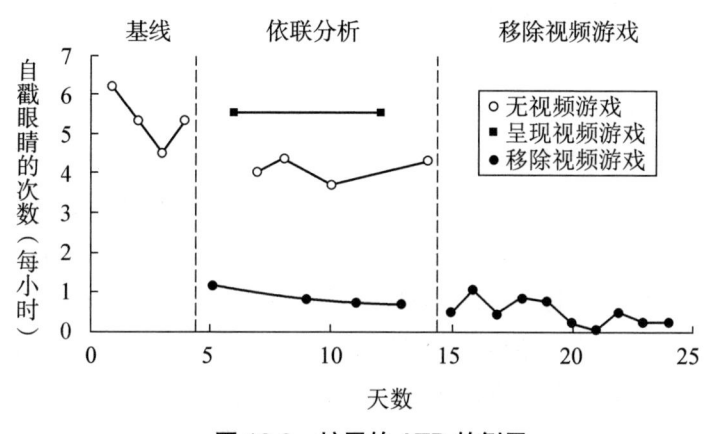

图 10.8 扩展的 ATD 的例子

图中给出了用一个改良后的 ATD 来分析一个有重度残障的青年男子的戳眼行为。为了与 ATD 技术保持一致，研究者建立了一个基线，随后引入两个实验处理。然而，在这个设计中，基线研究延长到了第二个阶段中，这样就可以比较基线阶段和其他自变量了。研究的最后阶段被延长，在此阶段对最有效的干预处理进行评估。

资料来源：C. H. Kennedy, G. Souza, Functional Analysis and Treatment of Eye-Poking（《功能分析与自戳眼睛的治疗》），*Journal of Applied Behavior Analysis*（《应用行为分析杂志》），1995, 28, 图 4, p.34. 1995 年版权归实验行为分析协会所有，同意翻印。

三、优点和缺点

在实验行为分析领域，多成分设计方法历史悠久，成绩卓著（Sidman, 1980）。在行为分析发展的早期，这种设计方法就被介绍给应用研究者了

（Ulman & Sulzer-Azaroff, 1975）。他们对这种方法的使用为后来探讨行为加工过程的研究者提供了一个有力的分析工具。只要在一种实验条件下发生了反应差异，就足以表明实验控制的效果。

研究者可以选取一个被试，运用多成分设计对两个或更多的实验条件进行分析。从最近发表的研究报告来看，研究者比较五个或六个不同的实验条件并非罕见。这种方法的灵活性使研究者能够建立高水平的实验控制和对比条件，这在其他单一被试设计中是难以实现的。仅仅是出于这个原因，多成分设计成了一种重要的分析工具。并且，这种设计方法不仅包含大量的实验条件间的比较，而且与其他设计方法相比，各实验条件间的快速转换让这个分析过程能够迅速地展开。

当然，多成分设计也有一些局限性。多成分设计的第一个局限是行为的可逆性问题。如果自变量导致的行为改变不能因干预的移除而倒返，那么多成分设计就不是一个可选择的合理设计（参见第 11 章）。多成分设计的第二个局限是可能存在交互作用，也就是说，基线条件和（或）自变量条件对行为的作用受到其他实验条件的影响。然而，就像海恩斯和贝尔（Haines & Baer, 1989）说的那样，交互作用的出现给研究者提供了一个机会，进一步探究引起交互作用的行为加工过程（这样做可能具有教育价值）。然而，在许多情况下交互作用是非常麻烦的，所以 A-B-A-B 设计（第 9 章）、多基线设计（第 11 章）或者组合设计（第 14 章）可能是更好的选择。

第 11 章　多基线设计

和 A-B-A-B 设计或多成分设计不同，多基线设计不需要移除、倒返或者复制实验条件。相反，就像它的名字一样，多基线设计要同时建立两个或更多的基线，继而在各个基线的基础上依次引入自变量。这意味着一旦引入了干预，这个干预就不会被移除。当自变量对被试行为的影响不具可逆性时，多基线设计就是一种很好的选择。另外，这种设计的逻辑是它的基线都是建立在 A-B 序列基础之上的，因此，从逻辑上说，它相对于其他 N=1 的设计具有的优势是不需要对教育环境做出太多改变。正因为这个特征，一些研究者认为，从伦理角度而言，无须返回基线水平是更理想的实验设计（Barlow & Hersen, 1984; Kazdin, 1982; Tawney & Gast, 1984）（参见专栏 11.1）。

专栏 11.1　从伦理角度而言，多基线设计比其他单一被试设计更好吗？

A-B-A-B 设计和多成分设计存在的一个问题是，从伦理角度而言，返回到基线水平是不可取的，因为基线水平可能会让被试处于不利的情境中，例如，受同伴恐吓或发生自伤行为。在成功的干预改善了问题情境后，又返回到不利的情境是难以被接受的，因为这样会使被试重新处于消极的情境中。这就导致较其他单一被试设计，一些研究者更喜欢多基线设计。不过，这种偏好是相对的，不是绝对的。从定义来看，多基线设计的缺点是延长了较低层次的基线期。在多基线设计中，处于较低层次的行为、个体等，需要长时间地暴露于问题情境中。如果需要延长被试处于基线条件下的时间，A-B-A-B 设计或多成分设计能够减少个体处于不利情境的时间。如果让被试处于基线条件下会构成一个明显的伦理问题，那么单一被试设计中，能够将基线期的观察次数最少化的多成分设计或者简式设计则可能是最理想的选择。

图 11.1 给出了一个多基线设计的例子。在这项研究中，研究人员（Clark, Cushing, & Kennedy, 2004）用现场技术辅助的集中干预来提高特殊教育教师莎莉的教学实践水平。因变量是被试掌握每个教学技能的百分比，教学技能包括以下 3 个：非正式评估、个别化教育计划（individualized educational plan, IEP）质量、对普通教育课程的适应性。在这个多基线设计中，每个教学技能都包含一个独立的层级，这样就构成了一个跨行为的多基线设计。

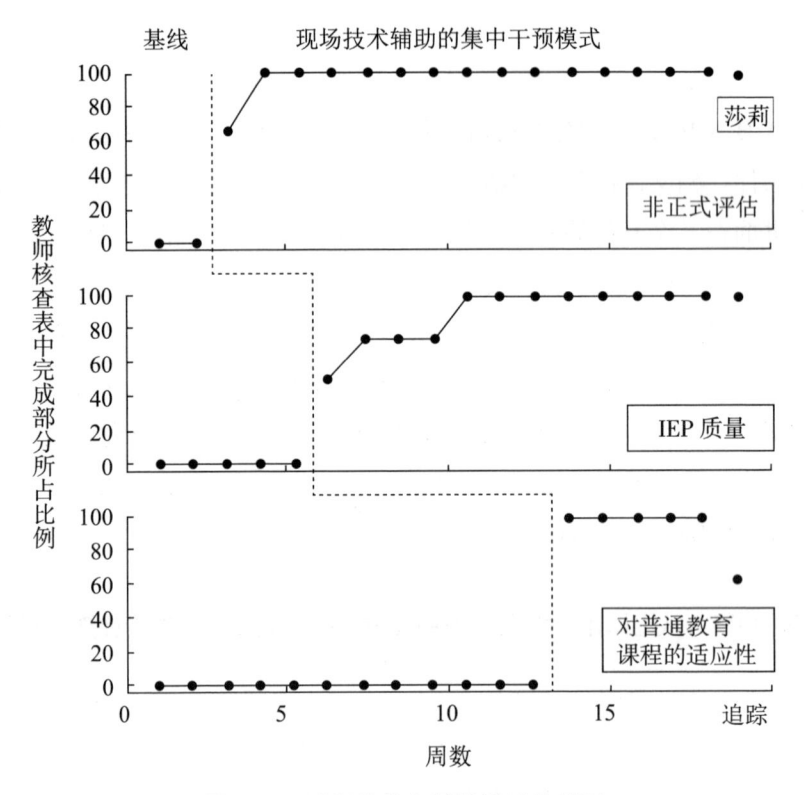

图 11.1　跨行为的多基线设计的例子

因受量是被试掌握每个教学技能的百分比，教学技能包括以下 3 个：非正式评估、IEP 质量、对普通教育课程的适应性。实验处理是现场技术辅助的集中干预，目的是提高特殊教育教师莎莉的教学实践水平。

资料来源：N. M. Clark, L. S. Cushing, C. H. Kennedy, An Intensive On-Site Technical Assistance Model to Promote Inclusive Practices for Students with Severe Disabilities（《用现场技术辅助的集中干预模式提升重度残障学生融合教育的实践水平》），*Resesarch and Practice for Persons with Severe Disabilities*（《重度残障者研究与实践》），2004, 29, pp.253-262.

如前所述，多基线设计要按顺序跨层级或基线引入自变量。这种设计的原则是随着设计方案的实施，研究者要同时评估不同的行为模式。如图 11.1 所示，第一层的基线（即非正式评估）在两周内都是稳定的，在实施干预后，教师对非正式评估的正确使用率立刻增加。然而，在同一个时间点上，多基线设计的另外两个层级的行为水平没有任何改变，这表明只有直接接受干预的行为才会受到影响。在第 6 周，对处于第二个基线的教学技能（即 IEP 质量）实施干预，因变量在之后的几周内逐步升高。另外，第一层的行为在自变量的影响下一直保持高水平，而第三层的行为（即适应性）一直保持低水平。由此可见，只有接受干预，行为水平才会提高。最后，在第 13 周对第三层的行为进行了干预，立即发现了行为水平的提高。

图 11.1 用实例说明了多基线设计的逻辑。首先建立个体的基线水平，看到一致的反应模式后系统地引入自变量，一次只对一个基线行为进行干预。等到接受干预的基线的行为模式出现了明显的变化，而其他层级的行为模式保持不变时，研究者才对下一层行为复制这个实验程序，以此类推。如果仅当引入自变量时因变量才发生改变，那么就证明存在功能关系。

一、基本的多基线设计

传统意义上的多基线设计指的是跨行为、个体、情境、刺激物或时间的设计（Baer, Wolf, & Risley, 1968）。也就是说，多基线设计的各个层级包含了一系列与特定实验问题相关的事件。图 11.1 给出的是跨行为的多基线设计，图 11.2 给出的是跨个体的多基线设计。这里的"个体"可以是学生、教师、管理人员、家庭成员、提供相关服务的专业人员等。在一项研究中（March & Horner, 2002），研究人员把投入学习的时间百分比作为因变量，把行为干预作为自变量，他们实施的行为干预是根据维持不做作业行为的强化物来设计的。被试为 3 名中学生（安迪、比尔和凯茜），老师发现他们的问题行为妨碍了他们完成课堂作业。同时为这 3 名学生的行为建立基线，并将干预引入一个层级，只有当一个层级的基线行为模式发生了改变时才将干预引入下一个层级。这个实验设计代表了用 A-B 序列对安迪产生的初始实验效应，在比尔身上复制了一次，在凯茜身上又复制了一次（参见专栏 11.2）。

图 11.3 给出了另外一个多基线设计的例子。这个图显示了一个跨情境的多

基线设计。在这项研究中，肯尼迪等人（Kennedy, Cushing, & Itkonen, 1997）分析了同伴支持对重度残障学生马克斯在两个普通教育班里与非残障同伴社会交往的影响。这个实验设计包含了最低数量（即两个）的多基线层级，但仍鲜有复制效应（参见第3章）。肯尼迪等人建立了稳定的基线水平后，在两个不同的班级里依次引入自变量。在每一个情境中，干预都与社会交往以及同伴间互动次数的增加有关联，由此确立了功能关系。

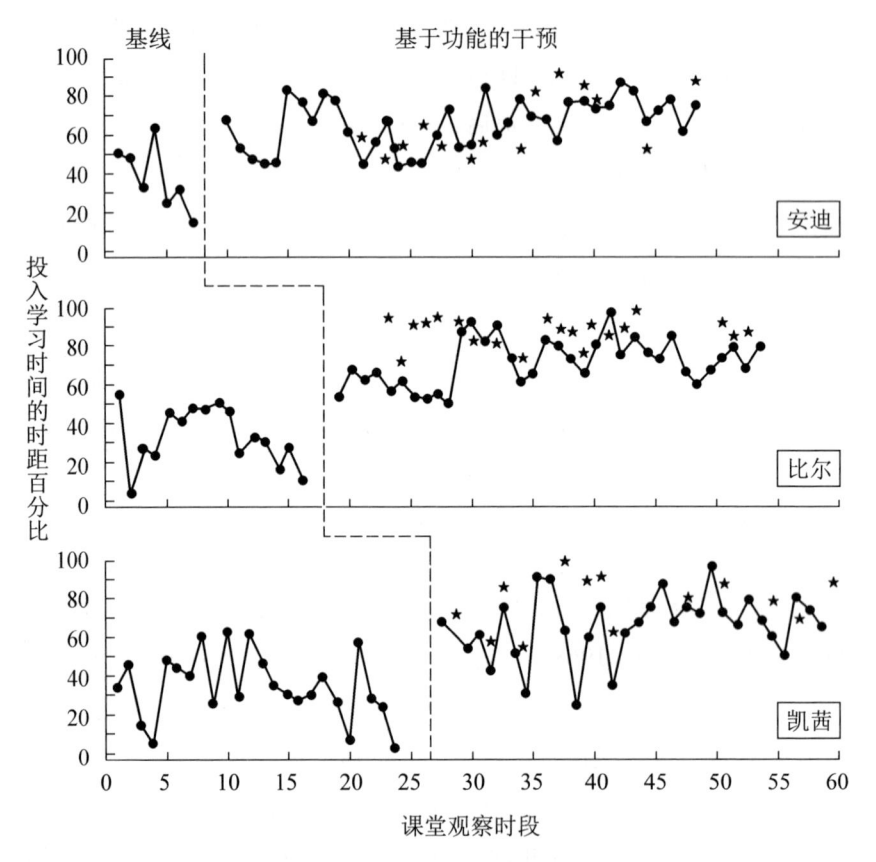

图 11.2　跨被试的多基线设计的例子

　　因变量投入学习的时间百分比，自变量是行为干预，他们实施的行为干预是根据维持不做作业的行为的强化物来设计的。被试为3名中学生，老师发现他们的问题行为妨碍了他们完成课堂作业。

资料来源：R. E. March, R. H. Horner, Feasibility and Contributions of Functional Behavioral Assessment in Schools（《学校中功能性行为评估的可行性与作用》），*Journal of Emotional and Behavioral Disorders*（《情绪与行为障碍杂志》），2002, 10, 图2, p.167. 2007年版权归 Pro-Ed 所有，同意翻印。

专栏11.2　跨被试的多基线设计属于单一被试设计吗?

跨被试的多基线设计大概是使用最为广泛的一种单一被试设计。然而,从定义上来说,这种设计要求将干预交错地实施于不同的被试。用这种设计来证明实验控制至少需要两个被试,通常情况下需要更多的被试。这种安排与单一被试设计的逻辑相背离,单一被试设计强调在N=1的情况下建立实验控制。尽管跨被试的多基线设计不是N=1的实验设计,但是它在分析与教育有关的行为方面已经被有效应用了三十余年,并且研究者通过它发现了大量重要的功能关系。显然,研究者更重视跨被试多基线设计的有效性而非它与单一被试设计逻辑的不相容性。

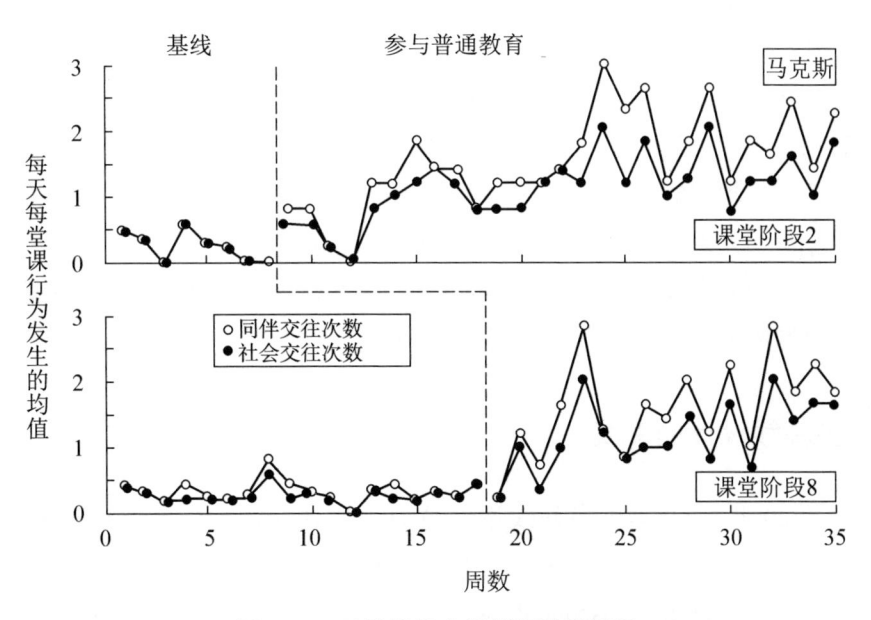

图11.3　跨情境的多基线设计的例子

这项研究测量了同伴支持对重度残障学生马克斯在两个普通教育班里与非残障同伴社会交往的影响。这个实验设计包含了最低数量(即两个)的多基线层级,但仍然具有复制效应。

资料来源：C. H. Kennedy, L. Cushing, T. Itkonen, General Education Participation Increases the Social Contacts and Friendship Networks of Students with Severe Disabilities(《普通教育被试扩展了重度残障学生的社会交往和友谊网络》), *Journal of Behavioral Education*(《行为教育杂志》), 1997, 7. 1997年版权归人文科学出版社所有,同意翻印。

当选用跨刺激物的多基线设计时，任何刺激物间的相互作用都可能包含在设计中（如玩具或电子游戏）。如果选用跨时间设计，那么要在一天的不同时段依次实施干预，并且其他因素（如情境、个体和行为）都要保持恒定。一般来说，实验关注的任何事件都可以纳入多基线设计中。只要这个事件符合第 7 章所讨论的操作性定义的要求，它就可以在多基线设计中作为一个层级。另外，如第 4 章的图 4.3 所示，多基线设计也可以将行为、个体、情境、刺激物或时间组合到设计的各层级中。

虽然多基线设计对所包含的复制的最低数量（即两个）有要求，但对于包含多少层级是没有上限的（不过层级太多会不便于处理）。多基线设计很关键的一点是各个层级之间的独立性。也就是说，当将一个干预实施于一个层级的时候，这个干预不能"泄露"，以免对其他层级的行为产生影响。如果这种情况发生了，那么实验控制就无效了。

和用多基线设计建立实验控制有关的另一个问题是延迟干预的作用。由于将干预引入不同层级的前提是因变量的发生模式有了改变，因此，延迟干预就成了一个令人担忧的问题。如果过快实施下一个干预，就不能证明功能关系的存在。相反，如果自变量的实施被延迟太久，在某些情况下个体的成熟（影响内部效度）可能会改变其他层级的行为。如果发生这种情况，基线会在没有实施自变量的情况下发生改变，那么实验控制也就无效了。

二、多基线设计的变式

自从 20 世纪 60 年代多基线设计被第一次使用，至今已出现了多种变式。在这一节，我们将讨论两种常用的多基线设计的变式：多探测多基线设计（multiprobe multiple baseline designs）和非连贯多基线设计（nonconcurrent multiple baseline designs）。

（一）多探测多基线设计

为了使研究者更有效地应用多基线设计，霍纳和贝尔（Horner & Baer, 1978）引入了多探测多基线设计。在上一部分讨论的标准多基线设计中，每个层级的每个时段都要采集数据点，在实验的后期接受干预的层级通常要采集大量的数据点。而多探测多基线设计的优点是在实验过程中间断性地采集数据点。由于数据的采集是间断性的，因而减少了观察记录和计分所需的工作量。

很重要的一点是，实验过程中有时要估计层级内或层级间数据的趋势和相关的模式，研究者只需要间断性地采集数据。图 11.4 给出了这种设计的一个例子。研究人员曾运用多探测多基线设计来研究如何提高学龄前孤独症儿童的沟通能力（Schepis, Reid, Behrmann, & Sutton, 1998）。因变量是儿童每分钟沟通性互动的次数，自变量是自然教学法和扩大沟通干预的组合。实验设计包含四个层级，即两个儿童（本和科里）以及两种活动（吃甜点和游戏）的所有组合。

研究人员在每个层级上设置了 49 个时段，平均每个层级记录 20 个数据点。这个实验设计有几点值得评述：第一，该设计的基线和干预时段按常规进行，但研究者间断性地采集儿童行为的数据，因此，数据反映了基线和干预条件下儿童的整体表现及活动的取样；第二，数据的多次探测虽然是间断的，却是贯穿于整个实验过程的；第三，探测点的数据都采自实验过程中的重要时间点。尤其是在多探测多基线设计中，一般在每个层级引入自变量的前后设定数据采集点，这样研究者就能评估引入自变量的前后每个时间点上因变量的水平。上述特征对于用这种设计方法建立功能关系是非常关键的。

如图 11.4 所示，上述研究符合这些设计要求。儿童沟通性互动的次数只在引入"自然教学法＋扩大沟通干预"后才有所增加，而在各个层级基线期采集的探测数据点都显示了较低的沟通水平。而且，只要引入了干预，对于不同儿童与活动组合下的沟通行为就都会增加。因此，虽然实验中采集儿童行为的数据点不足时段数的 50%，但还是证明了实验控制。

托尼和加斯特（Tawney & Gast, 1984）介绍了第二种类型的多探测多基线设计。这种类型的设计对于研究泛化过程尤其有用（Stokes & Baer, 1977; Horner, Dunlap, & Koegel, 1988）。在这种单一被试设计中，采集数据的时间点有两个：基线和教学时段，包括多基线设计的每个层级。另外，每个层级包含两种类型的行为变量：目标行为和泛化行为。在各个层级中对所有目标行为和泛化行为都采集基线的探测点数据。然后，对第一层的目标行为实施干预。当行为发生改变（如习得反应）时，通过在目标行为和泛化行为之间交替地采集探测点数据来评估学生。接着，在下一个层级中复制相同的程序。

沃茨等人（Werts, Caldwell, & Wolery, 2003）的一项研究给出了运用这种设计方法的一个实例。图 11.5 显示了学习障碍儿童盖布的数据。目标行为是学会 3 个物品的命名（目标行为标记为定点 1、定点 2 和定点 3）和泛化到 3 个不同物品的单词（教学反馈行为标记为定点 1、定点 2 和定点 3）。最初，研究者采集了所有 6 种目标行为的数据用以评估表达性命名的水平。之后引入干预，直接

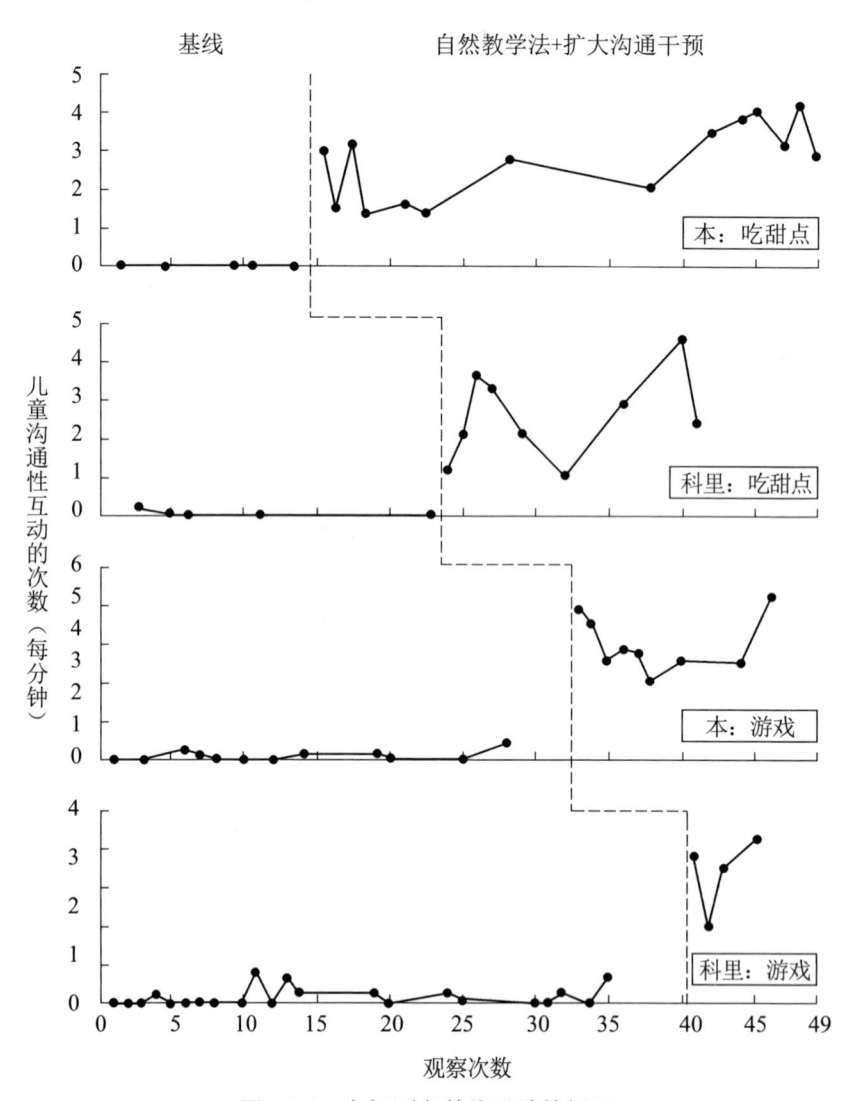

图 11.4　多探测多基线设计的例子

因变量是儿童每分钟沟通性互动的次数，自变量是自然教学法和扩大沟通干预的组合。实验设计包含四个层级，即两个儿童（本和科里）以及两种活动（吃甜点和游戏）的所有组合。

资料来源：M. M. Schepis, D. H. Reid, M. M. Behrmann, K. A. Sutton, Increasing Communicative Interactions of Young Children with Autism Using a Voice Output Communication Aid (VOCA) and Naturalistic Teaching（《用语音输出沟通辅具（VOCA）和自然教学法提高孤独症幼儿的沟通性互动水平》），*Journal of Applied Behavior Analysis*（《应用行为分析杂志》），1998, 31, 图 1, p.570. 1998 年版权归实验行为分析协会所有，同意翻印。

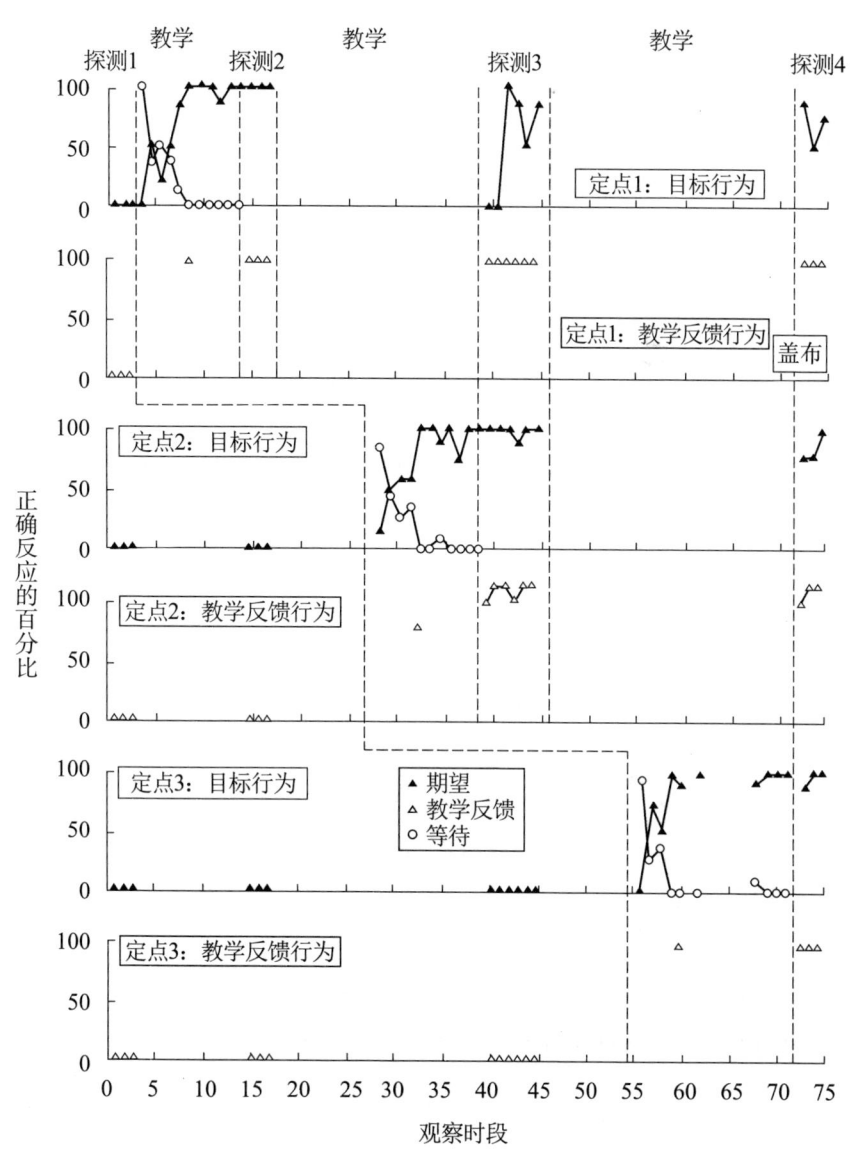

图 11.5　多探测多基线设计的例子

图中给出的是学习障碍儿童盖布的数据。目标行为是学会 3 个物品的命名（目标行为标记为定点 1、定点 2 和定点 3）和泛化到 3 个不同物品的单词（教学反馈行为标记为定点 1、定点 2 和定点 3）。

资料来源：M. G. Werts, N. K. Caldwell, M. Wolery, Instructive Feedback: Effects of a Presentation Variable（《教学反馈：演示变量的影响》），*Journal of Special Education*（《特殊教育杂志》），2003, 37, 图 2, p.128. 2003 年版权归 Pro-Ed 所有，同意翻印。

教盖布定点 1 的目标行为，并间接地教他定点 1 的教学反馈行为。一旦定点 1 的目标行为符合教学标准，就对所有 6 种行为进行探测（在教授定点 1 的教学反馈行为期间增加一个探测点）。在这种情况下，盖布只学会了定点 1 的行为，定点 2 和定点 3 的行为仍停留在基线水平。对每个定点的行为按顺序复制这个过程，结果都是在教学后才学会命名的。

像斯凯皮斯等人以及沃茨等人的研究所表明的那样，多探测多基线设计是一种高效率的实验工具。由于这种设计是在多基线设计的重要时间点上间断性地采集数据，因此，最大限度地减少了采集数据和计分所需的工作量。这种实验设计的主要缺点在于，数据采集的间断性导致其对基线期可能发生的行为水平的突然变化不太敏感。另外，如果行为模式具有周期性，间断抽样技术不能很好地捕捉这些模式的发生状态（Fisher, Piazza, & Roane, 2002）。

（二）非连贯多基线设计

多基线设计的第二种变式是非连贯多基线设计。如前所述，任何一种单一被试设计都是对 A-B 设计的差异化构造。在多基线设计中，A-B 条件被交错地安排在实验的不同层级中，这种设计通过将自变量错时引入不同层级并评估一致的效应来控制一些可能影响外部效度的因素。

对多基线设计原理的变通是在时间上将不同的 A-B 层级错开。也就是说，不是将所有的层级同时建立，而是将各个层级建立在不同的时间点上。不同的 A-B 层级可以在时间上完全分开（如在不同的月份、学期或者年份），可以部分交叠，也可以有些层级同步而另外一些层级在时间上分开。正是因为这种时间方面的特征，这种设计被称为非连贯多基线设计（Watson & Workman, 1981）。

图 11.6 给出了一个这种设计的例子。沃勒等人（Werle, Murphy, & Budd, 1993）运用家庭干预研究幼儿的慢性拒食行为。因变量是儿童吃饭时咀嚼食物的次数，自变量是家长在吃饭过程中给儿童提供依联赞美和明显的辅助。图 11.6 给出了这项研究所采集的自变量干预的完整数据。因为拒食行为是一个不常见的问题，并且可能会对现实生活产生影响，所以研究者采用非连贯多基线设计去评估一系列他们关注的问题。左边一列显示出整套训练材料提高了家长在孩子表现出恰当吃饭行为时所给予的依联关注，右边一列显示出家长在吃饭时运用经过训练的辅助的数量增多了。图中的数据是按时段号码共同排列的，不过每个 A-B 分析都是分开实施的。

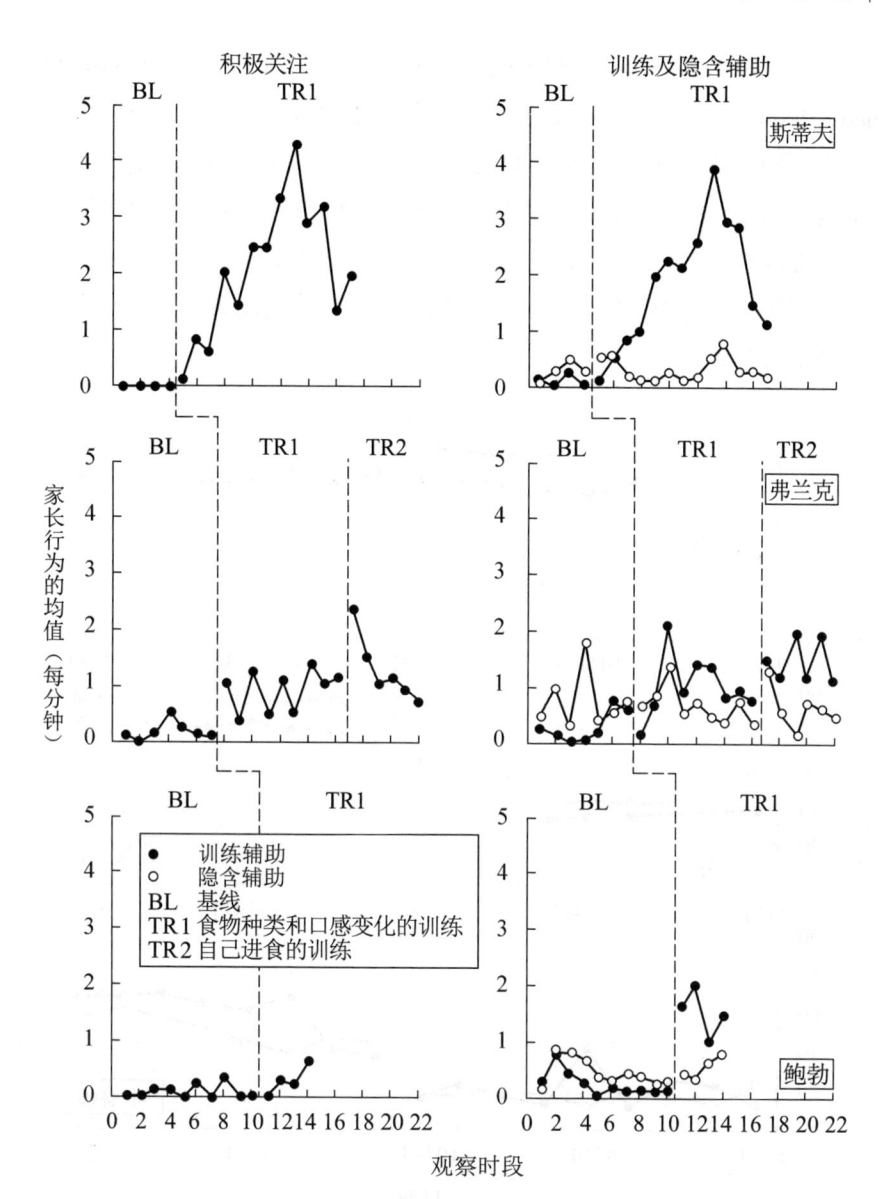

图 11.6　非连贯多基线设计的例子

因变量是儿童吃饭时咀嚼食物的次数，自变量是家长在吃饭过程中给儿童提供依联赞美和明显的辅助。此图给出了这项研究所采集的自变量干预的完整数据。

资料来源：M. A. Werle, T. B. Murphy, K. B. Budd, Treating Chronic Food Refusal in Young Children: Home-Based Parent Training（《干预幼儿的慢性拒食行为：基于家庭的家长培训》），*Journal of Applied Behavior Analysis*（《应用行为分析》），1993, 26, 图 1, p.428. 1993 年版权归实验行为分析协会所有，同意翻印。

第二个非连贯多基线设计的例子是 2004 年的一项研究中（Harvey, May, & Kennedy, 2004）给出的一个假设的案例。如图 11.7 所示，与以往单一被试设计的关注点不同，这个非连贯多基线设计用于分析较大的集合体（这里，"个体"指的是当地的教育机构，此处名为华生、弗里蒙特和华盛顿）。在本例中，干预的重点是提高教师对有效的教学实践和同一普通教育课程的使用。在这个设计中，每个层级安排在不同的学期实施。另外，研究者还用 A-B 分析实施的日期来标记每个层级的名字。

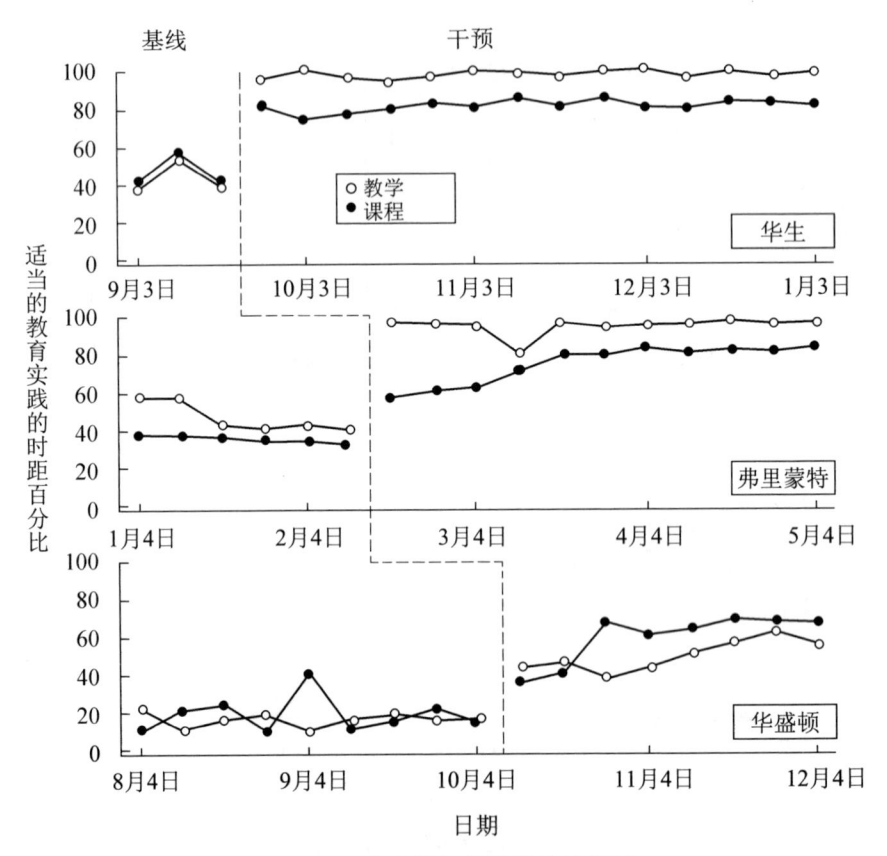

图 11.7　非连贯多基线设计的例子

在横坐标上添加具体的日期。在这项假设的研究中，干预的重点是提高教师对有效的教学实践和同一普通教育课程的使用。在这个设计中，每个层级安排在不同的学期实施。

资料来源：M. T. Harvey, M. E. May, C. H. Kennedy, Nonconcurrent N=1 Experimental Designs for Educational Program Evaluation（《教育项目评价中 N=1 的非连贯实验设计》），*Journal of Behavioral Education*（《行为教育杂志》），2004, 13, pp.267-276. 2004 年版权归人文科学出版社所有，同意翻印。

华生和沃克曼（Watson & Workman, 1981）给出了另一种图示非连贯多基线设计数据的方式。在这篇论文中，研究者首次介绍了这种多基线设计的变式，他们还建议用能够反映设计中各层级之间时间关系的方式来描绘数据点。图11.8给出了这种作图方法的一个例子，图中用的是假设的数据。研究中包含了3个被试，第1个被试首先接受基线和干预序列，之后是第2个被试，最后是第3个被试。3个被试之间有重叠，但是基线长短不一致。不论用图11.6、图11.7还是图11.8中的哪种方式作图，重要的是，研究者要在数据报告中具体说明每组A-B条件是在什么时候实施的，这样的话，读者就可以判断不同层级之间或层级内部可能存在的时间关系。

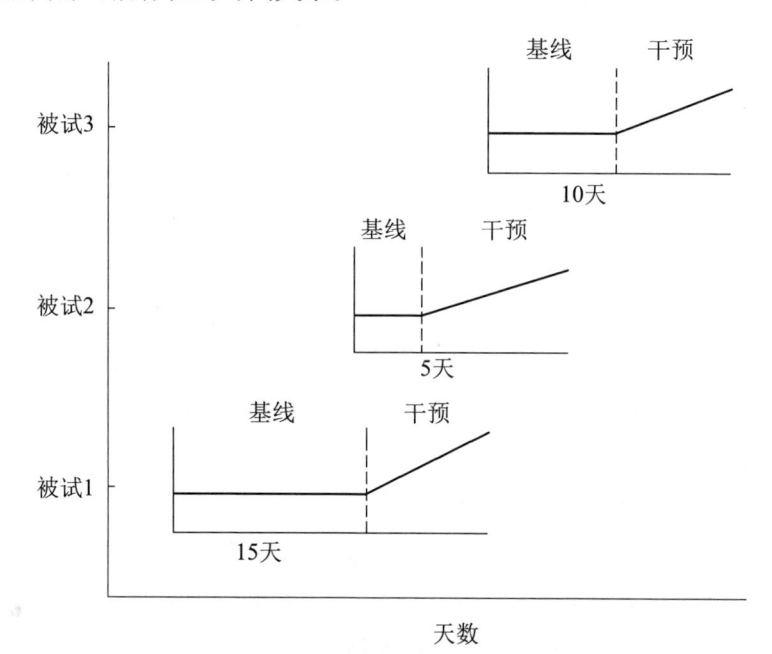

图 11.8 非连贯多基线设计的作图方式

图中的假设性数据显示了操纵A-B条件的时间框架。

资料来源：P. J. Watson, E. A. Workman, The Non-concurrent Multiple Baseline Across-Individuals Design: An Extension of the Traditional Multiple-Baseline Design（《跨被试的非连贯多基线设计：传统多基线设计的扩展》），*Journal of Behavior Therapy and Experimental Psychiatry*（《行为治疗与实验病理学杂志》），1981, 12, 图1, p.258. 1981年版权归Program Press所有，同意翻印。

非连贯多基线设计的一个优点是，它可以让研究者系统地研究一些可能不太适于做实验分析的问题（Harvey, May, & Kennedy, 2004）。这包括把一些罕见的案例、有限的研究资源以及较大的单位（如学校、地方教育机构或国家教育机构）纳入单一被试研究中。除了历史效应之外，这种设计控制了大多数可能影响内部效度的因素（如成熟、再测效应和测量工具的变化等）。因此，如果要在更大范围内建立实验控制，并且希望在通常被认为不适于用单一被试设计（或其他类型的实验设计）进行分析的情况下开展实验研究，那么研究者就应该考虑使用这种设计。

三、优点和缺点

多基线设计大概是单一被试设计中使用得最为广泛的设计类型，这在一定程度上归功于其设计的简单性和灵活性。在应用行为分析发展的早期，研究者强调，可以在现实工作情境中使用实验设计。不论是跨学生、情境、行为、刺激物，还是跨时间，多基线设计都是一种符合这种需求的理想分析工具（Barlow, Hayes, & Nelson, 1984）。另外，其本身所具有的干预时间上的灵活性以及可用多探测或非连贯的方式进行分析的特点，都使这种设计能够方便地适用于各种应用情境。

多基线设计的另外一个优点是它的实用性。在行为不可逆转、存在逻辑上的限制，或者从伦理角度而言不能移除干预的情况下，多基线设计是一种可选用的实验策略。不过，这个优点也成了它的主要缺点。多基线设计的结构决定了它不能对自变量做比较分析、成分分析或参数分析。一般来说，作为一个分析工具，多基线设计的作用仅限于证明自变量对行为笼统的影响，这意味着它不是很适合用于探索基本的行为加工过程。由此可见，与第四篇的其他分析方法一样，任何一种设计方法的实用性都要依实验问题而定。

第 12 章　重复习得设计

在单一被试设计中难以倒返一些习得行为是一个重要的问题。因为许多 N=1 的设计依赖于操纵强化依联条件或者干预的移除，将行为倒返至基线模式是呈现反应差异及实验控制所必需的。多基线设计通过建立两个或多个基线，随后逐步引入自变量，一次只在一层基线上引入，从而可用于处理倒返这个问题。这样一种设计策略等同于一组交错的 A-B 实验条件。

一、重复习得设计

当行为的倒返成为一个问题时，一种替代多基线设计的方法便是重复习得设计。博伦（Boren, 1963）最早将重复习得设计引入有关学习过程的基础研究，重复习得设计使研究者得以在不同实验条件下对技能的习得加以分析（Boren & Devine, 1968）。重复习得设计的核心特征包括：使用多种等值的学习任务、技能的习得可以在不同的任务下重复研究、至少在两个不同实验条件下研究。换言之，将特定的学习任务呈现给被试并记录其掌握速率，在记录该掌握速率的同时，被试也在不同的实验条件下学习另一项新的任务。在这个过程中，被试需要一直学习新任务，直到在不同的实验条件下呈现出明显的差异为止。这样的结果提供了一个机会来研究不同的实验条件对诸如阅读、数学、社会研究、科学或身体技能等领域的学习过程的影响。

图 12.1 给出了一个重复习得设计的例子。该图呈现了一项针对 4 名轻度至中度智力障碍学生的常见词习得研究（Barbetta, Heward, Bradley, & Miller, 1994）。因变量是正确读出的常见词的数量。根据一个单词读错时给予的反馈区分出两种干预并加以对比，这两种反馈是即时练习和延迟练习。每周将 7 个新单词随机分配给即时或延迟练习干预组。然后在每一组单词上使用预先定好的教学策略开展教学。第一天，给第 1 个单词组提供延迟反馈教学，而后给第 2 个单词组提供即时

反馈教学。第二天，再次给第 1 个单词组提供延迟反馈教学，也再次给第 2 个单词组提供即时反馈教学。不断重复这一过程直至至少习得一组单词。第二周，挑选出一组新单词。将这些单词随机分配给两种教学条件，而习得过程得以重复。

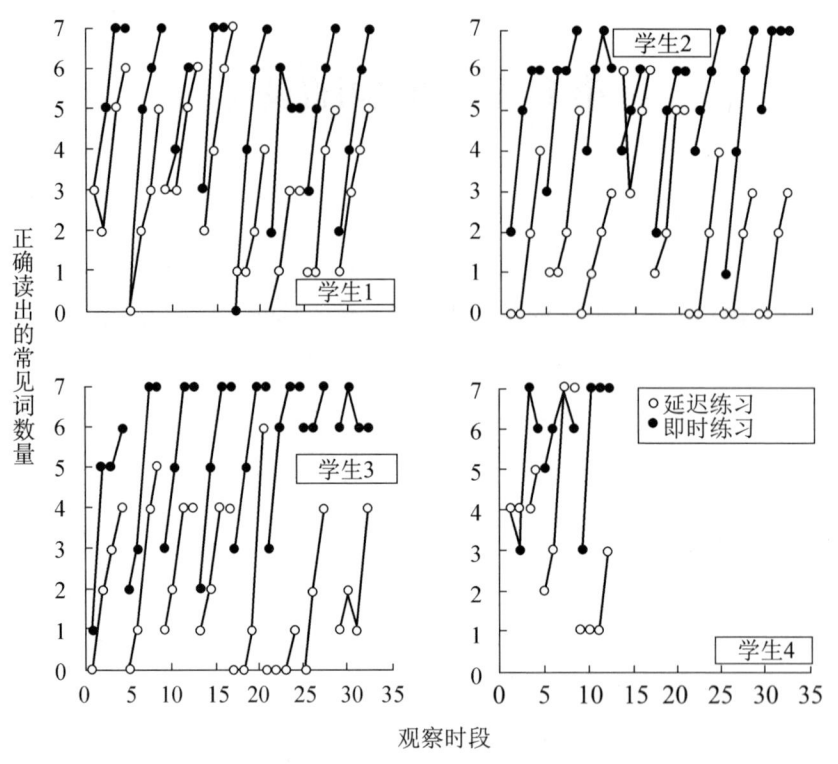

图 12.1　重复习得设计的例子

该图呈现了一项针对 4 名轻度至中度智力障碍学生常见词习得的研究。因变量是正确读出的常见词数量。对两种不同的干预进行比较，这两种干预为一个单词读错时学生所接受的反馈类型：即时练习和延迟练习。

资料来源：P. M. Barbetta, W. L. Heward, D. M. Bradley, A. D. Miller, Effects of Immediate and Delayed Error Correction on the Acquisition and Maintenance of Sight Words by Students with Developmental Disabilities（《即时及延迟错误矫正对发展性障碍学生常见词的习得与维持的影响》），*Journal of Applied Behavior Analysis*（《应用行为分析杂志》），1994, 27, 图 1, p.178. 1994 年版权归实验行为分析协会所有，同意翻印。

图 12.1 呈现的是学生 1、2 和 3 接受 8 个不同的阅读单词组，并将延迟和即时反馈干预加以对比，而学生 4 接受 3 个不同的单词组。对于学生 1、3 和 4，即时反馈策略总是使习得常见词更为快速。这一点是通过两种实验条件下每组

单词间出现的反应差异体现出来的。例如，学生 1 在即时反馈实验条件下到第 3 次观测时就已经正确读出了所有的 7 个单词，但是同一名学生在另一种实验条件下到第 4 次观测时只正确读出了 6 个单词。在学生 2 那里出现了一种相似的反应差异模式，除了第 4 组单词以外的所有单词组都呈现出有差异的习得效应。这意味着对于学生 1 和 3 而言，有 8 个被试内实验效应的直接重复，而学生 2 有 7 个，学生 4 有 3 个。鉴于这种高度的被试内及被试间直接重复，研究者可以审慎地说采用重复习得设计的实验控制得以体现了。

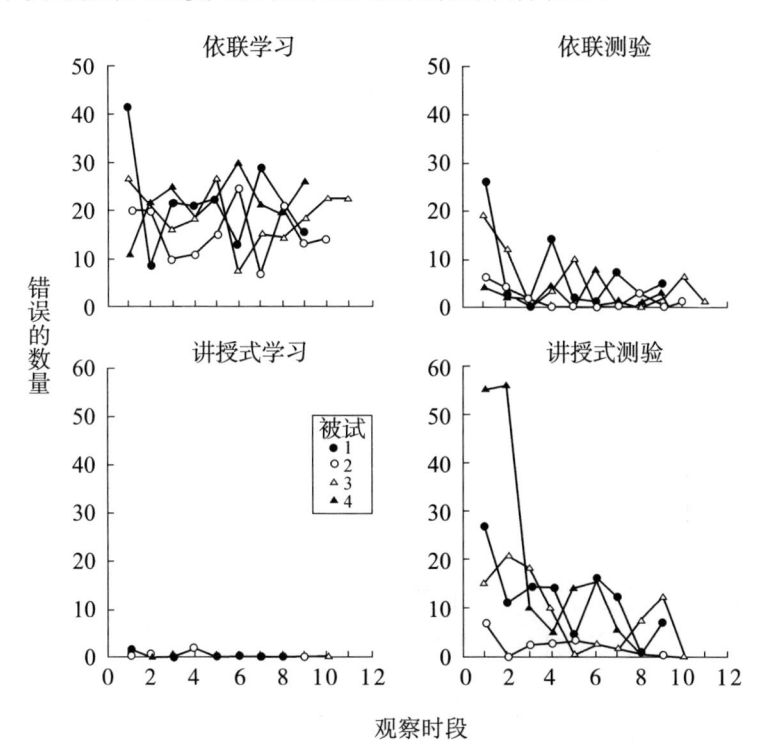

图 12.2　重复习得设计的例子

4 名被试（被试 1 到 4）均为本科生。在每一个实验时段里，学生学习呈现在电脑屏幕上的一个随机反应序列。在一种条件下，给予被试试错反馈（标注为依联学习），而在另一种条件下，口头告知被试序列是怎样的（标注为讲授式学习）。该研究的因变量是在习得一个反应序列前所犯的错误数量。在被试习得序列的过程中被分配给哪一个实验条件会随干预过程发生变化（左半部图）。4 个小时后，再次测试学生以检查他们是否记得反应序列（右半部图）。

资料来源：J. S. Danforth, P. N. Chase, M. Dolan, J. H. Joyce, The Establishment of Stimulus Control by Instructions and by Differential Reinforcement（《通过教学和差别强化建立刺激控制》），*Journal of Applied Behavior Analysis*（《应用行为分析杂志》），1990, 54, 图 2, p.101. 1990 年版权归实验行为分析协会所有，同意翻印。

再举一个重复习得设计的例子（Danforth, Chase, Dolan, & Joyce, 1990）。如图 12.2 所示，4 名被试以序号 1 到 4 加以标注，均为本科生。这项实验研究要求学生学习在每个实验时段里呈现在电脑屏幕上的一串新的随机反应。在一种实验条件下，给被试提供试错（trial-and-error）反馈（标注为依联学习），而在另一种实验条件下，口头告知被试序列的内容（标注为讲授式学习）。该研究所测量的因变量是在习得一个反应序列前所犯的错误数量。分配给被试哪一个实验条件会在被试习得序列的过程中随干预进程发生变化（图 12.2 的左半部图）。4 个小时后，再次测试学生以检查他们是否记得反应序列（图 12.2 的右半部图）。数据显示，讲授式学习几乎产生了没有错误的反应习得，而依联学习使学生在习得一个新的反应序列前大约会犯 20 个错误。然而，在追踪测验中，依联学习和讲授式学习产生的错误量相近，表明习得模式并不影响识记情况。

二、方法问题

在使用重复习得设计时需要考虑一些方法层面的问题，包括任务可比性、实验条件的顺序、实验条件的数量。

（一）任务可比性

在使用重复习得设计时容易犯的一个错误是可能会有偏向地将任务分配给特定的实验条件。这些设计的一个要点在于开发一组可以被习得的刺激。这组刺激需要足够充分，新项目可以从中选取以构成一组针对每一个新的习得阶段的刺激。然而，这一过程表明保证所有刺激在习得上具有同等难度是极其重要的。如果一组刺激比另一组刺激更易习得，那么实验条件间的差异可能就是由刺激本身而非所分析的自变量造成的。

丹福思等人（Danforth et al., 1990）的研究采用了一种处理任务可比性问题的典型策略。在这一研究中，丹福思等人所使用的一组刺激包含特定数量的元素（反应键），这些元素在安排每一个新的习得阶段时可以进行重新组合。采用这种策略，在第一个习得阶段可以将实验条件 X 下的 15243 序列与实验条件 Y 下的 32451 序列加以对比。而在下一个习得阶段可以将实验条件 X 下的 54321 序列与实验条件 Y 下的 12345 序列加以对比，等等。只要可以生成新的序列模式，就没有理由认为任何一种顺序比其他一种顺序来得困难，因此，假定任务难度相当是合理的。

在教育研究中可以使用的一种方法是开发大量而充足的刺激集合，从而使这些刺激可以被随机分配至各个实验条件。例如，如果习得任务是成功阅读常见单词，那么可以建立一组包含难度相同的项目的刺激集合。当任务可比性不是一个合理的假设时，所使用的刺激需通过实证研究以表明其难度是等值的。一种方法是建立一组刺激，而后检验在相当的实验条件下一些被试对这些刺激的习得情况。这种刺激的"前测"可用于表明刺激是同等难度的，并且，同样重要的是，这可以向研究者揭示在采用重复习得设计开展研究前，哪些项目是需要从刺激集合中剔除的异常值。

（二）实验条件的顺序

在运用重复习得设计时遇到的另一类问题是有关实验条件的顺序问题，这与我们在第10章中对多成分设计的讨论是相似的。将被试暴露在一种实验条件下，很可能会影响其在随后任务中的表现。现有两种方法或可用于解决该问题。一种方法是固定实验条件的顺序，从而使其带来的影响不会在实验条件间及实验条件内部发生随机扩散。如果意识到可能存在交互效应，可对其进行实验分析，即系统改变实验条件的顺序，并考察特定的实验条件顺序是否会造成习得模式的改变。另一种方法是随机化方法，即在每一个习得阶段，实验者可以随机对各个实验条件进行排序，如第一、第二，等等。正如我们在专栏10.2中所指出的，我们需要再次指出，实验条件的随机化无法控制单一被试设计中的任何事情，在使用足够多的样本的情况下，它只能将变异平均分配给各个实验条件。

（三）实验条件的数量

重复习得设计可以包含多少独立的实验条件是一个非常难处理的问题。在目前呈现的例子中，只对两个实验条件进行比较。这样一种实验条件间的比较是一个很容易实施的实验安排。在图12.3中，希金斯等人（Higgins, Woodward, & Henningfield, 1989）的研究采用了重复习得设计，对4个实验条件进行了比较。被试是7名成年男性。图中所呈现的因变量是每次习得一项新技能前所犯的错误数量。自变量是不同剂量的阿托品（atropine）的参数分析（即安慰剂，1.5、3或6mg/kg）。此外，实施时间进程分析（呈现在X轴上）以考查自变量对行为在时间上的影响（即在用药前，用药后0.5、1.5、3、5、7、9或24个小时）。希金斯及其同事的研究结果表明，药物剂量越大，被试在习得阶段所犯的错误越多；而当个体被要求去重复一个之前习得的反应序列时，则会观察到较少的药物影响。

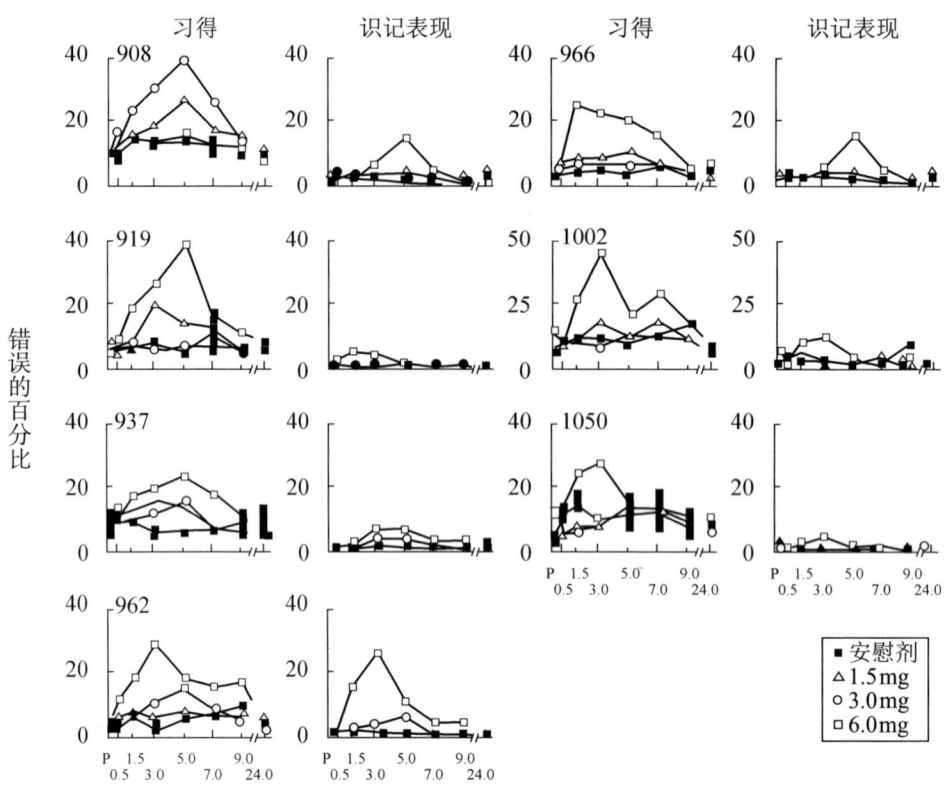

图 12.3　在重复习得设计中使用多种实验条件的例子

被试是 7 名成年男性。因变量是每次新技能习得前所犯的错误数量。自变量是不同剂量的阿托品的参数分析（即安慰剂 1.5、3 或 6mg/kg）。此外，实施时间进程分析（X 轴）以考查自变量对行为在时间上的影响（即在用药前 [P]，用药后 0.5、1.5、3、5、7、9 或 24 小时）。

资料来源：S. T. Higgins, B. M. Woodward, J. E. Henningfield, Effects of Atropine on the Repeated Acquisition and Performance of Response Sequences in Humans (《阿托品对人类重复习得并识记反应序列的影响》), *Journal of Applied Behavior Analysis* (《应用行为分析杂志》), 1989, 51, 图 2, p.10. 1989 年版权归实验行为分析协会所有，同意翻印。

图 12.3 中的数据呈现了重复习得设计中所使用的多种实验条件。与其他用于实施比较分析、成分分析或参数分析的实验安排一样，所包含的实验条件数量要依以下两个因素而定：基于一个特定的实验研究问题需要包含的最少的实验条件数量；包含在一个实验中的实验条件数量能否使研究在一定时间内，在已有资源的条件下顺利完成。

三、优点和缺点

尽管自 20 世纪 60 年代起，重复习得设计已经被用于基础研究，但其在单一被试教育研究中的运用还不是那么频繁，而且有点延迟。这也符合一个为人熟知的新实验策略从基础实验室情境到应用情境迁移的规律。有趣的是，在应用行为研究中对这种设计的使用似乎已开始增多。这可能可以部分归因于对整合基础与应用研究分析的关注逐渐增多（Mace, 1994）。

使用重复习得设计使单一被试研究者可以研究无法被倒返的行为。这包括诸如拼写、加减法、阅读理解和动作技能发展等与教育相关的行为，不胜枚举。重复习得设计通过建立一个由等值项目组成的刺激组并研究它们在不同实验条件下的习得情况，来达到其卓有成效的分析结果。这种设计的一个主要局限在于建立并呈现刺激集合中项目的可替代性（或等值性）。如果最初的项目集合中的任务难度存在某种不对称性，那么这可能会成为内部效度的重要威胁因素。然而，如果能够应对这种挑战的话，那么从基础行为研究和应用教学的角度来说，重复习得设计都是一种研究学习过程的有效方法。

第13章 简式实验设计

在教育情境中，使用任何类型的实验设计都需要考虑一个问题，即花费多少时间能把分析工作做完。学校是一个忙于应对大量协调方面的挑战的环境，分析工作完成得越快，这个环境就越能容忍必要的操纵。然而，由于单一被试设计需要在干预前后进行重复测量，分析的时间或范围往往是研究者以及教育工作者所要面对的挑战。教育环境不是唯一具有时间限制的环境，门诊诊所、相关服务治疗以及标准化测试情境等都要求在有限的时间内完成特定的任务。

由于有这些限制，在教育或者相关情境中工作的研究者已经开发出一种称为简式实验设计（brief experimental designs）的实验设计方法（Wacker, Berg, Harding, & Cooper, 2004）。库珀等人（Cooper, Wacker, Sasso, Reimers, & Dunn, 1990）最早介绍了简式实验设计，它包含各种A-B-A-B和多成分设计的变式。简式实验设计明确用于那些内部效度对于评估行为结果是必要的、但完成任务的时间极其有限的情境。在最初的研究中，库珀等人分析了医院门诊情境中的亲子互动，以探讨正常发育的儿童身上出现行为问题的根源。由于研究者只有九十分钟的时间来完成他们的分析并提出干预建议，因此，他们改变了现有的单一被试设计以适应这个情境的要求。在这个最初的示范出现之后，有许多已经发表的研究将这种较新的方法应用到单一被试设计中。

一、简式实验设计

使用简式实验设计时，研究者要在一组条件下先实施一次观察，再实施另一次观察，如果观察到了行为改变，则倒返至初始条件。如果在初始条件下没有探测到实验效应，那么增加的条件就可能被检测出来。如果观察到了实验效应，那么研究者将回复到之前的条件来倒返对行为的效应。在通常情况下，研究者会先实施一次观察，然后转换到另一种条件，每次观察持续5到15分钟，因此叫作简式实验设计。简式实验设计有两种主要的变式，它们整合了 A-B-A-B 或多成分设计的特征。

（一） A-B-A-B 变式

简式实验设计的这种方法遵循第 9 章所阐述的移除设计和倒返设计的逻辑。首先实施一个初始的基线观察，然后检测第二种条件下的情况。如果出现了行为水平的改变，那么研究者就返回到初始状态。这样的安排构成了一个简式的 A-B-A 设计。如果时间允许，在被试内或被试间进行额外的重复可以提高结果的可信度。

图 13.1 给出了一个简式 A-B-A-B 实验设计的例子。在里奇曼等人（Richman et al., 2001）的研究中，他们分析了儿童回应成人不同复杂程度的要求的能力。因变量是 4 个儿童（布拉德、埃里克、布兰登和塔比莎）准确完成指令的数量。每个图形顶部的标签代表了测试的要求条件：①用模型辅助要求 1 步完成（1-M）；②用语言辅助要求 1 步完成（1-V）；③用语言辅助要求 3 步完成（3-V）；④用语言辅助加上额外的区辨要求 3 步完成（3-V group discrim.）；⑤用语言辅助加上连接词的区辨要求 3 步完成（3-V conj.）。例如，布拉德能够在成人模型辅助下（1-M）回应要求，但无法在成人语言辅助下（1-V）回应要求。每次观察有提出 5 个要求的机会，其复杂程度的效应按照 A-B-A-B-A 的顺序来重复检测。对另外 3 个儿童也做了类似的分析，根据每个被试对自变量的回应情况进行了个别化的序列设计。

图 13.2 给出了一个较复杂的 A-B-A-B 简式实验设计的变式。在一项针对注意力缺陷与多动障碍儿童的攻击性、参与活动和需求的研究中（Boyajian, DuPaul, Handler, Eckert, & McGoey, 2001），研究人员每次观察持续 10 分钟，以检验有关为什么儿童具有攻击性的各种假设。在初始实验条件下，每个儿童都被暴露于有游戏（控制条件）、用攻击获得关注、用攻击获得实物或攻击需求减少的情境中。图 13.2 呈现了特里的数据。在最初的 4 次观察中，只有在实物条件下攻击性才有所提高，这表明他表现出攻击性是为了获取喜欢的物品（如玩具）。然后研究者又实施了 2 次观察（第 5 次和第 6 次）来重复之前的结果。同样地，在游戏条件下攻击性有所降低，但是在实物条件下有所提高。接着，研究者进行了第三阶段的实验操纵。在已经证明和复制实物强化条件的效应之后，研究者实施了强化依联的倒返（第 7 次至第 9 次观察）。在第 7 次和第 9 次观察中提供了不会引起攻击性的实物，在第 8 次观察中提供了依联于攻击性的实物。和之前对行为的影响一样，强化依联的倒返减少了攻击行为的发生。

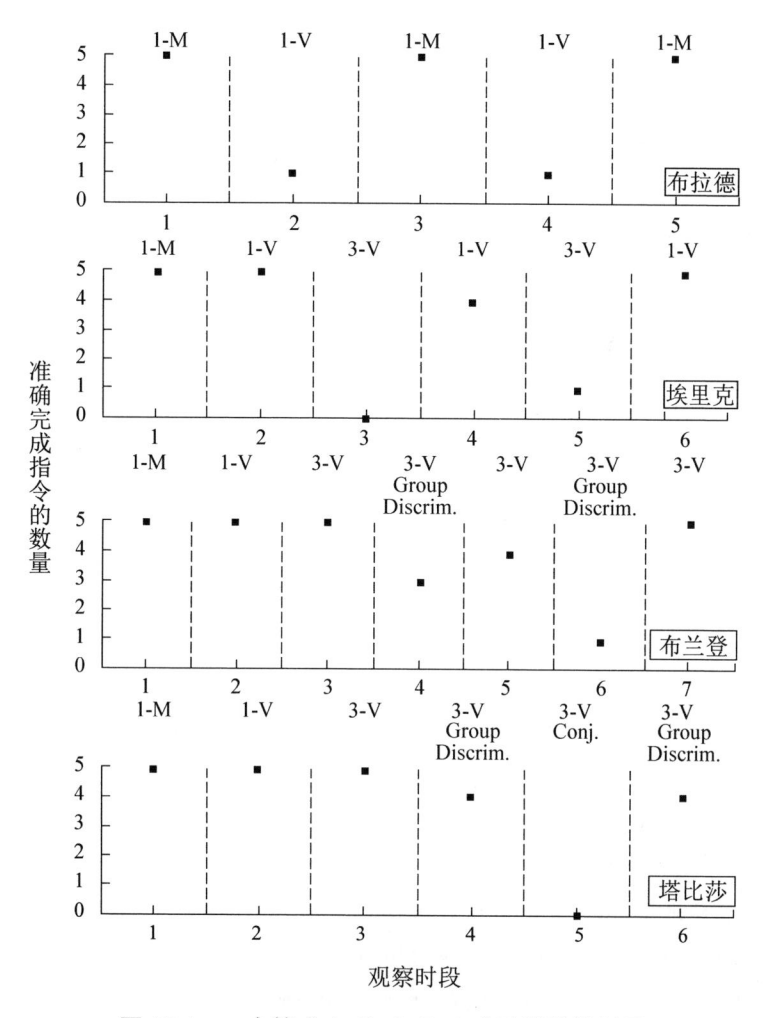

图 13.1 一个简式 A–B–A–B–A 实验设计的例子

该研究分析了儿童回应成人的不同复杂程度的要求的能力。因变量是 4 个儿童准确完成指令的数量。每次观察有提出 5 个要求的机会。每个图形顶部的标签代表了测试的要求条件：①用模型辅助要求 1 步完成（1-M）；②用语言辅助要求 1 步完成（1-V）；③用语言辅助要求 3 步完成（3-V）；④用语言辅助加上额外的区辨要求 3 步完成（3-V group discrim.）；⑤用语言辅助加上连接词的区辨要求 3 步完成（3-V conj.）。

资料来源：D. M. Richman, D. P. Wacker, L. J. C. Brown, K. Kayser, K. Crosland, T. J. Stephens, J. Asmus, Stimulus Characteristics within Directives: Effects on Accuracy of Task Completion（《指令的刺激特征对任务完成的准确性的影响》），*Journal of Applied Behavior Analysis*（《应用行为分析杂志》），2001, 34, 图 1, p.298. 2001 年版权归实验行为分析协会所有，同意翻印。

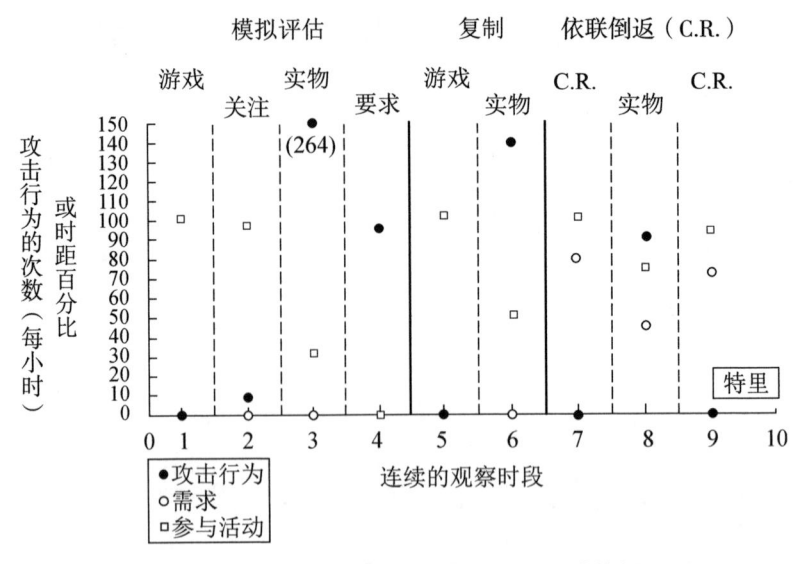

图 13.2　一个三阶段条件的简式实验设计的例子

该研究分析了一个名字叫特里的注意力缺陷与多动障碍儿童的攻击性、参与活动和需求情况。每次观察持续 10 分钟，以检验有关为什么儿童具有攻击性的各种假设。在初始实验条件下，特里被暴露于有游戏（控制条件）、用攻击获得关注、用攻击获得实物或攻击需求减少的情境中。在第二阶段，重复游戏和实物条件。最后一个阶段，通过倒返强化依联来证明获得实物起到了正强化的功能。

资料来源：A. E. Boyajian, G. J. DuPaul, M. W. Handler, T. L. Eckert, K. E. McGoey, The Use of Classroom-Based Brief Functional Analyses with Preschoolers At-Risk for Attention Deficit Hyperactivity Disorder（《基于课堂的简单功能分析在注意力缺陷与多动障碍高危学前儿童中的应用》），*School Psychology Review*（《学校心理学评论》），2001, 30, 图 2, p.283. 2001 年版权归全国学校心理学家协会所有，同意翻印。

图 13.2 中使用的实验策略凸显了使用简式实验设计时可能具有的灵活度。由于这种实验设计允许在各种实验条件间进行快速变换，使得各种实验条件的比较分析、成分分析和参数分析成为可能。在上述研究的分析中，个别条件被嵌套在三个普通的实验设计中（Baer, Wolf, & Risley, 1987）。因为这种设计能够快速实施，所以它不仅灵活度高，而且可以实时地创建和更改实验设计。通过这种分析，研究者可以准确地追踪实验数据，并根据观察到的行为模式来创建实验设计。

（二） 多成分设计变式

简式实验设计的第二种常用变式采取的是多成分取向。这种设计强调每个实验条件要复制1~2次。这样做的目的是评估每一组实验程序对目标行为的影响。此外，实验条件的顺序并不是由上一个实验条件中实验效果的出现与否确定的。相反，正如第10章所讨论过的，实验条件要么按区组随机分配，要么按固定顺序分配。

图13.3给出了一个多成分简式设计的例子。该研究是在2002年由埃克特等人实施的（Eckert, Ardoin, Daly, & Martens, 2002），主要研究内容是6名小学生的朗读流畅度。因变量是儿童每分钟正确朗读的单词数。基线（BL）条件是儿童在没有其他干预时大声朗读的情况。在前提干预（AI）条件下，儿童先听成人朗读完短文，然后练习朗读3遍。前提干预加依联强化（AI+CR）条件是，从第1遍到第3遍练习的过程中朗读流畅度若提高5%，就给予强化。前提干预加表现反馈（AI+PF）条件是，每次儿童朗读完短文后让成人向儿童提供有关他的朗读表现的信息。前提干预加表现反馈再加依联强化（AI+PF+CR）条件是，将之前描述的自变量合并。这种分析方法既可以单独研究前提干预（AI）、表现反馈（PF）和依联强化（CR）这三种干预的效果，也可以研究它们的组合效果，并且这种分析方法完全可以被看作对前提干预加表现反馈再加依联强化（AI+PF+CR）干预的成分分析。埃克特等人（Eckert et al., 2002）的研究结果表明：所有学生在前提干预（AI）条件下的朗读流畅度较基线（BL）条件有所提高；对于其中的4名学生而言，前提干预与表现反馈结合（AI+PF）或者前提干预与依联强化结合（AI+CR）可以进一步提高朗读流畅度。

瓦克尔及其同事（2004）提供了另一个多成分简式实验设计的例子。在这项研究中，首先对一名发展性障碍儿童吉米实施功能分析（图13.4的上图）。因变量的指标是问题行为的时距百分比。实验持续5分钟，采用标准的功能分析程序：关注、逃避、自由游戏和实物（Iwata, Dorsey, Slifer, Bauman, & Richman, 1982）。结果显示，在逃避和实物条件下出现的问题行为受多种因素影响。然后在逃避和沟通的差别强化（DRC）条件下进行第二次分析（图13.4的下图）。因变量与之前在逃避条件下的分析相同。沟通的差别强化干预教导儿童用语言而不是用问题行为来表达他的需要。研究结果表明，和逃避条件下的情况相比，沟通的差别强化干预能有效地减少吉米的问题行为。

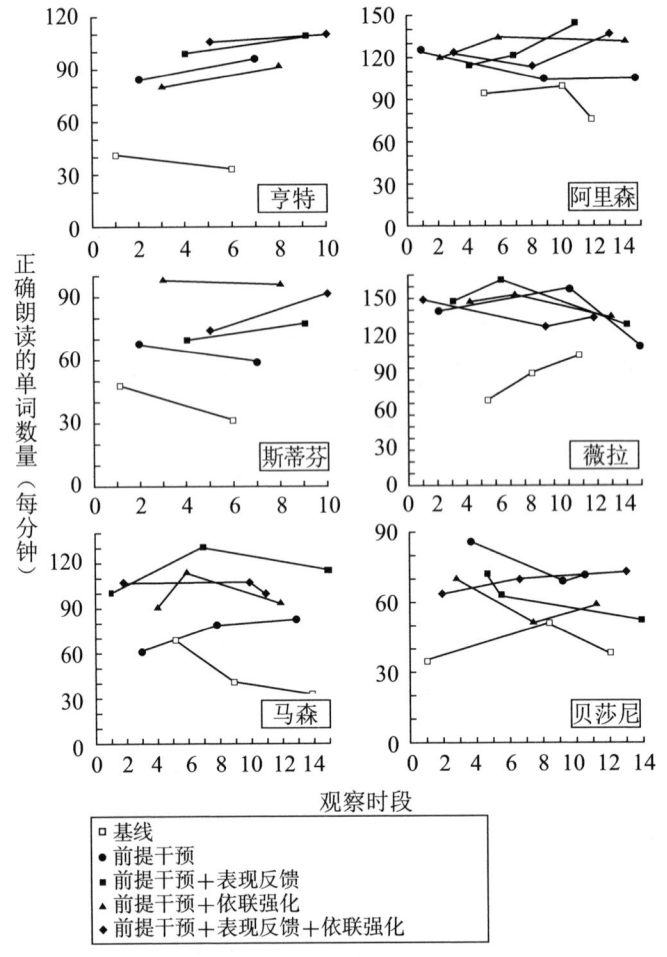

图 13.3　一个多成分简式实验设计的例子

该研究分析了 6 名小学生朗读流畅度。因变量是儿童每分钟正确朗读的单词数。基线条件是儿童在没有其他干预时大声朗读的情况。前提干预（AI）条件是儿童先听成人朗读完短文，然后练习朗读 3 遍。前提干预加依联强化（AI+CR）条件是从第 1 遍到第 3 遍练习的过程中朗读流畅度若提高 5%，就给予强化。前提干预加表现反馈（AI+PE）条件是每次儿童朗读完短文后让成人向儿童提供有关他的朗读表现的信息。前提干预加表现反馈再加依联强化（AI+PF+CR）条件是将之前描述的自变量合并。

资料来源：T. L. Eckert, S. P. Ardoin, E. J. Daly III, B. K. Martens, Improving Oral Reading Fluency: A Brief Experimental Analysis of Combining an Antecedent Intervention with Consequences（《提高朗读流畅度：一个结合前提干预和后果的简式实验分析》），*Journal of Applied Behavior Analysis*（《应用行为分析杂志》），2002, 35, 图 1, p.277. 2002 年版权归实验行为分析协会所有，同意翻印。

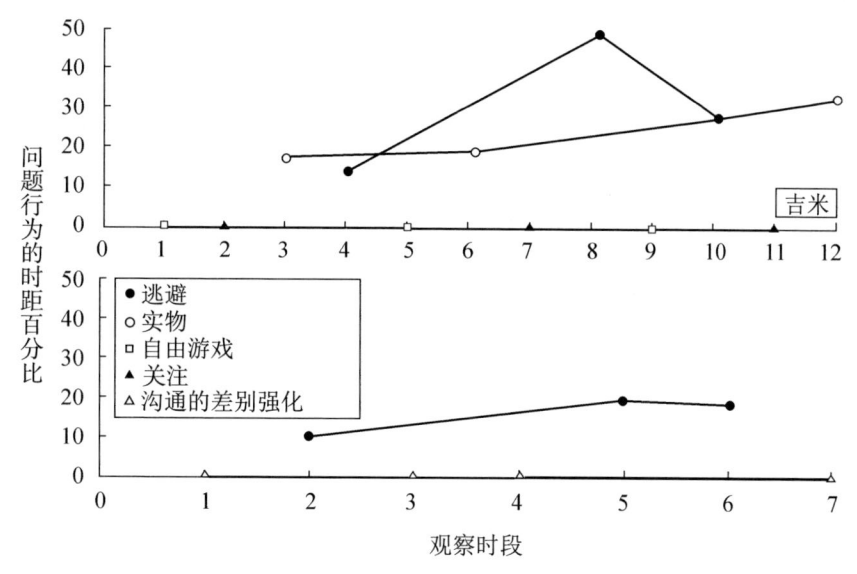

图 13.4　一个多成分简式实验设计的例子

在这项研究中，首先对一名发展性障碍儿童吉米实施功能分析（图 13.4 的上图）。因变量的指标是问题行为的时距百分比。实验持续 5 分钟，采用标准的功能分析程序：关注、逃避、自由游戏和实物（Iwata, Dorsey, Slifer, Bauman, & Richman, 1982）。结果显示，逃避和实物条件下出现的问题行为受多种因素影响。然后在逃避和沟通的差别强化（DRC）条件下进行第二个分析（图 13.4 的下图）。因变量与之前在逃避条件下的分析相同。沟通的差别强化干预教导儿童用语言而不是用问题行为来表达他的需要。

资料来源：D. Wacker, W. Berg, J. Harding, L. Cooper-Brown, Use of Brief Experimental Analyses in Outpatient Clinic and Home Settings（《简式实验设计在门诊和家庭情境中的运用》），*Journal of Behavioral Education*（《行为教育杂志》），2004, 13, 图 2, p.222. 2004 年版权将归人文科学出版社所有，同意翻印。

埃克特等人和瓦克尔等人的研究都凸显了如何用多成分简式实验设计快速且高效地建立功能关系。虽然和简式实验设计的 A-B-A-B 变式相比，多成分变式需要更多的观察次数，但是它能够重复每种实验条件的结果。如果时间和人力物力允许的话，这些额外的数据有助于对实验操纵所产生的模式进行判断。

二、优点和缺点

简式实验设计因教育和临床研究的需要而兴起，至今已经存在十余载了。仔细阅读刊登过单一被试设计研究的重要期刊就可以看出，这些设计的运用越来越普遍。简式实验设计最主要的优点是可以在有限的时间内展现功能关系。这个特点使单一被试设计能够运用于 A-B 或只有 B 的干预方法可以使用的情境。此外，单一被试设计使各种行为干预计划或阅读干预（如例子所示）是根据评估数据，而不是凭借教师或者治疗师的直觉来实施。

目前，简式实验设计使用的程序与 A-B-A-B 和多成分设计一致。这样的安排可以大大地提高效率，同时保证必要的分析能力。也就是说，A-B-A-B 和多成分变式不仅可以展现功能关系，还可以进行比较分析、成分分析和参数分析。虽然多基线、快速习得或组合设计不能整合成简式实验设计的形式，但预计将来这种情况仍然有可能发生。

简式实验设计最主要的缺点是缺乏条件内的重复。换句话说，因为在每个特定的条件下只获得个别的数据，所以在条件内进行趋势判断或波动性的评估往往是不现实的。这会使人担忧研究的内部效度可能受到损害，因而产生错误接受的结果。

图 13.5 用一个 2×2 矩阵呈现了实验的各种可能结果。分析的首要目标是得到正确接受的结果。也就是说，能观察到一种结果，并且这个结果与行为—环境的关系如何发挥效用是一致的。无法建立功能关系可能会导致正确拒绝的结果，即没有观察到实验效应是因为行为—环境的关系在各实验条件下所产生的作用是不一致的。然而，也可能出现另外一种实验结果——错误接受的结果。当实验效应由某些无关变量而非自变量引起时（如两种实验条件之间的交互作用），就会导致错误接受的结果。

错误接受的结果是任何研究领域都关心的问题。例如，在组间比较研究中将推断统计的概率值设定为 $p<0.05$，根据定义，可以保证每 20 个接受的结果中有 1 个是由偶然性造成的，即错误接受。因为单一被试研究采用的是归纳法，所以由偶然性导致错误接受的结果不算是什么问题（参见第 3 章）。然而，因实验程序不恰当或者无关变量的影响而产生的错误接受的结果始终是一个值得关注的问题。因为简式实验设计把证明实验控制建立在可能是最少量的信息的基础之上，所以和扩展的实验分析相比，简式实验设计可能更易产生错误接受的结果。然而，不同方法造成错误接受的敏感性差异还没有被实证研究证明过，因此，这只是一种逻辑上的推论而已（参见第 1 章）。

简式实验设计的第二个问题是它更有可能产生错误拒绝的结果。当行为现象存在但实验程序无法将它识别为功能关系时便出现了错误拒绝的结果。例如，一个孩子的问题行为可能是由一个特殊事件（如救护车发出的声音）引发的，但是在功能性行为评估中却没有分析该事件,研究者可能观察不到所关注的行为,并且有可能得出不存在问题的结论(Wacke et al., 2004)。因为没有发现什么问题,所以识别错误拒绝的结果是一件特别难的事情。简式实验设计在有限的时间内实施,因此,它还可能无法选取足够多的行为表现的情境以识别不经常出现的变量。

	实验结果	
	有效	无效
真实结果 有效	正确接受的结果	错误拒绝的结果
真实结果 无效	错误接受的结果	正确拒绝的结果

图 13.5　用 2×2 矩阵呈现各种可能的实验结果

实验结果指的是实验分析的结果。真实结果指的是正确无误地分析之后应该出现的结果。分析的首要目标是得到正确接受的结果,也就是说,能观察到一种结果,并且该结果与行为—环境的关系如何发挥作用是一致的。无法建立功能关系可能会导致正确拒绝的结果,即没有观察到实验效应是因为行为—环境的关系在各实验条件下所产生的作用是不一致的。当行为现象存在但实验程序无法识别它的功能关系时便会产生错误拒绝的结果。当实验效应由某些无关变量而非自变量引起时(如两种实验条件之间的交互作用),就会导致错误接受的结果。

有一个相关的问题是短期观察的长度问题。这个问题不是简式实验设计独有的,任何实验分析都存在这个问题。然而,因为简式实验设计主要运用在被试数量有限的情境中,所以这个问题和简式实验设计方法的关系最为密切。正如第 7 章所论述的,一次观察的长度应该由以下标准来决定:所选取的时间必须充分,以至于能准确代表正在研究的教育情境中的活动及行为加工过程。研究表明,缩短一次观察的长度会导致错误接受和错误拒绝的结果的增加(Wallace & Iwata, 1999)。因此,采用简短的观察可能会出现短暂的行为效应(即错误接受的结果),或者等不到需要较长时间才能显露的行为加工过程的出现(即错误拒绝的结果)。与任何实验问题一样,如果研究者怀疑观察时间的长短影响了研究结果,那么他们应该特别注意分析这种效应,正确理解观察长度对行为的影响。

第 14 章　组合设计

本篇的前面几章介绍了单个的设计方法。每种方法都是在单一被试的逻辑分析框架内被看作独立的实验设计方法。介绍单个的设计方法相当于单一被试设计的导论，而这些设计方法的创新性运用则来自综合性的实验设计，这也是最令人感到兴奋的，即通过对单个的单一被试设计的组合，去探索有待于实验分析的行为加工过程。这类设计称为组合设计（combined design）。

通过合并两个或多个单一被试设计策略，组合设计为研究者提供了展示功能关系的多种途径。使用组合设计有几大好处：第一，组合设计可以超越单个的单一被试设计的局限，去研究更为复杂的行为加工过程（这可能是最大的好处）。例如，研究者可以借助多成分设计在同一时间里比较两种不同的情况，同时，还可以用 A-B-A-B 设计分析第三个变量对每种情况所产生的影响；第二，如果组合设计中的某个方面（如多基线设计）无法显示功能关系，那么还可以利用其他的方面（如 A-B-A-B 设计）来证明实验控制；第三，由于组合设计可以用多种方式来证明实验控制，因此，它为功能关系提供了更为有力的证明。换言之，这类设计可用来显示实验分析中的多重复制。鉴于它具有这些优良的属性，近十年来，越来越多的单一被试设计的使用者运用组合设计来开展研究也就不足为奇了。

一、组合设计

早期，有关单一被试设计方法的教科书一般不论述组合设计（Barlow & Hersen, 1984），甚至对这种设计方法都不做简要的介绍（Kazdin, 1982）。通常想说明在尝试证明实验控制没有成功、需要向实验中增加一些额外的设计元素时，才会论及组合设计。自 20 世纪 80 年代起，在行为分析领域，人们研究真实情境中行为加工过程的能力有了很大提高。不过，将单一被试设计应用于教育研究的初期（参见第 2 章），N=1 的设计主要用来证明某种干预能够有效地改变行为，因此，像多基线或者 A-B-A-B 这样的设计方法对于要分析的问题来说已经够用了。

从 20 世纪 80 年代末开始，研究者提出了一些比较精细的问题。研究者对自变量能否改变行为这样的问题已不感到好奇，而开始关注为什么某种干预会改变行为（Mace, 1994）。也就是说，研究者开始探索能引起明显的行为变化的行为加工过程。就像贝尔等人（Baer, Wolf, & Risley, 1987）曾说过的，这种问题常常需要更复杂的实验设计。结果是，组合设计被频繁地使用，以满足研究者探索和分析行为改变的原因而并非行为改变效果的需要。

表 14.1 显示了两个或多个单一被试设计可能的组合形态。和实验设计的许多方面类似，对于如何把不同的单一被试设计加以组合，其限制条件主要是易处理和简约（parsimony）。把太多的设计组合在一起会导致难以处理或者无法进行实验分析，虽然写在纸上的文字很优美，但实际上可能是纸上谈兵。作为一个研究者，你必须尽可能地用简单的方式证明现象的功能关系，因此，简约就成了需要考虑的一个问题。使用过于复杂的实验设计是一种浪费，它只是让实验问题适合于实验设计，而不是让实验设计适合于实验问题（参见第 3 章）。

表 14.1　组合设计中的各种组合类型

2 个单一被试设计的组合
A-B-A-B 和多成分设计
A-B-A-B 和多基线设计
A-B-A-B 和重复习得设计
多成分和多基线设计
多成分和重复习得设计
多基线和重复习得设计
3 个及以上单一被试设计的组合
A-B-A-B 设计
多成分设计
多基线设计
等等

图 14.1 给出了一个把多基线设计与 A-B-A-B 设计的元素组合在一起的例子。李等人的一项研究（Lee, McComas, & Jawor, 2002）分析了强化程序表如何改变行为的波动性（Neuringer, 2002）。被试是 3 名不同年龄的孤独症人士（大卫、查尔斯和拉里）。因变量是回应提问时发出各种恰当声音的数量。基线由对恰当行为的差别强化（differential reinforcement of appropriate, DRA）程序表组成，

即每当恰当地发出声音时就立即给予奖励。自变量是 DRA 与延迟强化（lagged reinforcement, Lag）程序表的组合，即被试做出的回应必须是发出不同于先前的、恰当的声音（Lag 1/DRA）。图 14.1 显示，在 DRA 的基线期，语言行为几乎没有变化，然而，当引入 Lag 1/DRA 程序表时，在谈话的背景中回应的波动性提高了。研究者不仅要逐个分析被试的自变量效果，而且对大卫和查尔斯还要分析在 A-B-A-B 设计中加入多基线设计所产生的效果。因此，通过返回基线的强化依联，实验分析可以揭示出行为功能关系中的自变量效应。

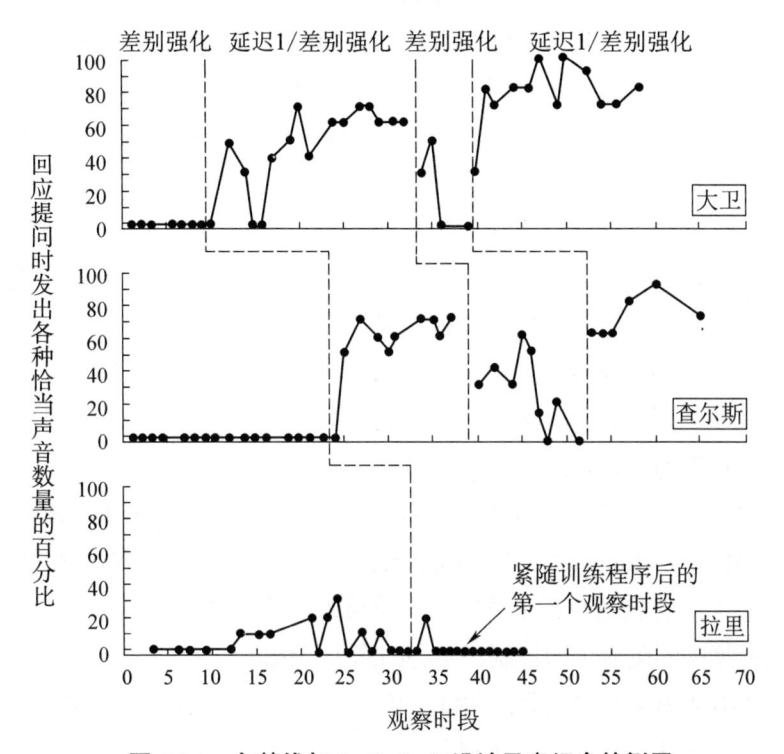

图 14.1　多基线与 A-B-A-B 设计元素组合的例子

该研究分析了强化程序表如何改变行为的波动性。被试是 3 名不同年龄的孤独症人士。因变量是回应提问时发出各种恰当声音的数量。基线由对恰当行为的差别强化（DRA）程序表组成，即每当被试恰当地发出声音时就立刻给予奖励。自变量是 DRA 与延迟强化（Lag）程序表的组合，即做出的回应必须是被试发出不同于先前的、恰当的声音（Lag 1/DRA）。

资料来源：R. Lee, J. J. McComas, J. Jawor, The Effects of Differential and Lag Reinforcement Schedules on Varied Verbal Responding by Individuals with Autism（《差别和延迟强化程序表对孤独症人士做出不同语言反应的影响》），*Journal of Applied Behavior Analysis*（《应用行为分析杂志》），2002, 35, 图 1, p.396. 2002 年版权归实验行为分析协会所有，同意翻印。

图 14.2 给出了一个较复杂的多基线与 A-B-A-B 设计的组合。凯利等人（Kelley, Lerman, & Van Camp, 2002）在一项实验中分析了问题行为与 3 名发展性障碍儿童（罗杰、格雷、珍妮）的替代性沟通反应。实验问题聚焦在相互矛盾的依联强化如何影响新的沟通行为（其与问题行为具有相同的作用机制）的习得上（Carr & Durand, 1985）。因变量的测量指标是每分钟问题行为或替代性沟通发生的频数。基线由对问题行为的可变比率强化程序表和对沟通反应无规划的强化依联组成。实验共研究两个自变量，第一个是无消退的功能性沟通训练（FCT）程序，即在强化依联的安排上，沟通行为被强化，问题行为也被强化；第二个自变量是将同样的 FCT 程序用于沟通行为，但对问题行为实施消退。最初，在多基线跨被试的设计中依次实施无消退的 FCT 程序，接着，对两个被试（格雷和珍妮）随机地实施有消退的 FCT 程序。对格雷，将训练程序倒返至基线，然后再回到有消退的 FCT 程序；而对珍妮，则引入额外的程序（FCT、消退和反应阻挡），然后移除该程序（即返回至基线），重新引入额外的程序。值得一提的是，这个实验安排本来可以事先计划好，但实际上是根据每个孩子对最初干预的反应而做出响应。因此，凯利等人运用了针对每个孩子的行为量身定制的组合设计，来探讨对问题行为产生影响的行为加工过程以及减少这些问题行为的干预方法。

图 14.3 呈现了一个用于分析各种刺激如何影响行为的 A-B-A-B 与多成分设计组合的例子（Ringdahl, Winborn, Andelman, & Kitsukawa, 2002）。因变量是攻击（托尼）或者启动开关（罗纳德）的频数。设计中的多成分部分用于对目标行为进行增强的刺激（即控制，实心圆圈）与依联关注（空心方块）的比较。设计中的 A-B-A-B 部分将增强的关注（伴随着关注，还加入了额外的依联刺激）与仅有的关注做比较。研究结果显示，加入额外的刺激能提高关注干预的正强化效应。

里奇曼等人（Richman, Wacker, & Winborn, 2001）做过一项更精细的研究，分析了残障儿童（迈克）反应的努力程度与攻击行为并存操作的交互作用（参见专栏 14.1）。迈克的攻击行为（每分钟的反应频数）以成人关注的形式获得正强化（参见图 14.4）。实验包含两个阶段：第一阶段进行 A-B-A 的比较，迈克要么做出攻击行为，要么用反应卡获得关注。在提供反应卡的时候，他倾向于以每分钟一次的频率使用反应卡。第二阶段引入较少努力的反应（说"请"），然后与前面两种反应分别进行比较。结果显示，迈克说"请"的比率比使用反应卡和做出攻击行为的比率都要高，这表明，较少努力的反应是他偏爱的获得关注的方式。这个设计是把 A-B-A-B 与并存操作程序组合在一起来实现实验控制。

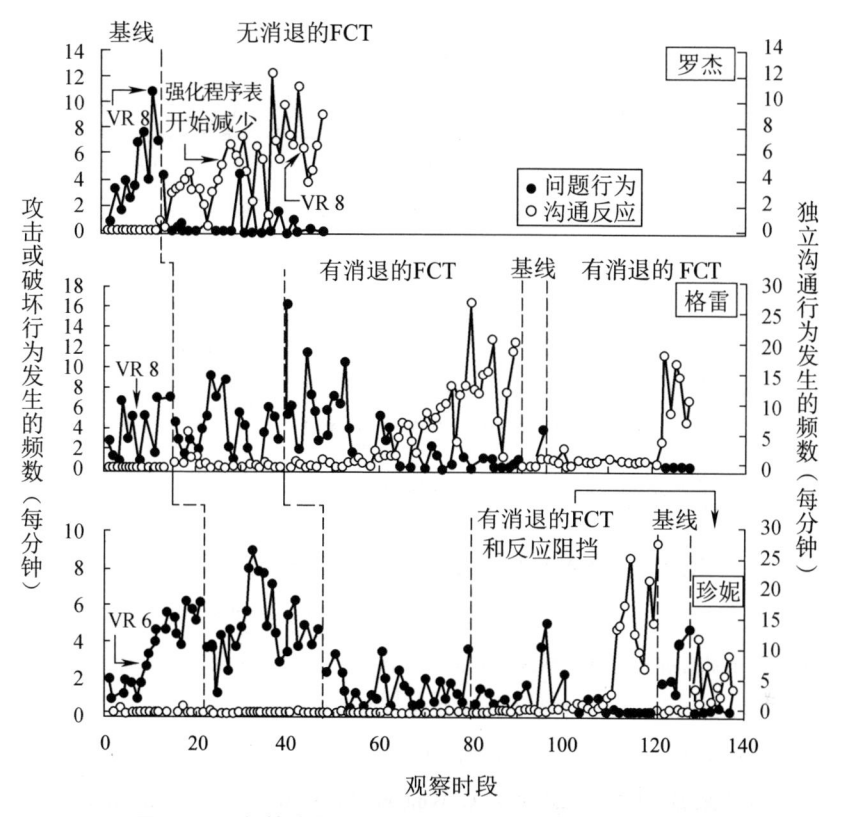

图 14.2 多基线与 A-B-A-B 组合设计的变式的例子

这个设计按照每个孩子的行为模式进行个别化处理。实验问题聚焦在相互矛盾的依联强化如何影响新的沟通行为（其与问题行为具有相同的作用机制）的习得上（Carr & Durand, 1985）。因变量的测量指标是每分钟问题行为或者替代性沟通发生的频数。基线由对问题行为的可变比率（VR）强化程序表和对沟通反应无规划的强化依联组成。实验共研究两个自变量，第一个是无消退的功能性沟通训练（FCT）程序，即在强化依联的安排上，沟通行为被强化，问题行为也被强化；第二个自变量是将同一个 FCT 程序用于沟通行为，而对问题行为实施消退。

资料来源：M. E. Kelley, D. C. Leman, C. M. Van Camp, The Effects of Competing Reinforcement Schedules on the Acquisition of Function Communication（《相互矛盾的强化程序表对功能性沟通习得的影响》），*Journal of Applied Behavior Analysis*（《应用行为分析杂志》），2002, 35, 图 2, p.62. 2002 年版权归实验行为分析协会所有，同意翻印。

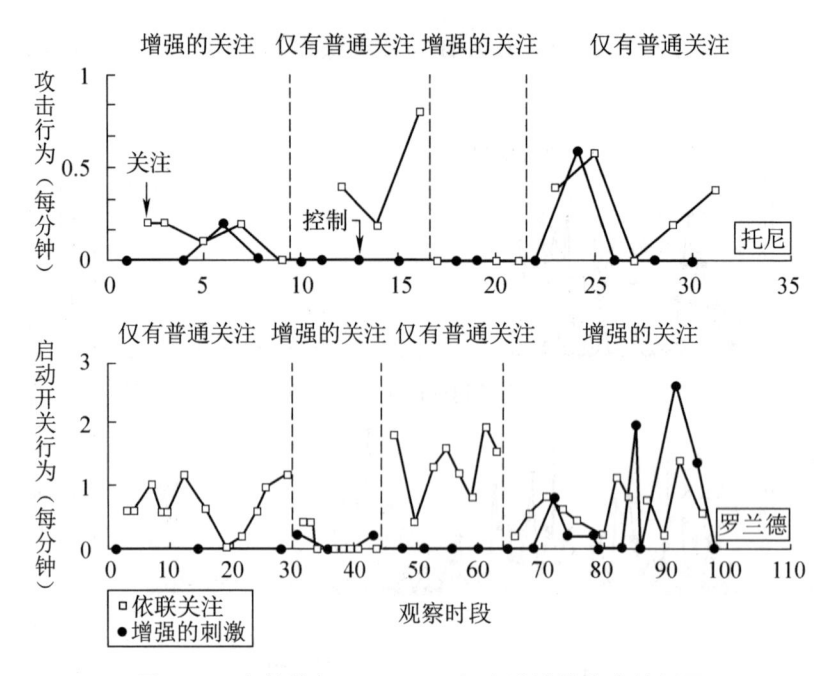

图 14.3　多基线与 A-B-A-B 组合设计的变式的例子

因变量是攻击（托尼）或者启动开关（罗纳德）的频数。设计中的多成分部分用于对目标行为进行增强的刺激（即控制，实心圆圈）与"依联关注"（空心方块）的比较。设计中的 A-B-A-B 部分将增强的关注与仅有普通关注做比较，A-B-A-B 部分还加入了额外的依联刺激。

资料来源：J. E. Ringdahl, L. C. Winborn, M. S. Andelman, K. Kitsukawa, The Effects of Noncontingently Available Alternative Stimuli on Functional Analysis Outcomes（《相互矛盾的强化程序表对功能性沟通习得的影响》），*Journal of Applied Behavior Analysis*（《应用行为分析杂志》），2002, 35, 图 1, p.409. 2002 年版权归实验行为分析协会所有，同意翻印。

另一种方法是将并存操作设计与多基线设计进行组合。图 14.5 给出了这样一种设计。肯尼迪等人（Kennedy, Meyer, Knowles, & Shukla, 2000）在一项研究中测查了孤独症学生的刻板行为。因变量的测量指标是一名学生（詹姆斯）刻板行为的发生时段百分比（实心圆圈）和打手势的频率（空心方块）。基线是对同一个刻板行为建立差别强化依联（即有关注、要求和没有关注）的条件。当基线建立后，引入针对特定反应功能的 FCT 干预程序。该设计能够分析多种功能维持单个行为的程度。

> **专栏 14.1　并存操作作为组合设计中的元素**
>
> 20 世纪 90 年代，应用研究者一直采用最初在实验行为分析中开发出来的程序（参见第 2 章）。由基础性研究文献可知，最重要的成果之一是用并存强化程序表来研究选择（Herrnstein, 1970）。使用并存程序表，就是同时提供两个独立的强化依联，然后对分配到每个选择上的行为进行评估。这个强化程序表建立了并存操作。通过改变强化程序表中的某些参数（如强化大小或反应努力程度），就能够分析变量对选择反应的影响。在应用行为分析中，尤其在分析人们为什么做出问题行为而非其他社会接受的替代行为时，该程序被研究者广泛采用（Fisher & Mazur, 1997）。不过，并存操作程序不是一种"独立的"单一被试设计，在运用并存操作程序时还需要用其他类型的单一被试设计来建立功能关系。

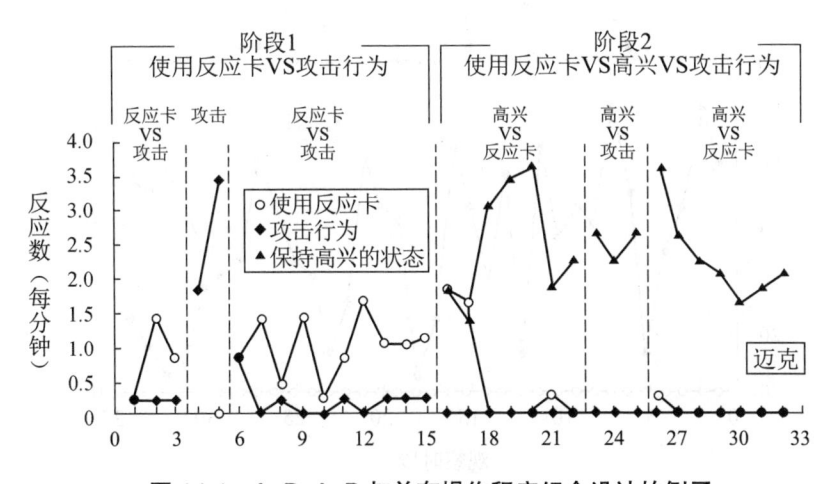

图 14.4　A–B–A–B 与并存操作程序组合设计的例子

实验包含两个阶段：第一阶段进行了 A-B-A 的比较，迈克要么做出攻击行为，要么用反应卡获得关注。在提供反应卡的时候，他倾向于以每分钟一次的频率使用反应卡。第二阶段引入了较少努力的反应（说"请"），然后与前面两种反应分别进行比较。

资料来源：D. M. Richman, D. P. Wacker, L. Winborn, Response Efficiency during Functional Communication Training (FCT): Effects of Effort on Response Allocation（《功能性沟通训练（FCT）期间的反应效率：努力程度对反应分配的影响》），*Journal of Applied Behavior Analysis*（《应用行为分析杂志》），2001, 34, 图 1, p.75. 2001 年版权归实验行为分析协会所有，同意翻印。

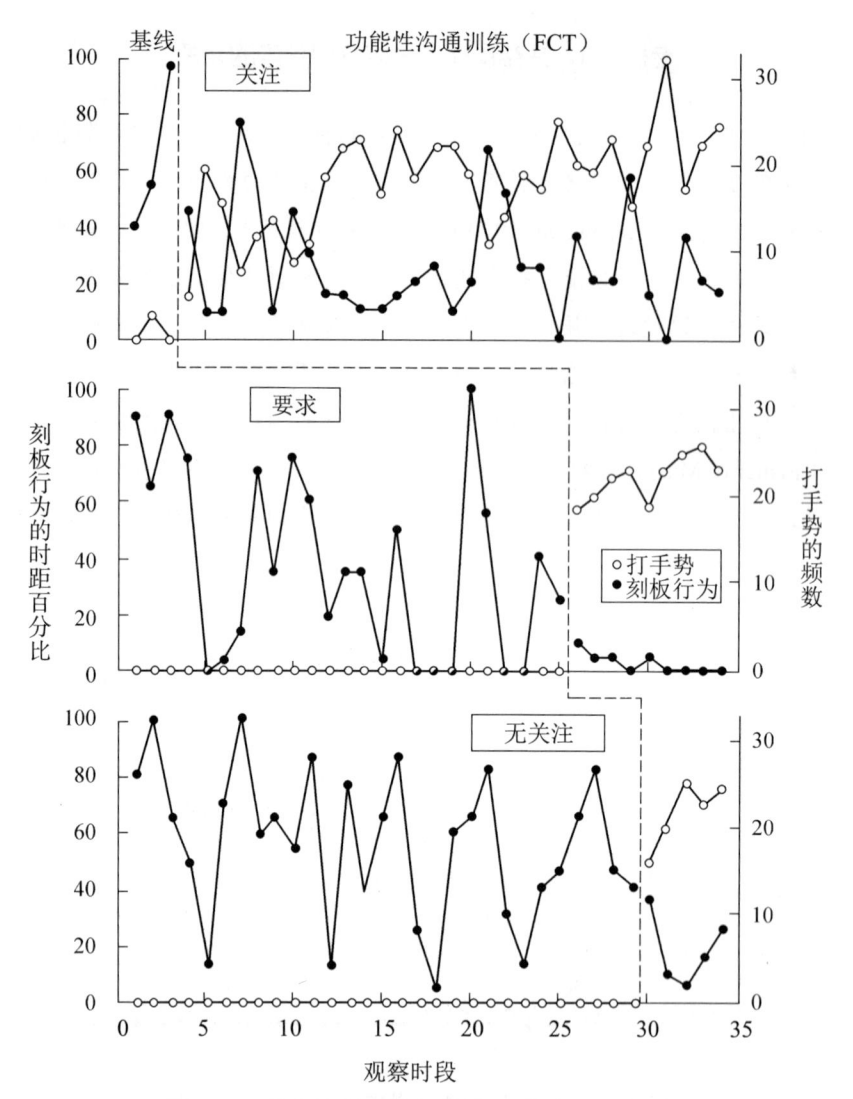

图 14.5　并存操作设计与多基线设计组合的例子

这项研究分析了孤独症学生的刻板行为。因变量的测量指标是一名学生刻板行为的发生时段百分比（实心圆圈）和打手势的频率（空心方块）。基线是对同一个刻板行为建立差别强化依联（即有关注、要求和没有关注）的条件。在基线建立后，引入针对特定反应功能和关联手势的 FCT 干预程序。

资料来源：C. H. Kennedy, K. A. Meyer, T. Knowles, S. Shukla, Analyzing the Multiple Functions of Stereotypical Behavior for Students with Autism: Implications for Assessment and Treatment（《分析孤独症学生刻板行为的多种功能：对评估和干预的启示》），Journal of Applied Behavior Analysis（《应用行为分析杂志》），2000, 33, 图 2, p.565. 2000 年版权归实验行为分析协会所有，同意翻印。

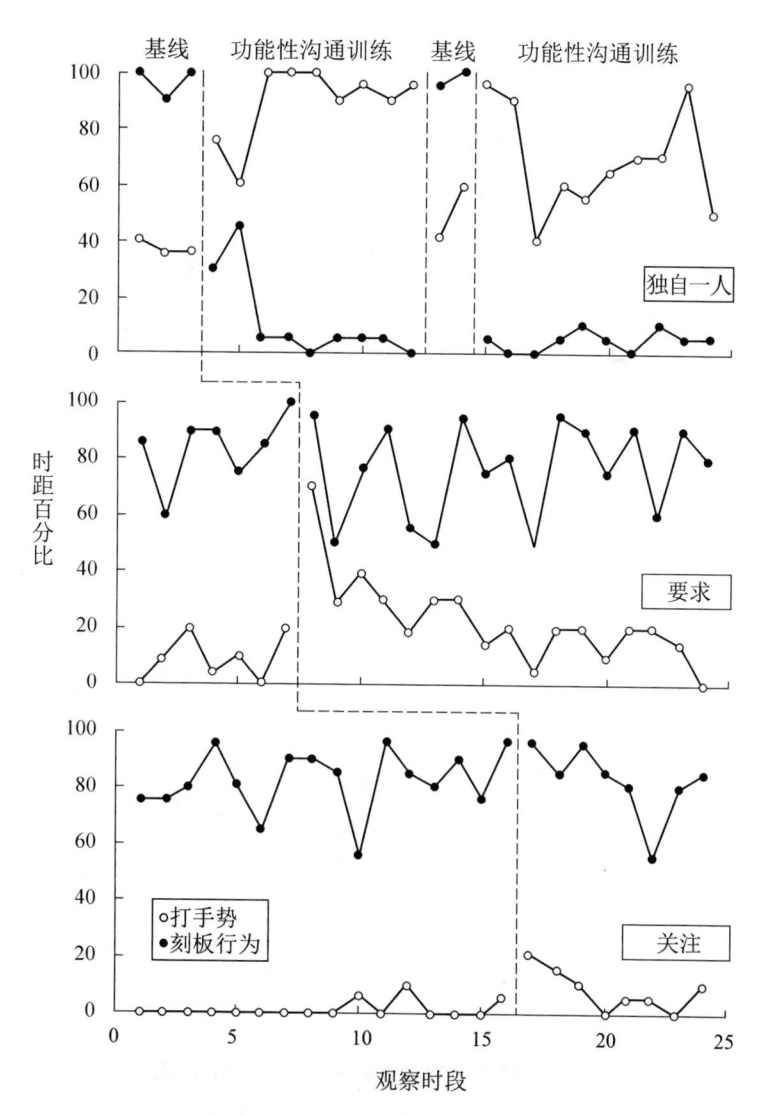

图 14.6　把跨反应功能的多基线设计、并存操作和 A-B-A-B 设计组合起来的例子

除了用基于时段的估计程序来记录打手势行为外，自变量和因变量与图 14.5 中的相同。在这个例子中，组合设计是要检验刻板反应发挥了多种功能还是仅仅发挥一种操作功能。

资料来源：J. C. Tang, T. G. Patterson, C. H. Kennedy, Identifying Specific Sensory Modalities Maintaining the Stereotypy of Students with Multiple Profound Disabilities（《识别维持多重重度残障学生刻板行为的特殊感觉通道》），*Research in Developmental Disabilities*（《发展性障碍研究》），2003, 24, 图 6, p.446. 2003 年版权归 Pergamon 出版社所有，同意翻印。

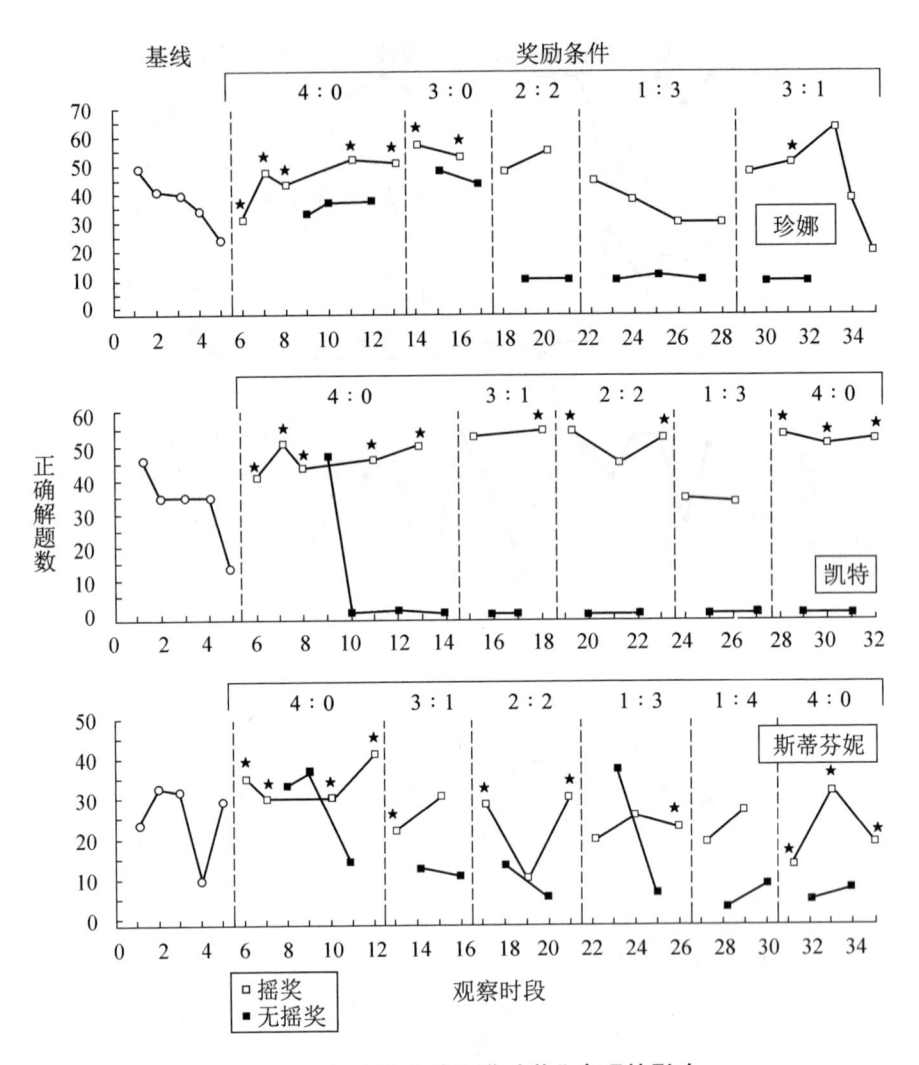

图 14.7　概率性奖励依联对学业表现的影响

数据来自小学数学课上的 3 名学生。因变量是正确解题的数量，基线由普通教师使用的典型课堂教学程序组成。自变量是引入摇奖系统，根据完成数学题的难易比例给学生提供各种奖励。因为该设计在基线（即没有摇奖）与摇奖条件和不同难易比例的 A-B-A-B 参数分析之间转换，因此，它属于组合的多成分设计。

资料来源：B. K. Martens, S. P. Ardoin, A. M. Hilt, A. L. Lannie, C. J. Panahon, L. A. Wolfe, Sensitivity of Children's Behavior to Probabilistic Reward: Effects of a Decreasing-Ratio Lottery System on Math Performance（《儿童行为对概率性奖励的敏感性：降低比率的摇奖系统对数学成绩的影响》），*Journal of Applied Behavior Analysis*（《应用行为分析杂志》），2002, 35, 图 1, p.405. 2002 年版权归实验行为分析协会所有，同意翻印。

汤等人（Tang, Patterson, & Kennedy, 2003）也采用了类似的设计，但是这个组合设计在多基线—并存操作组合设计的第一层级中还包含了 A-B-A-B 的元素（参见图 14.6）。该研究除了用基于时段的估计程序来记录打手势的行为外，自变量和因变量与肯尼迪等人（Kennedy et al., 2000）的研究是相同的。在这个例子中，组合设计是要检验刻板反应发挥了多种功能还是仅仅发挥一种操作功能。只有当多基线设计的第一层级中反应得到控制的情况越来越明确时，才加入 A-B-A-B 设计来证明功能关系。在多基线设计的第二或第三层级中没有显示出任何实验效应，这表明那些强化程序表没有影响被试的刻板行为。因此，在这个例子中，有必要采用组合设计以表明对目标行为进行实验控制的程度。

图 14.7 给出了最后一个组合设计的例子，它来自马滕斯等人（Martens et al., 2002）的研究结果。该研究分析了概率性奖励依联对 3 名学生在小学数学课上学业表现的影响。因变量是正确解题的数量，基线由普通教师使用的典型课堂教学程序组成。自变量是引入摇奖系统，根据完成数学题的难易比例给学生提供各种奖励。因为该设计在基线（即没有摇奖）与摇奖条件及不同难易比例的 A-B-A-B 参数分析之间转换，因此，它属于组合的多成分设计。马滕斯等人的分析结果表明，在没有摇奖的情况下，正确解题的数量很少；随着题目的难易比提高（难题更多），摇奖的效果会减弱。

二、优点和缺点

就像本章一开始就谈到的，近年来，为了探讨教育情境中较为复杂的行为加工过程，组合设计作为一种令人兴奋的方法出现了。组合设计能够对维持行为反应的各种变量做较为深入的分析，并且可以灵活地改变实验过程。凯利等人（Kelley et al., 2002）的研究提供了一个很好的灵活改变实验过程的例子（见图 14.2）。通过使用组合设计，凯利等人将呆板的设计加以拓展（即跨学生的多基线设计），并对影响每个儿童行为的变量进行个性化分析。由此可见，当研究者对理解教育相关行为的基本作用机制感兴趣时，组合设计常常是一个特别有效的分析工具。

组合设计还有一个优点，就是能够用多种方式证明实验控制，即使设计中的某个方面未能显示对行为反应的控制，仍有机会从其他方面证明功能关系。组合设计的缺点主要有两方面：一方面是，人们可能会"过度设计"实验，引入太多的实验控制而不再简约，而简约有很多好处；另一方面是，使用这些设计，需要研究者具有对单一被试研究方法的深刻理解。我们主张使用多基线跨被试设计，因为它的一个很大的好处是简约和易操作。我们也希望这样的设计能被广大的实务工作者运用，以检验自己的教育创新的有效性。组合设计必然是复杂的，不仅需要单一被试设计的知识，还需要基本行为加工过程的知识。如前所述，这个缺点也正是组合设计最大的优点。

　　本章是介绍单一被试设计策略的最后一章，但从多个方面来看，它不是终点，而是起点。就其本质而言，这类介绍实验设计方法的书籍与介绍烹饪方法的菜谱是类似的。每种烹饪方法都聚焦于单个产品，说明成功地完成烹制任务所需采取的固定步骤。然而，如同好的烹饪方法一样，当你综合了不同的方法，调整程序，产生独特的结果时，单一被试设计常常会让人感到非常有趣。正是基于这个原因，直到最后这一章介绍组合设计，这才能真正吸引读者，让他们想了解更多的单一被试设计方法。分析行为，没有唯一正确的方法。对于手头上的任务，需要做的是思考并解决问题，而不是机械、呆板地操作。基于对实验设计的这种理解，贝尔等人（Baer, Wolf, & Risley, 1987）写道："良好的设计是一种令人信服地回答问题的设计，因此，需要通过构思来回应问题。"

Analyzing Data

第五篇 数据分析

第15章 视觉化数据分析

在行为分析中，随着数据的收集，这些信息将以图表的形式呈现出来，并且在一个连续的基线上进行分析，直到实验结束。每个时段的信息都呈现在图表中，研究数据模式，从而决定实验的下一步如何进行。举例来说明这个过程。当研究者选择了最初的实验程序并确定了设计方案（如 A-B-A-B 设计）时，数据收集就开始了。在第一个观察时段结束后，数据被赋值、总结并绘制成图表，然后研究小组将从图形上检查这些数据。第一天结束后，针对每个变量除了标记了特定水平外，数据并没有显现出一定的趋势或模式。然而，随着这个过程的重复，视觉化地分析数据开始产生出更有趣的模式。比如，问题行为和学习行为的发生可能呈现一致的水平。如果被试反复表现出这种模式，那么研究者就有必要下决心引入一个自变量。如果数据模式证明这是符合逻辑的决策，那么研究者就可以引入干预。或者，如果数据模式呈现向上或向下的改变趋势，或者极具变化性，那么研究者可以选择延续基线直到获得一个稳定的模式。随着研究的开展，研究者需要在日常的基础上决定继续还是改变，或者结束一组特定的程序。在研究中，这些决策行为要不断地进行，并且总是要参考数据。这个过程可用一句话来总结："追踪你的数据。"我们过去经常从行为分析师口中听到这句话。

这是一个动态的过程，大概类似国际象棋比赛。先进行第一次观察（你移动一个棋子），收集数据（你的对手走一步），结果分析（计划你的下一步），然后执行下一步，数据收集，等等。在国际象棋比赛中，如果出错或者对手走了你没预料到的一步，相应地，你的策略计划也要改变，而且往往改变才能胜利。在单一被试研究中，其目标是以功能关系的形式揭露行为加工过程的一些类型，因此，计划需要随着数据模式的展开而改变。将量化信息采用视觉化图表呈现是这个过程的中心。由于研究的进程无法预见，因此，在研究中，常常由图表格式的数据发挥路线图的作用（Latour, 1990）。

这个过程有别于对照组设计。在对照组设计中，研究开始前就已经选定了实验设计（如前控制组/后控制组设计；Campbell & Stanley, 1966），然后收集干预前和干预后的数据并进行总结，使用恰当的推断统计法来检验实验效果（参见专栏15.1）。在这样的案例中，分析是在数据收集后才进行的，而且实验设计不能发生变化，否则会影响内部效度。不同于对照组设计，单一被试设计是极具动态性的。随着时间的推移，它将逐渐揭露出令人兴奋的分析现象，数据模式随之产生，而基于数据的实验策略也要进行调整（参见第14章）。

专栏15.1　单一被试设计中推断统计的使用

单一被试研究中，推断统计的使用有一段有趣而又几经波折的历史。一些使用单一被试设计的研究者曾经意味深长地写到，对于实验法来说，推断统计是很有潜力的（Kratochwill, 1978; Thompson et al., 1999）。也有其他行为分析师极富说服力地阐述了为何推断统计对于使用单一被试设计的研究者无用（Baer, 1977; Michael, 1974）。然而，无论支持还是反对，这些争论基本上都没有定论。

在单一被试设计中使用推断统计所面临的实际问题是，现有的统计方法要么违背基本的统计假设，要么在大部分应用研究中难以处理（如时间序列分析、随机化检验或等级 Rn 检验；Hartmann et al., 1980; Kazdin, 1982, 附录 B）。前者涉及有关分布的正态性和序列的依赖关系问题；后者主要是统计检验对实验设计提出了苛刻限制的问题，要么需要有一定数量的数据，要么要求满足随机化的条件。

因此，在单一被试设计中使用推断统计，对于寻找新的分析工具的研究者来说，主要是一个学术上的争论而非实际问题。将来，如果推断统计能够发展到适合单一被试研究的设计要求，那么这个问题就有必要进行新一轮的辩论。然而，在那时到来之前，单一被试研究者将继续使用数据的视觉化分析作为检验数据的主要手段。

检视数据的图表是一个非常有力的揭示功能关系的方式（Hacking, 1983; Smith, Best, Stubbs, Archibald, & Roberson-Nay, 2002）。在行为分析中，使用图表分析数据，和该领域本身一样具有悠久的历史。斯金纳的开创性著作《有机体的行为》（*The Behavior of Organisms*, 1938）引发了行为分析的发展，其主要的数据分析方法是以数据的视觉化呈现为显著特征的。图15.1是斯金纳（1938）的书中的第一张图。该图记录了小白鼠初步形成压杆动作时的反应累积次数。数据显示，在这一阶段的最初120分钟内发生了3次压杆动作，而且每次反应之间存在着巨大的时间间隔。然而，大约130分钟时，进入条件作用阶段，第4次反应产生。在剩余时间内，压杆动作开始以一个快速且固定的频率发生。此时，在正强化刺激的控制下，压杆动作发生。图15.1以一种容易被其他研究者接受的方式呈现了这个过程。这是数据分析中最能揭露信息的方式，它能为阅读者提供最多的信息。

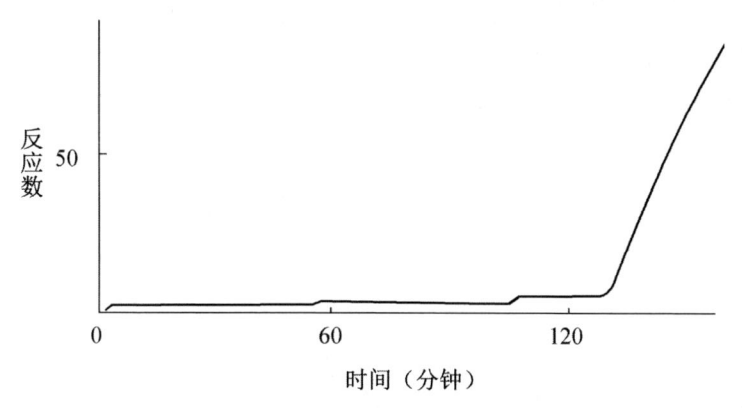

图15.1 《有机体的行为》一书中呈现的第一个数据集（Catania, 1988）

Y轴表示个体反应的累积次数，X轴表示时间。

资料来源：B. F. Skinner (1938): *The Behavior of Organisms: An Experimental Analysis*（《有机体的行为：一项实验分析》），图2, p.67. Acton, MA: Copley. 1991年版权归斯金纳学会所有，同意翻印。

斯金纳用图示法呈现数据绝非偶然，他一直在使用实验生物学的工具来分析心理现象（参见第2章）。由于图示法具有灵活性，易于使用，而且能将功能关系视觉化，因此很快成为实验行为分析的支柱，并一直延续至今。不出所料，当研究者开始将在实验室发现的行为过程应用到自然情境中时（如公立学校），图表的使用仍在继续，并一直伴随着许多其他的科学实践。实际上，一个最有力的提升教师教学有效性的措施，就是将学生的表现用图示呈现出来，并在常规基础上对数据进行视觉分析，然后根据数据的指示对教学过程进行适当的调整（Alper & White, 1971; Lindsley, 1991）。

本章探讨如何在单一被试研究中使用图表。首先，回顾组成图表的要素。然后探讨如何视觉化地检查数据，以便推断数据模式，证明是否具有实验控制。接下来，举例说明如何使用图表去探讨和分析实验过程中收集的数据的不同方面的特征。最后，讨论如何教授数据检查者视觉化地检验数据，以使数据检查者之间具有高度的一致性。

一、图表的要素

虽然有大量的图表格式都可以用于视觉化地呈现数据，但大多数图表都有一些共同的要素（Parsonson & Baer, 1978，可作为扩展阅读）。《实验行为分析杂志》的一月刊（从2000年到2003年）提供了一个非常好的资料来源，可用来说明如何创制用于出版的图表。图15.2给出了一个图表的例子，它是史密斯和邱吉尔（Smith & Churchill, 2002）在研究中绘制的。我们在这里分析这幅图，不是因为它的内容，而是因为它的结构和组成。这幅特别的图在2×2的矩阵结构中呈现了4张图。矩阵的要素由2个不同的自变量操作和2个不同的因变量组成，自变量标注在图的上方，因变量标注在图的左侧。

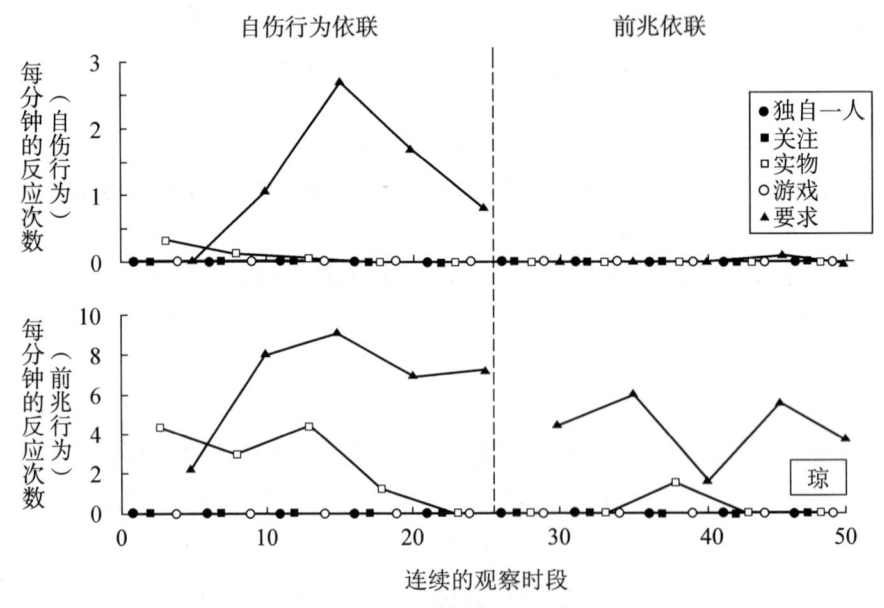

图15.2　研究中用于说明图表要素使用的图表例子

资料来源：R. G. Smith, R. M. Churchill, Identification of Environmental Determinants of Behavior Disorders through Functional Analysis of Precursor Behaviors（《通过前兆行为的功能分析识别引发行为障碍的环境因素》），*Journal of Applied Behavior Analysis*（《应用行为分析杂志》），2002, 35, 图1, p.130. 2002年版权归实验行为分析协会所有，同意翻印。

首先看Y轴，也叫作垂直轴或纵坐标。图左侧的垂直线被设定为Y轴，要按照一定的度量标准进行标记。在该图中，上半部是以1为单位，从0到3等距地标出各度量标准；下半部是以2为单位，从0到10等距地标出各度量标准。

不同的研究者对图的 0 点位置的设置有所不同，有的倾向于将 0 点置于 X 轴的上方，有的倾向于将 0 点放在 X 轴上。然后这些度量标准都用独特的描述符号进行标注，用于提供有关测量单位和行为形态的信息。在该图中，上半部标注的是"每分钟的反应次数（自伤行为）"，下半部标注的是"每分钟的反应次数（前兆行为）"。图的纵轴上列出的信息告诉读者测量了什么类型的行为，使用了什么测量系统来量化行为反应，使用了什么度量标准来呈现数据。

图的底部可叫作 X 轴、水平轴或横坐标。图 15.2 底部的水平线呈现出等距的度量标准，范围从 0 到 50，以 10 为单位。度量标准标注在沿着 X 轴的数字分界点的下方，并以"连续的观察时段"来标称这部分。本例中，图的这部分告诉读者，研究者是基于连续的一个个时段来描绘数据点的。

在这个特别的研究中，史密斯和邱吉尔使用了多成分与 A-B 的组合设计。设计中的 A、B 成分用描述符号标注于图的上方，在本例中为"自伤行为依联"（左侧）和"前兆行为依联"（右侧）。阶段变化线（实验中条件由 A 转变为 B 的那个时间点）是经过图的中间点的一条垂直的虚线。一些研究者倾向于使用实线，还有的倾向于使用点线来表示阶段变化。

图 15.2 给出了实验数据。该图分析了 5 个不同的实验条件：独自一人、关注、实物、游戏和要求。这些实验条件用图例标注于图中，每个特殊的符号代表一个条件（分别为实心圆形、实心方形、空心方形、空心圆形和实心三角形）。单个时段的量化结果以单个数据点呈现出来，并用线段连接起来。值得注意的是，在各阶段转变时，数据点不作连接。最后，被试，即研究要分析其行为的个体，其化名或其他标识符用一个小方框标注于图中（本图中为"琼"）。一些研究者会使用小方框来圈记姓名或图例，以便区分于数据，而有些研究者并不使用这种方法。

图的最后一个组成要素就是图题。研究发表时，图题通常置于图的下方或者紧挨着图。图题为实际的图中信息提供了文字描述。理想情况下，读者应该能够通过看图和阅读图题理解数据代表什么，而不用查看文章中的"方法"部分或其他内容。图题的信息包括对图表内容的概括性描述，以及 Y 轴、X 轴、研究中各个阶段和实验条件的描述。

上述组成元素构成了图表呈现的基本要素。然而，图表采取何种特定格式，取决于数据的性质和研究者试图要视觉化的实验部分（Tufte, 1997; Ware, 2000）。构思图表时，需要考虑的一个格式问题是塔夫特（Tufte, 1983）提出的关于数据笔墨（data ink）和非数据笔墨（nondata ink）的概念。数据笔墨是指图表中用于呈现信息的那些要素，它对于数据的视觉化分析至关重要。非数据笔墨是指图表中可擦除的那些部分，它们的擦除不会移除任何对视觉化分析有关的信息。通常而言，数据笔墨在图表显示中应该最大化，而非数据笔墨在可能的情况下应当删除。图 15.3 的例子可用于解释这个概念。在这个图中，左侧呈现了柱状图，它可能出现于期刊文章中。柱状图包含了数据笔墨和非数据笔墨。中间部分是非数据笔墨。右侧是剩余的图表，仅仅呈现了分析图表所必需的数据笔墨。虽然右侧可能被认为是最小化非数据笔墨的极端例子，但它很好地证明了一个要点，那就是图表应该尽可能保持简单和整洁，以便看一眼就能抓住数据。

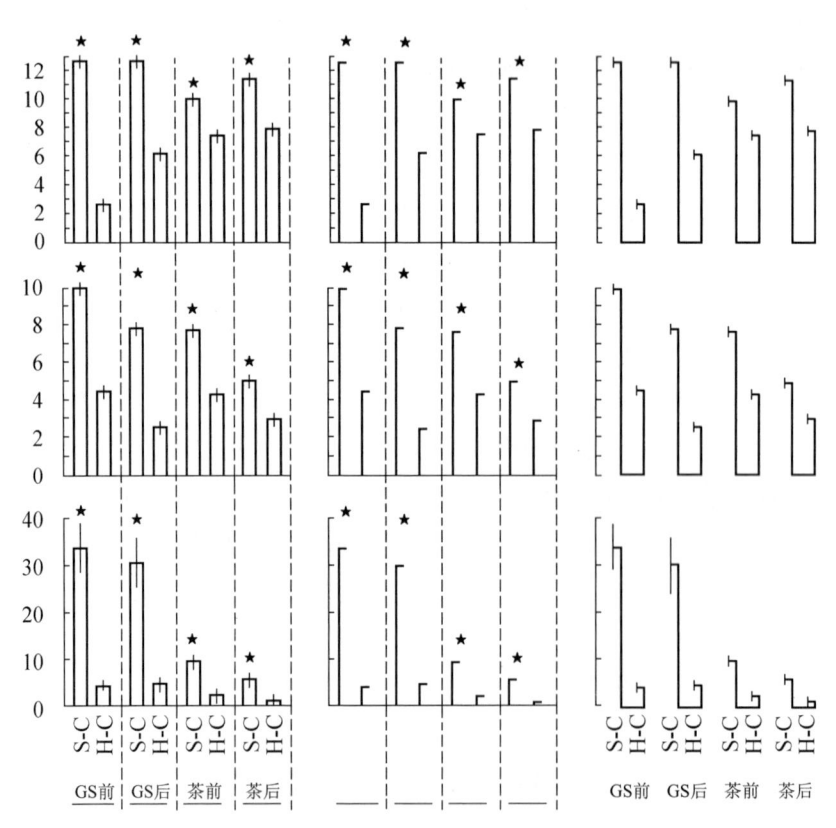

图 15.3　科学期刊文章中可能会见到的柱状图

左侧的柱状图包含数据笔墨和非数据笔墨；中间部分仅是非数据笔墨；右侧部分是剩余图表，仅呈现分析图表所必需的数据笔墨。

资料来源：E. R. Tufte, *The Visual Display of Quantitative Information*（《量化信息的视觉化呈现》), p.102. Cheshire, CT: Graphics Press. 1983 年版权归 Graphics Press 所有，同意翻印。

二、图表的视觉检视

采用视觉检视的方法来评估量化信息，可以通过分析数据模式的特定类型来实现。最初的数据模式可能并不明显，但当研究者观察图表时，他们会寻找一系列模式进行验证，获得关于数据所代表含义的结论。这些维度对于已经参加过方法培训的人们来说是非常熟悉的，但对于另一些人来说可能很陌生，不知道如何使用。在此，我们将探讨一些数据的维度，这些维度可能会在图表中视觉化呈现并可用于分析。

（一）阶段内模式

视觉化分析的第一个维度是数据的水平（level）。水平是指某个条件下数据的平均值，通常用平均数或中位数计算。图 15.4 中的左图呈现了一个基线数据集（baseline data set），并在数据中绘制了水平线。左图中，有 6 个数据点，平均数为 4.7。在某阶段内加入数据水平可以评估实验某一特定部分的数据集中趋势，也可比较不同阶段的模式（见下文）。虽然阶段内的绝对水平非常重要，但在应用研究中尤其需要注意，在阶段变化前的最后几个数据点包含了关于行为水平至关重要的信息。这可用图 15.4 中的右图所呈现的数据模式来说明。虽然数据的平均水平是 6.7，但偏离水平线的最后 3 个数据点足够引起研究者的特别关注。

视觉化分析的第二个维度是数据的趋势（trend）。趋势是指在某个阶段内能够涵盖数据的最佳拟合直线。趋势具有两个独立但必须同时进行评估的要素：斜率（slope）和强度（magnitude）。斜率是指某个阶段内的数据向上或向下倾斜。斜率一般来说有正值（向上的）、0（水平的）、负值（向下的）。正斜率是指在某一阶段内，数据值逐渐增大（参见图 15.5 的左上图）。负斜率刚好相反，是指在某一阶段内数据向下的模式（参见图 15.5 的右下图）。趋势的第二个要素是强度，是指斜率的大小或程度。趋势的强度被定性为高、中或低（与相关或效应大小的统计值相同）。高强度的斜率是指数据快速增大或减小的模式（参见图 15.5 的右上图）。低强度的斜率是指数据逐渐增大或减小的模式（参见图 15.5 的左下图）。特别需要注意，斜率越大，用水平对数据模式进行概括性估计就越没有意义（参见图 15.5 的右图）。

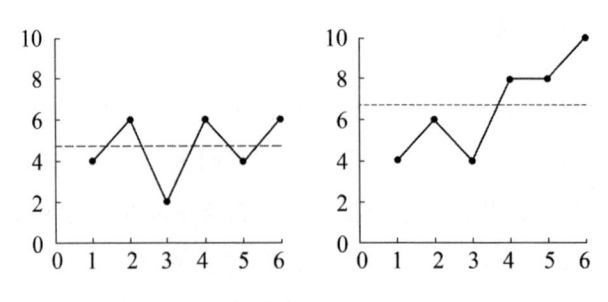

图 15.4　视觉检视数据中的水平的例子

平均了一个基线数据集，并在数据中绘制了水平线。左图有 6 个数据点，平均数为 4.7。右图呈现的数据集，说明最重要的信息在于最后 3 个数据点，而非整体的平均值。

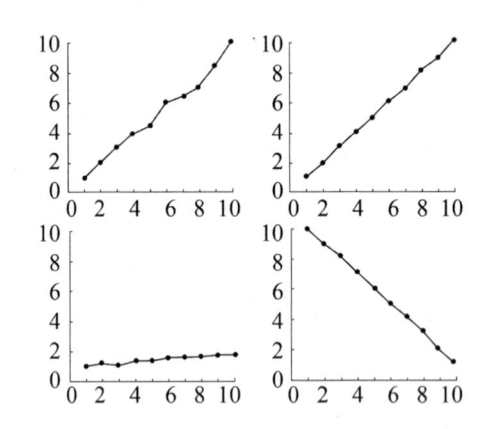

图 15.5　估计趋势时使用的斜率和强度的例子

斜率是指某个阶段内的数据向上或向下倾斜，斜率一般来说有正值、0、负值。趋势的强度被定性为高、中或低。

判断某个阶段内数据的趋势时，研究者需要同时估计数据的斜率和强度。例如，图 15.5 的左上图具有中等强度的正趋势，而右下图具有中等强度的负趋势。至少有两种量化估计数据趋势的方法。第一种是最小平方回归法（least-squares regression），即通过观察值与直线的离差平方和最小化来求得一条数据集的拟合直线的斜率。图 15.6 用图解法说明了如何计算最小平方回归线（Parsonson & Baer, 1978, p.178）。表 15.1 用文字描述了如何用图 15.6 的数据进行计算。量化估计趋势的第二种方法是中分技术（split-middle technique; White, 1971）。使用中分技术，要求某个阶段有 7 个或更多的数据点，将数据集分为两半，每一半有一个中位数，然后通过这两个中位数绘制一条直线（参见图 15.7，

Kazdin, 1982, p.313）。表 15.2 说明了使用中分技术计算数据趋势的过程。

第1步　X²　　X　　Y　　XY

第4步
1
4
9
16
25
36
49
64
81
100
ΣX²=385

第2步
1
2
3
4
5
6
7
8
9
10
ΣX=55

第3步
2
4
1
3
4
3
3
5
4
3
ΣY=32

第5步
2
8
3
12
20
18
21
40
36
30
ΣXY=190

第6步　n=10

第7步　(ΣX)²=3025

第8步　(ΣX)²/n= 302.5

第9步　ΣX² − (ΣX)²/n = 385−302.5=82.5

第10步　(ΣX)(ΣY)= 1760

第11步　(ΣX)(ΣY)/n= 176.0

第12步　ΣXY − (ΣX)(ΣY)/n= 190 − 176 =14

第13步　$b = \dfrac{\Sigma XY - (\Sigma X)(\Sigma Y)/n}{\Sigma X^2 - (\Sigma X)^2/n}$ =14/82.5 =0.17

第14步　ΣX/n=X̄ =5.5

第15步　ΣY/n=Ȳ =3.2

第16步　a=Ȳ − b(X̄) =3.2 − 0.17(5.5) =2.265

第17步　Y'=a+bX
Y₁'=2.265+0.17(9) =3.795
Y₂'=2.265+0.17(3) =2.775

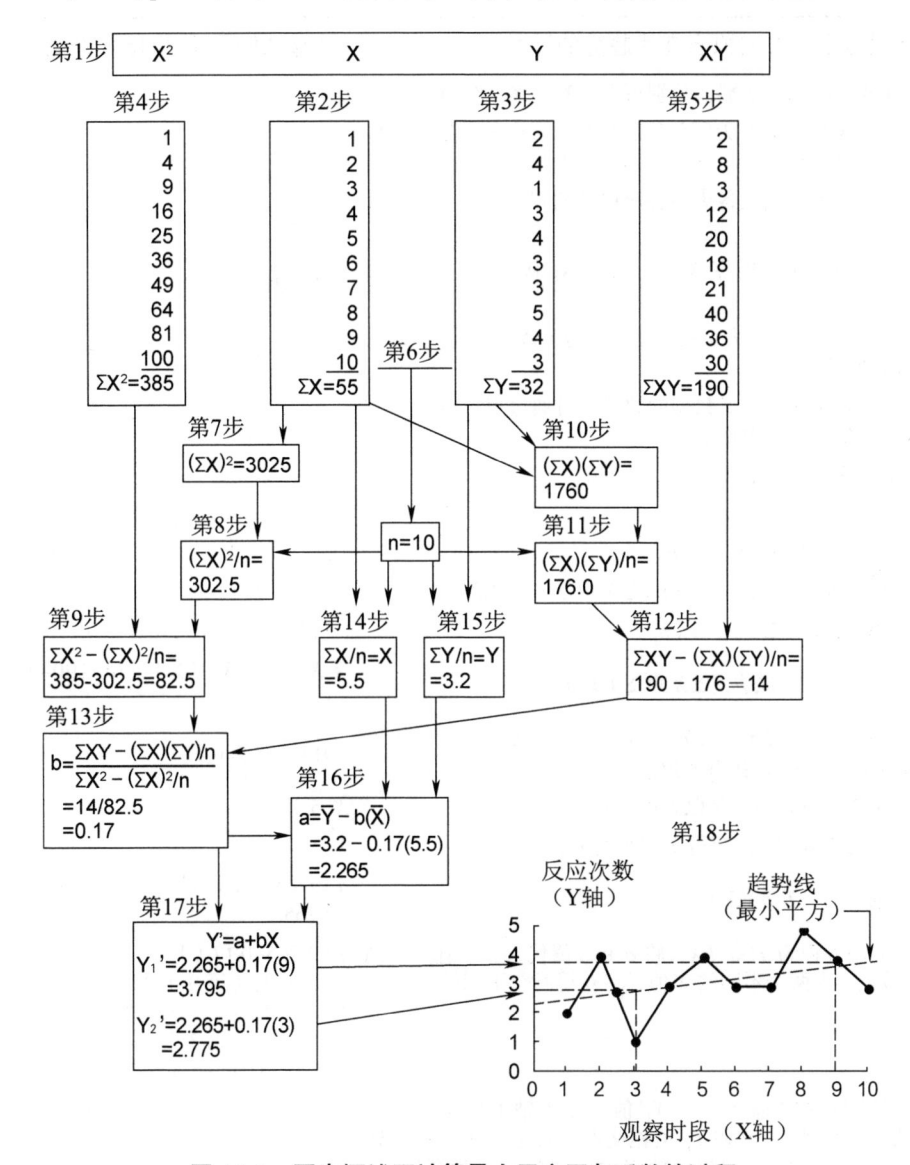

第18步　（趋势线最小平方法绘图）

图 15.6　图表概述了计算最小平方回归系数的过程

也可参看表 15.1 对该过程的文字描述。

资料来源：B. S. Parsonson, D. M. Baer, The Analysis and Presentation of Graphic Data（《图表数据的分析与呈现》), 1978, 图 2.21, p.131. T. R. Kratochwill: *Single Subject Research: Strategies for Evaluating Change*（《单一被试研究：评价变化的策略》), pp.101-166. New York: Academic Press. 1978 年版权归 Academic Press 所有，同意翻印。

表 15.1　如何用图 15.6 的数据计算最小平方回归线

通过最小平方法拟合直线趋势的过程	计算的例子（图 15.6 数据）
1. 在 4 个纵列的顶端，分别写上：X^2、X、Y、XY。	
2. 填写 X 列：数据为所分析的某个阶段内的天数、时段数或实验次数，采用升序排列，并求和（ΣX）。	$\Sigma X=55$
3. 填写 Y 列：输入各天或各时段等的相应分值，并求和（ΣY）。	$\Sigma Y=32$
4. 填写 X^2 列：根据 X 值分别计算其平方，并求和（ΣX^2）。	$\Sigma X^2=385$
5. 填写 XY 列：XY 为 Y 列数据与对应的 X 列数据的乘积，并求和（ΣXY）。	$\Sigma XY=190$
6. n 是指成对 X 和 Y 数据的数目，可通过点计输入 X 列或 Y 例的数据个数而获得。	$n=10$
7. 求 ΣX 平方，获得 $(\Sigma X)^2$ 的值。	$(\Sigma X)^2=3025$
8. 用 $(\Sigma X)^2$ 除以 n。	$(\Sigma X)^2/n=302.5$
9. 用 ΣX^2 减去 $(\Sigma X)^2/n$。	$\Sigma X^2-(\Sigma X)^2/n=385-302.5=82.5$
10. 用 ΣX 乘以 ΣY，获得 $(\Sigma X)(\Sigma Y)$ 的值。	$(\Sigma X)(\Sigma Y)=1760$
11. 用 $(\Sigma X)(\Sigma Y)$ 除以 n。	$(\Sigma X)(\Sigma Y)/n=176.0$
12. 用 (ΣXY) 减去 $(\Sigma X)(\Sigma Y)/n$。	$\Sigma XY-(\Sigma X)(\Sigma Y)/n=190-176=14$
13. 用 $\Sigma XY-(\Sigma X)(\Sigma Y)/n$ 的值除以 $\Sigma X^2-(\Sigma X)^2/n$ 的值（第 9 步），获得 b 值。	$b=14\div 82.5=0.17$
14. 用 ΣX 除以 n，获得 X 的平均值，即 $\overline{X}$。	$\overline{X}=5.5$
15. 用 ΣY 除以 n，获得 Y 的平均值，即 $\overline{Y}$。	$\overline{Y}=3.2$
16. 求 a 值，$\overline{Y}-b(\overline{X})$。	$a=\overline{Y}-b(\overline{X})=3.2-0.17\times(5.5)=2.265$
17. 回归方程为 $Y'=a+bX$，将 a 和 b 值代入，X 值为 X 列的数据。由两个不同的 X 值，可获得两个不同的 Y' 值。	$Y'=2.265+0.17(X)$ 当 $X=9$ 时（第 9 个 X 值） $Y_1'=2.265+0.17(9)=3.795$ 当 $X=3$ 时（第 3 个 X 值） $Y_2'=2.265+0.17(3)=2.775$
18. 绘图：在 Y 轴上确定 Y_1' 值，在 X 轴上确定相应的 X 值，然后将 X 值和 Y_1' 值相交的点标记出来。用同样的方式确定 Y_2' 值和相应的 X 值，并标记出相交的点。通过这两点画一条直线，作为描述数据趋势的最佳拟合直线。	

资料来源：B. S. Parsonson, D. M. Baer, The Analysis and Presentation of Graphic Data（《图表数据的分析与呈现》），1978, 图 2.21, pp.131, T. R. Kratochwill: *Single Subject Research: Strategies for Evaluating Change*（《单一被试研究：评价变化的策略》）(pp.101-166). New York: Academic Press. 1978 年版权归 Academic Press 所有，同意翻印。

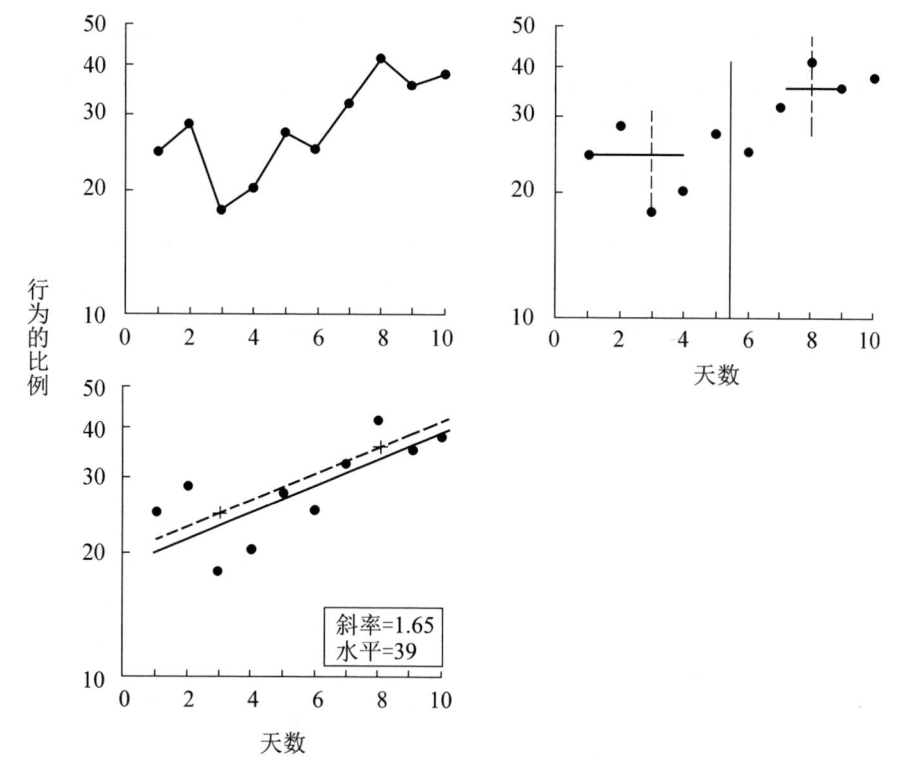

图 15.7　举例说明如何使用表 15.2 介绍的中分技术绘制趋势图

资料来源：A. E. Kazdin, *Single-Case Research Designs*（《单一被试研究设计》），New York: Oxford Oniversity Press. 1982 年版权归牛津大学出版社所有，同意翻印。

表 15.2　如何计算中分趋势估计线

1. 点计某个阶段内用于趋势估计的数据点数目。
2. 在图中经过中间的数据点画一条线，将图分为两半。
3. 同第 2 步，将每一半的图继续分为两半。
4. 在每一半的图中，确定数据的中位数水平。
5. 在每一半的图中描点：画时段中位数所在的 X 轴的垂线和数据中位数所在的 Y 轴的垂线，将两条直线的交点标记出来。
6. 将第 5 步中标记的两个点用一条直线连接起来。
7. 调整第 6 步所画的直线，使 50% 的数据点位于线上，50% 的数据点位于线下。调整过程中确保不改变直线的斜率。

注：本例中使用的数据来自图 15.7。

判断某个阶段内数据模式的第三个维度是变动幅度（variability）。变动幅度是指单个数据点偏离整体趋势的程度。换句话说，变动幅度就是数据点与最佳拟合直线的偏离程度。类似趋势线的强度，用于描述变动幅度的主要是一些定性的术语。通常来说，变动幅度也有高、中、低三种水平。图 15.8 给出了两个变动幅度的例子。左图数据具有很低的变动幅度，数据点非常接近最佳拟合直线。相反地，右图显示了具有很高变动幅度的一组数据。在右图中，数据点广泛地分散于最佳拟合直线的周围。一般来说，数据的变动幅度越高，就要收集越多的数据点来获得一个一致的数据模式。

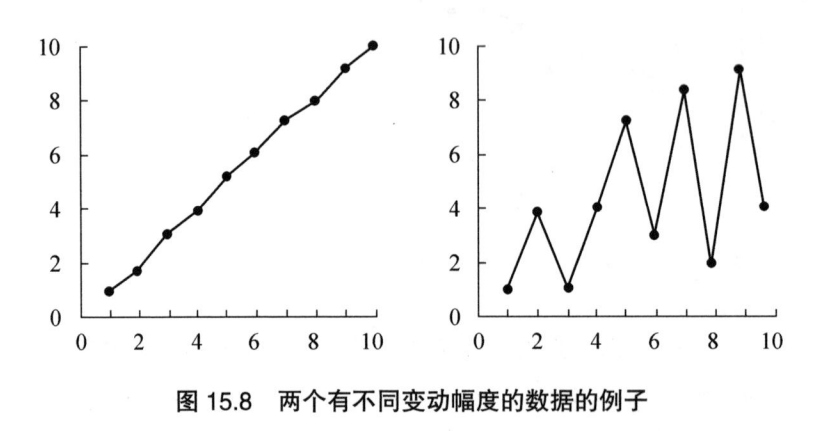

图 15.8　两个有不同变动幅度的数据的例子

左图数据具有很低的变动幅度，相反地，右图数据具有很高的变动幅度。

总的来说，水平、趋势和变动幅度可用来描述发生在研究的某一阶段内的模式。分析这三个维度在不同阶段间如何变化是视觉检视分析数据的主要方法。例如，在基线期，数据处于 Y 轴 50% 的水平，且具有较低的变动幅度和中等强度的向上趋势。然而随着干预的引入，数据可能处于 5% 的水平，且具有中等的变动幅度和低强度的向下趋势。值得注意的是，还有另一种数据模式可能发生。在一些案例中，数据模式在某个阶段内也可能发生变化，即数据可能具有曲线特征或循环改变。图 15.9 列举了 3 个曲线数据模式的例子。右图显示了曲线数据模式（也叫作 U 型模式）。左上图则是倒转的曲线数据模式（也叫作倒 U 型模式），即在某一阶段内数据先增大后减小。下方的图则是循环数据模式，数据阶段性地增大和减小。

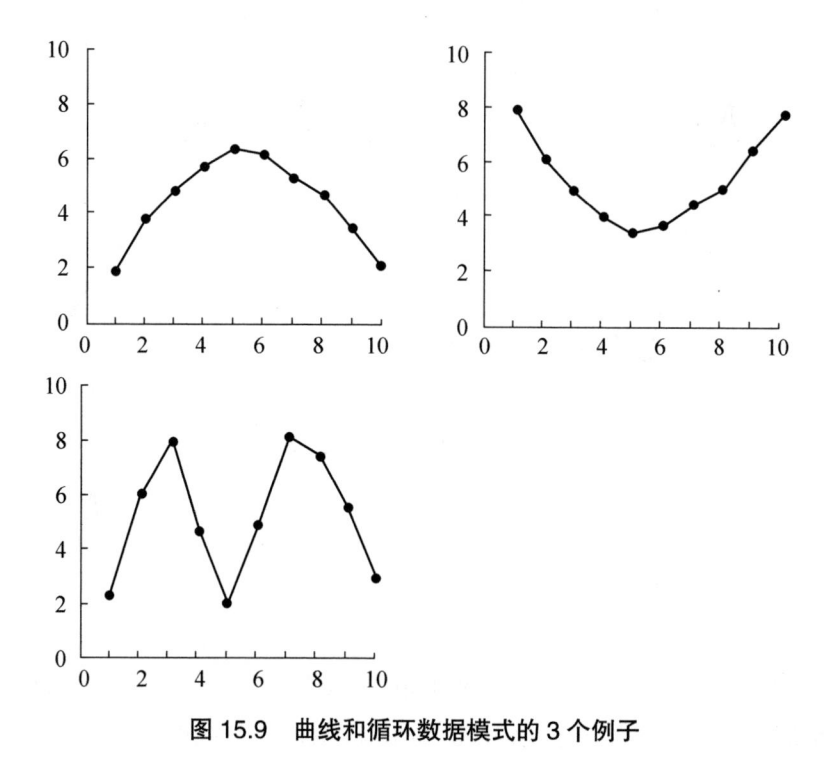

图 15.9 曲线和循环数据模式的 3 个例子

左上图是倒转的曲线数据模式（也叫作倒 U 型模式），即在某一阶段内数据先增大后减小；右图显示了曲线数据模式（也叫作 U 型模式）；下方的图则是循环数据模式，数据阶段性地增大和减小。

（二）阶段间模式

除了某个阶段内的水平、趋势、变动幅度、曲线模式或循环模式外，在不同阶段间发生的模式也可用于视觉检视数据。第一个模式就是效应的即时性（immediacy of effect）或变化的快速性，即在阶段发生改变后，数据模式非常快速地发生了变化。虽然变动幅度、曲线模式或循环模式也有变化，但主要表现为数据水平和趋势的变化，如同斜率和变动幅度，描述数据的这方面变化也可使用定性的词，如快或慢。图 15.10 列举了两个效应即时性的例子。左图呈现了基线期（左侧）和干预期（右侧）。干预具有快速的效应即时性，因为数据模式快速地发生了变化。这些不同阶段间数据模式的变化可与图 15.10 的右图进行对比。在右图中，引入干预后行为模式最初没有变化，但随着时间的推移，数值逐渐减小。这样的模式被称为具有慢速的效应即时性。一般而言，效应即时性越快，阶段就越短，越能确定功能关系。

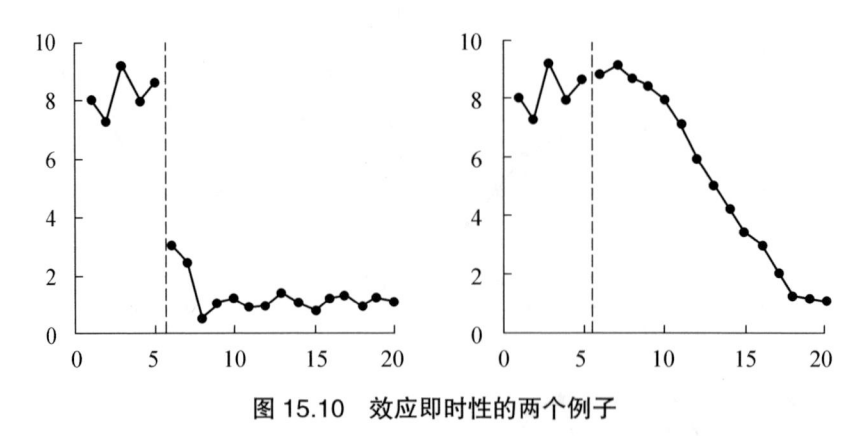

图 15.10　效应即时性的两个例子

左图呈现了基线期（左侧）和干预期（右侧）。干预具有快速的即时性效应，因为数据模式快速地发生了变化。右图中，引入干预后行为模式最初没有变化，但随着时间的推移，数值逐渐减小。

阶段间的第二个模式是重叠（overlap）。重叠是指相邻的两个阶段之间数据共有相似的量化值的百分比或程度。图 15.11 展现了基线期（左侧）和干预期（右侧）之间重叠的三个独立模式。在左上图中，基线期和干预期之间没有重叠（0%），因为这两个阶段之间没有重叠的数据值。在图 15.11 的右图，基线期和干预期完全重叠（100%）。右图中，干预期数据完全重叠于基线期数据（虽然这种说法并不正确，但是用来说明重叠的方向性是非常重要的）。图 15.11 的最后一个数据集（下方的图）呈现了一个常见的数据模式，这个模式往往容易造成误解。虽然在相邻的两个阶段内数据没有重叠，但在不同阶段间存在连续变化的趋势。在这样的例子中，评估是否具有功能关系时，数据趋势的重要性就超过了重叠的重要性。

图 15.11　不同阶段间数据重叠的 3 个例子

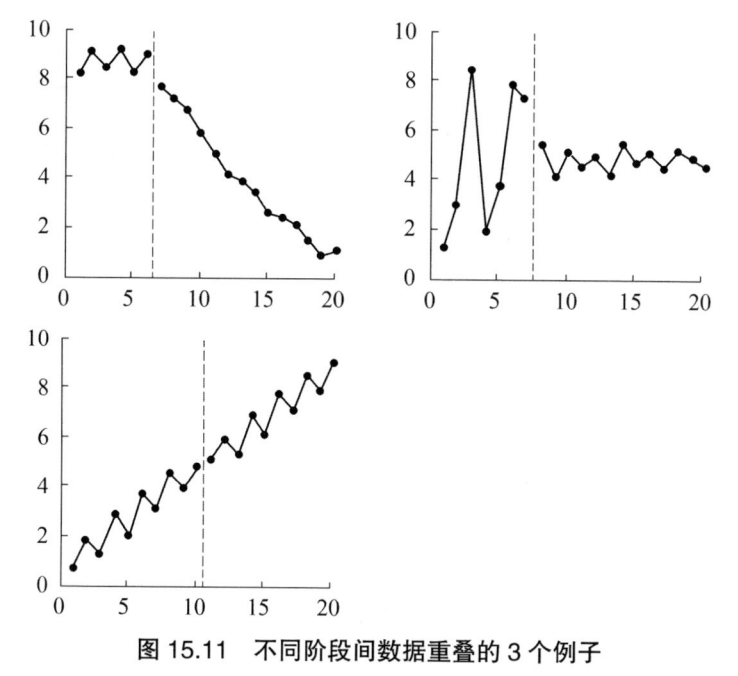

左上图中，基线期和干预期之间没有重叠（0%）；右图中，基线期和干预期完全重叠（100%）；最后一个数据集（下方的图）呈现了一个常见的数据模式，这个模式往往容易造成误解。

（三）案例

图 15.12 可用于说明如何使用视觉检视来描述数据集的特征，并获得关于是否建立了功能关系的判断。在库欣和肯尼迪（Cushing & Kennedy, 1997）的研究中，研究者将一名非残障学生辛迪投入学习的时间百分比作为因变量。基线条件是辛迪在一个普通教育课堂里独自学习。在最初的基线期，因变量具有很高的变动幅度，平均值为 42%（范围从 0 到 76%），且呈现中等强度的向下趋势。引入的干预是辛迪为一名有重度残障的学生凯茜提供同伴支持。随着干预的进行，因变量的水平快速增长（M=91%），并呈现小幅度的向上趋势，变动幅度缩小，而且与之前的基线期没有重叠。移除干预后，因变量又回到基线水平（M=38%）。重新引入干预后发现辛迪投入学习的时间有所增加（M=85%），在经过几个时段后因变量又回复到最初干预期的水平。通过使用 A-B-A-B 移除设计，库欣和肯尼迪证实了相比于独自学习，当辛迪辅助凯茜时，她更能投入学习之中。

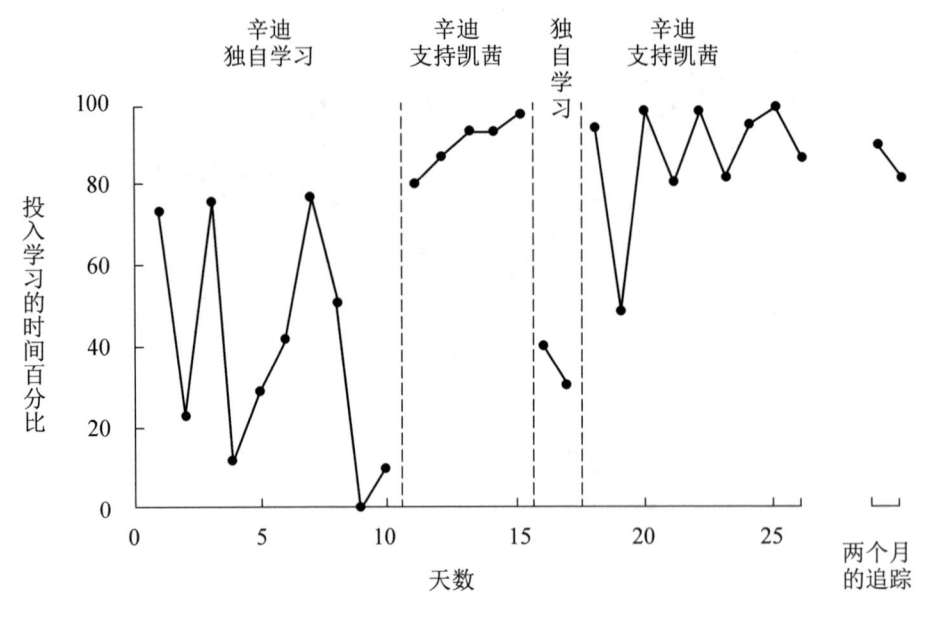

图 15.12 使用视觉检视的例子

因变量是一名非残障学生辛迪投入学习的时间百分比。基线条件是辛迪在一个普通教育课堂（如家政课）里独自学习。干预是辛迪为一名有重度残障的学生（凯茜）提供同伴支持。

资料来源：L. S. Cushing, C. H. Kennedy, Academic Effects of Providing Peer Support in General Education Classrooms on Students without Disabilities（《在普通教育课堂里提供同伴支持对非残障学生的学业影响》），*Journal of Applied Behavior Analysis*（《应用行为分析杂志》），1997, 30, 图 1, p.145. 1997 年版权归实验行为分析协会所有，同意翻印。

三、使用图表分析数据

在回顾了图表绘制的要素、视觉化分析的基本问题后，我们将关注点转移到如何使用图表来探讨数据集的不同方面。数据集通常是多层面的，可进行不同的分析。采用不同的方法，将揭示出数据不同方面的性质。因此，数据的视觉化分析能比简单地将数据放到图表模板中描述信息揭示出更多的信息。而且视觉化分析是使用图表来探讨和直观地呈现数据的不同方面的过程，有利于研究者更好地理解研究结果的本质。

这里可以用哈林和肯尼迪（Haring & Kennedy, 1988）提供的一个教育研究的例子来说明如何使用图表探讨数据集的不同方面。作者使用不同的图表策略来分析一个任务分解的数据集。任务分解是将具有复杂顺序的行为分解为各个组成部分，对于教授复杂技能很有效（Gold, 1976）。在本例中，研究者需要教会一个有重度残障的青年人一项休闲活动。表 15.3 说明了这项休闲活动的任务分解，需要注意的是那些对于独立完成这项技能而言至关重要的步骤，而非基于社会惯例的步骤。

表 15.3　一项休闲技能的任务分解

任务分解的步骤：
1. 拿起收音机和杂志 [a]
2. 在休闲区坐下 [a]
3. 开启收音机 [a]
4. 选择收音机放置的地方 [a]
5. 适当地放置耳机
6. 看杂志 [a]
7. 当休息信号结束时停止活动 [a]
8. 拿开耳机 [a]
9. 关闭收音机 [a]
10. 将杂志和收音机放好

[a] 表示重要步骤。

图 15.13 显示了 5 种不同的视觉化任务分解数据的方法，这些方法展现了原始数据的不同性质。图 A 是一个标准的折线图，显示了基线期和培训期各个时段的操作步骤的正确率。这个方法能够说明数据集每天的变化情况，但无法提供何时独立完成该技能的信息（如所有重要步骤），也不能说明发生的错误类型。图 B 呈现了独立完成时的时段数量（分为五大块）。这个方法可以对独立的表现进行分析，但无法呈现每天的变化和产生的错误类型。图 C 展示了规范地完成任务分解的每一步骤的时段数量（即某一个单独步骤，连续三天表现正确）。这个方法能够说明总体的错误，但无法显示每天的变动幅度以及何时出现优秀的表现。图 D 是视觉化呈现数据的第四个方法。这幅图展示了独立完成技能时的累积时间。这个方法可以分析某个时段是否能够独立完成技能以及哪天完成（把日常的变动幅度保持在某个水平），但无法提供关于错误类型的信息。图 E 结合了图 A 和图 D 的要素，呈现了操作步骤的正确率，并标注了何时能够独立完成技能。因此，该图除了无法提供错误类型分析之外，可呈现之前描述的所有数据特征。哈林和肯尼迪最终绘制了一幅图来涵盖前面所探讨的标准（参见图 15.14）。这幅图可对原始数据进行综合的视觉化分析。

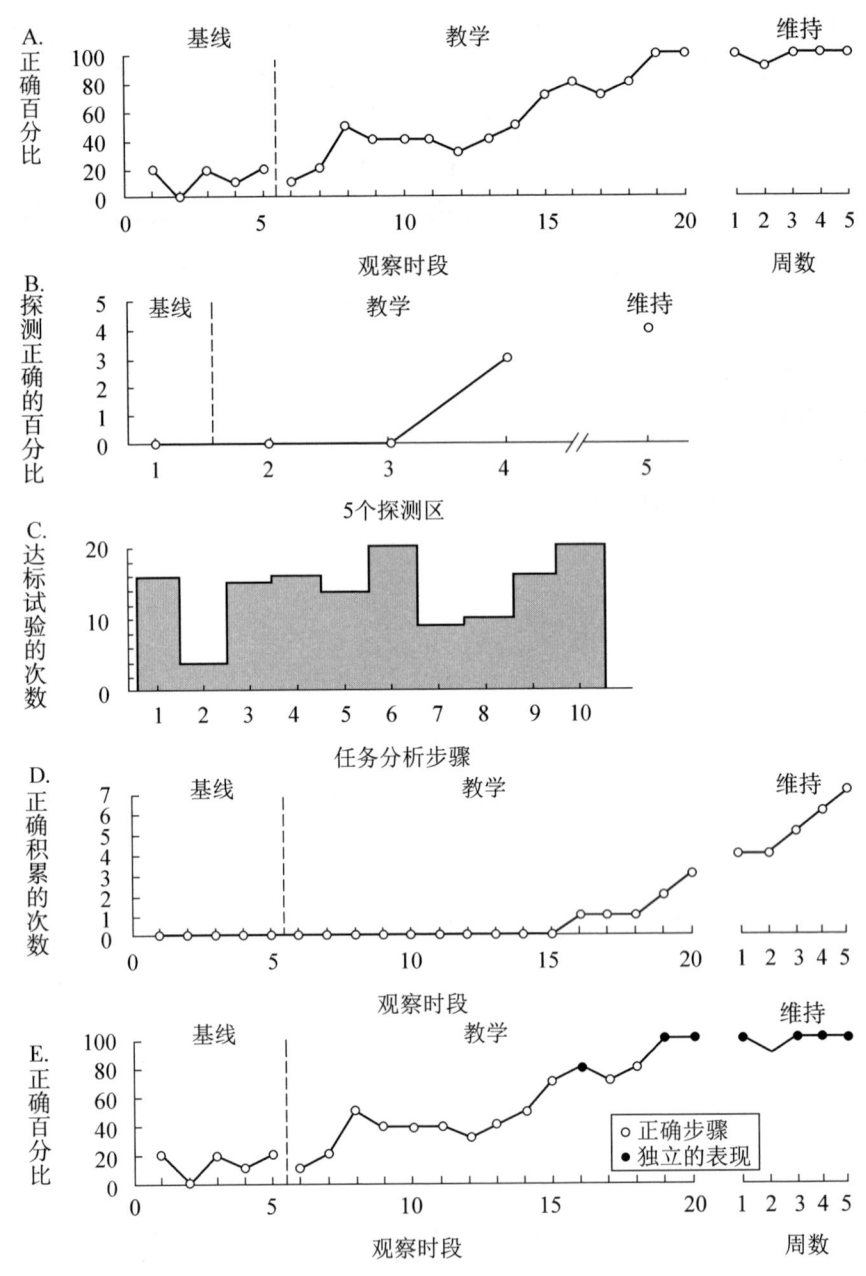

图 15.13 教育研究中用图表探讨数据集的不同方面特征的例子

这些图揭示了原始数据的不同方面。

资料来源：T. G. Haring, C. H. Kennedy, Units of Analysis in Task-Analytic Research (《任务分解研究中的分析单元》), *Journal of Applied Behavior Analysis* (《应用行为分析杂志》), 1998, 21, 图 1, p.209. 1988 年版权归实验行为分析协会所有，同意翻印。

前面的例子说明了如何使用不同的图表方法来生动地呈现数据，视觉化地展示出数据集的不同方面。数据视觉化呈现的方法很多，研究者需要选出那些最能描绘出数据突出方面的图表方法。绘图时，需要注意的一点是数据的水平，水平可概括数据信息。在某些情况下，还需要将数据归纳为平均值（如时距百分比），然而在其他情况下，可能最好用更精细的水平来绘制数据（如同一段时间内的累积发生次数）。前者有时也称为克分子方法（molar approach），相应地，后者称为分子方法（molecular approach）。

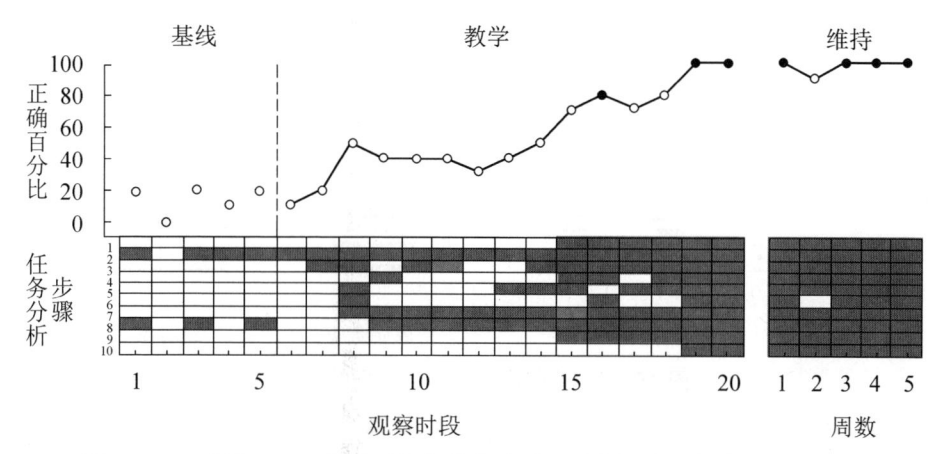

图 15.14 以图 15.13 中提到的各种方式对原始数据进行综合的视觉化分析

资料来源：T. G. Haring, C. H. Kennedy, Units of Analysis in Task-Analytic Research（《任务分解研究中的分析单元》），*Journal of Applied Behavior Analysis*（《应用行为分析杂志》），1988, 21, 图 2, p.213. 1988 年版权归实验行为分析协会所有，同意翻印。

图 15.15 具体说明了如何将相同的数据集视觉化呈现为不同的水平（Iversen, 1988）。数据来自一个实验室实验，该实验测量了当反应的正强化刺激物出现时，相应的反应出现的次数。Y 轴为每个强化物出现 30 秒内相应的反应出现的次数。图的中间是原始数据。数据表明，强化物出现 1 次时，发生了 12 次反应；强化物出现 4 次时，发生了 11 次反应；强化物出现 1 次时，发生了 10 次反应；等等。如果在克分子水平上归纳数据，比如，原始数据的平均值和标准差，那么就会像图 15.15 的右图所示。如果在更精细的分子水平上分析数据，则可能出现左图所显示的情况。在此情况下，从强化物出现到强化物出现前的最后一次反应之间的数据也能得到进一步分析。左图的数据清晰地表明，强化物出现前的最后一次反应和强化物出现的距离越近（如 0~0.5 秒），强化

物出现后，反应发生的次数越多。

图 15.15 的数据显示了在不同的概括水平上汇总信息的方法。原始数据呈现了事件的总体分布，统计数据粗略地显示了数据的集中趋势和离散程度，而分类数据则显现出数据的特定模式。左图呈现的信息也说明图表显示有助于更全面地分析数据。研究者在横轴上增加了一个次级变量，这样就能解释行为的变化情况，这在其他图中是无法解释的。从这个意义上来说，图表可用来探讨、视觉化和解释行为的变异性。

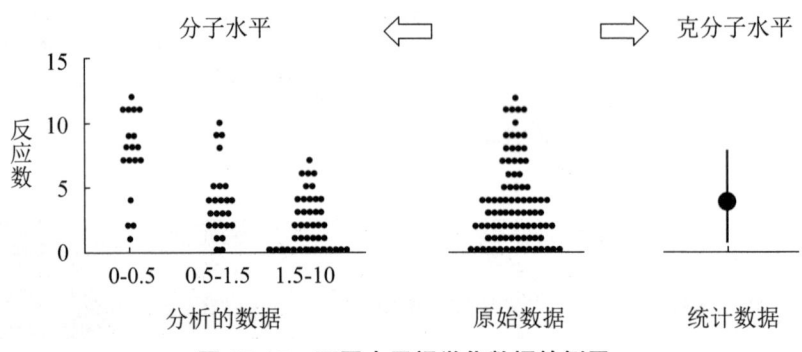

图 15.15　不同水平视觉化数据的例子

数据来自一个实验室实验，该实验测量了当反应的正强化刺激物出现时，相应的反应出现的次数。Y 轴为每个强化物出现 30 秒内相应的反应出现的次数。这些图呈现了在不同的强化水平上数据的总和。

资料来源：I. H. Iversen, Tactics of Graphic Design: A Review of Tufte's The Visual Display of Quantitative Information（《图表设计的策略：对塔夫特视觉化呈现量化信息方法的回顾》），*Journal of Applied Behavior Analysis*（《应用行为分析杂志》），1988, 49, 图 6, p.179. 1988 年版权归实验行为分析协会所有，同意翻印。

还有一个越来越被研究者普遍采用的信息视觉化的方法，就是时段内分析法（within-session analyses）。从图 15.2 到图 15.15，每个图都是在一个完整时段内对数据进行汇总的，即数据代表了某个实验时段内的平均水平。然而，在某些情况下，某个时段内数据模式的信息也有助于理解变量对行为的影响。将整个时段的数据归结为单个数据点，其隐含的假设是，在某个实验时段内观察到的行为模式在整个时段内是一致的。如果在某个时段内反应发生了变化，时段内数据分析就能揭示其潜在的重要模式，否则可能不会被发现。

最先应用时段内分析的一个实例来自卡尔等人（Carr, Newson, &

Binkoff, 1980）的研究。卡尔和同事对两名发展性障碍男孩的攻击性行为非常感兴趣。图 15.16 的分析表明，行为与教学要求有关。当提出要求时，攻击性行为发生的频数就多；而在没有要求的情况下，攻击性行为则很少发生。实验程序的一个重要特征是每个时段的长度都是固定的。一旦时段结束，要求就停止了。从技术上说，如果孩子的行为因为逃避教学要求而得到强化，那么时段的结束就构成了固定时距（FI）负强化程序表（Catania，1999）。FI 程序表的一个重要特征是行为的发生呈现扇形模式，即反应在一开始时出现的可能性较低，随着越来越接近时距的末端（即与强化最接近），行为发生的可能性增大。为了观察所获得的数据是否符合这个行为模式，卡尔等人进行了时段内分析，比较了两种情况："安全信号"的出现表示不会提出要求，而"非安全信号"则表示将继续提出要求（参见图 15.17）。没有出现安全信号时，攻击性行为随着时段的继续而增加；在出现安全信号后，攻击性行为减少。时段内分析提供了额外的证据，说明攻击性行为得到了负强化（Carr, 1977），以及攻击性行为符合基础研究已经揭示出的行为模式（Sidman, 1960b）。

时段内分析的另一个例子来自沃尔默等人（Vollmer, Ringdahl, Roane, & Marcus, 1997）运用非依联强化（non-contingent reinforcement, NCR）程序处理问题行为时对偶发性正强化的分析。图 15.18 的上半部是 NCR 分析，实验中，用 NCR 对一名有发展性障碍的青少年的行为问题实施干预。在 NCR 的第二个阶段（第 14 个到第 20 个时段），问题行为发生的频数快速增加。沃尔默等人对这些时段进行了时段内分析，呈现在图 15.18 的下半部分。在使用 NCR 程序时，强化物按照独立于反应的固定时间（fixed-time, FT）程序表呈现。在 NCR FT 程序表上，反应和刺激呈现的模式非常类似之前探讨过的 FI 强化程序表的反应模式。也就是说，研究者不经意间（如偶然地）给问题行为提供了一个正强化依联，那么随着时间的推移，问题行为将逐渐增多。通过时段内分析，沃尔默等人能够安排一个对短暂的其他行为的差别强化（momentary-differential-reinforcement-of-other, MDRO）程序表，来抵消通过 NCR 程序建立起来的偶发性正强化程序表。在这个案例中，使用时段内分析，研究者能够分析出每时每刻发生的偶发事件，这是无法通过其他分析方法获得的。

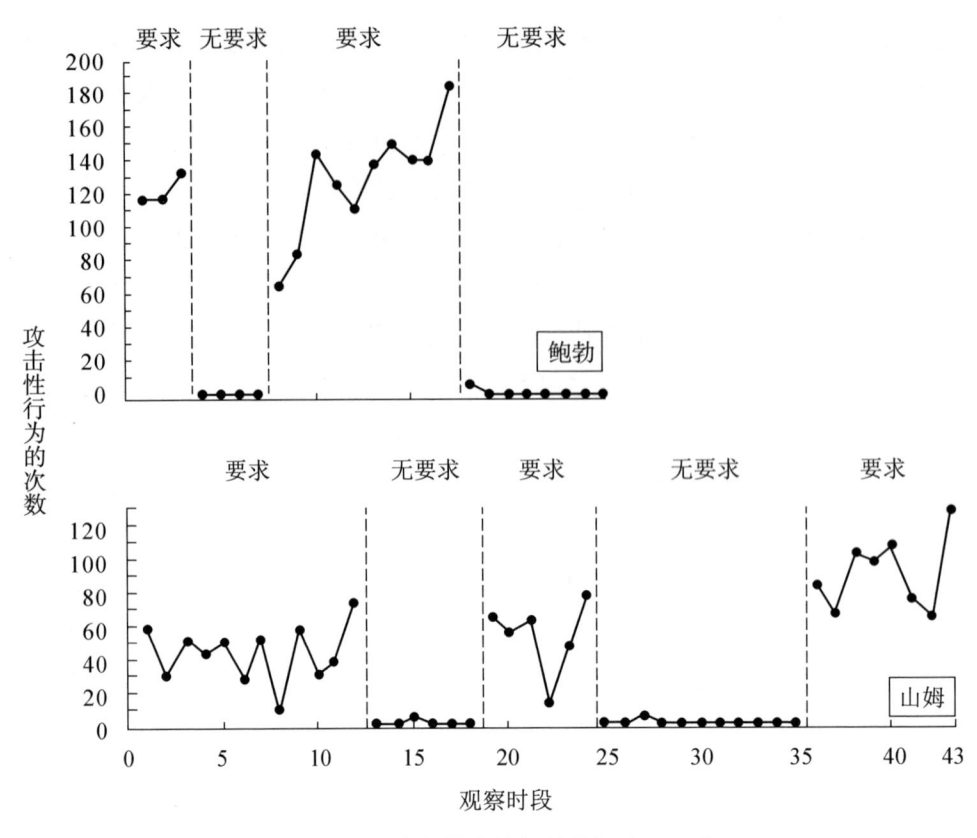

图 15.16　卡尔等人的初始分析（1980）

因变量是山姆和鲍勃（两个男孩均有发展性障碍）的攻击性行为的次数，自变量为有或无教学要求。

资料来源：E. G. Carr, C. D. Newson, J. A. Binkoff, Escape as a Factor in the Aggressive Behavior of Two Retarded Children（《逃避作为引发两名智力障碍儿童攻击性行为的因素》），*Journal of Applied Behavior Analysis*（《应用行为分析杂志》），1980, 13, 图 1, p.105. 1980 年版权归实验行为分析协会所有，同意翻印。

这一节主要介绍了几个使用图表来分析数据的例子。这个过程常常被用于实验生物学和实验行为分析中（参见第 2 章），却很少用于心理学或教育研究领域（Smith et al., 2002）。关于如何视觉化分析和探讨数据，并没有一定之规，也没有一个图表分析模板是普遍有效的。相反，研究者需要结合那些可能成为自变量和因变量的一系列事件，仔细地观察它们的数据和各个水平。图表的使用非常有助于探讨数据以及更透彻地理解实验可能揭示的功能关系类型。

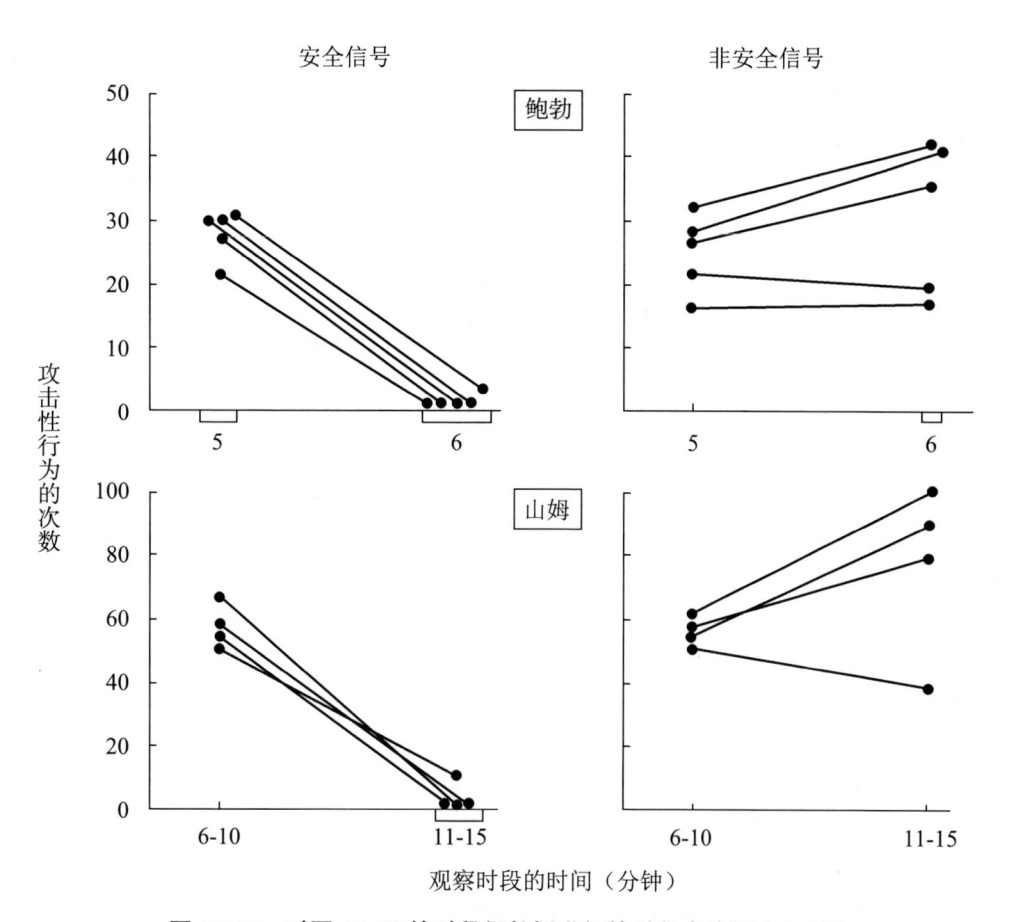

图 15.17　对图 15.16 的时段间数据进行的时段内分析（1980）

　　卡尔等人描述了此图："图的上半部为在第二次提出要求的情况下，鲍勃在每个时段的第 5 和第 6 分钟出现攻击性行为的次数。图的下半部为在第三次提出要求的情况下，山姆在每个时段的第 6～10 分钟和第 11～15 分钟出现攻击性行为的次数。左侧的图显示了安全信号时段的数据，安全信号时段表示不再对孩子提出要求。在第 6 分钟开始时对鲍勃发出安全信号，在第 11 分钟开始时对山姆发出安全信号。右侧的图是非安全信号时段的数据，非安全信号时段表示孩子没有接到任何停止要求的信号。将一些数据点小幅度地进行水平移动，以便能够更清晰地呈现数据模式。"

　　资料来源：E. G. Carr, C. D. Newson, J. A. Binkoff, Escape as a Factor in the Aggressive Behavior of Two Retarded Children（《逃避作为引发两名智力障碍儿童攻击性行为的因素》），*Journal of Applied Behavior Analysis*（《应用行为分析杂志》），1980, 13, 图 2, p.106. 1980 年版权归实验行为分析协会所有，同意翻印。

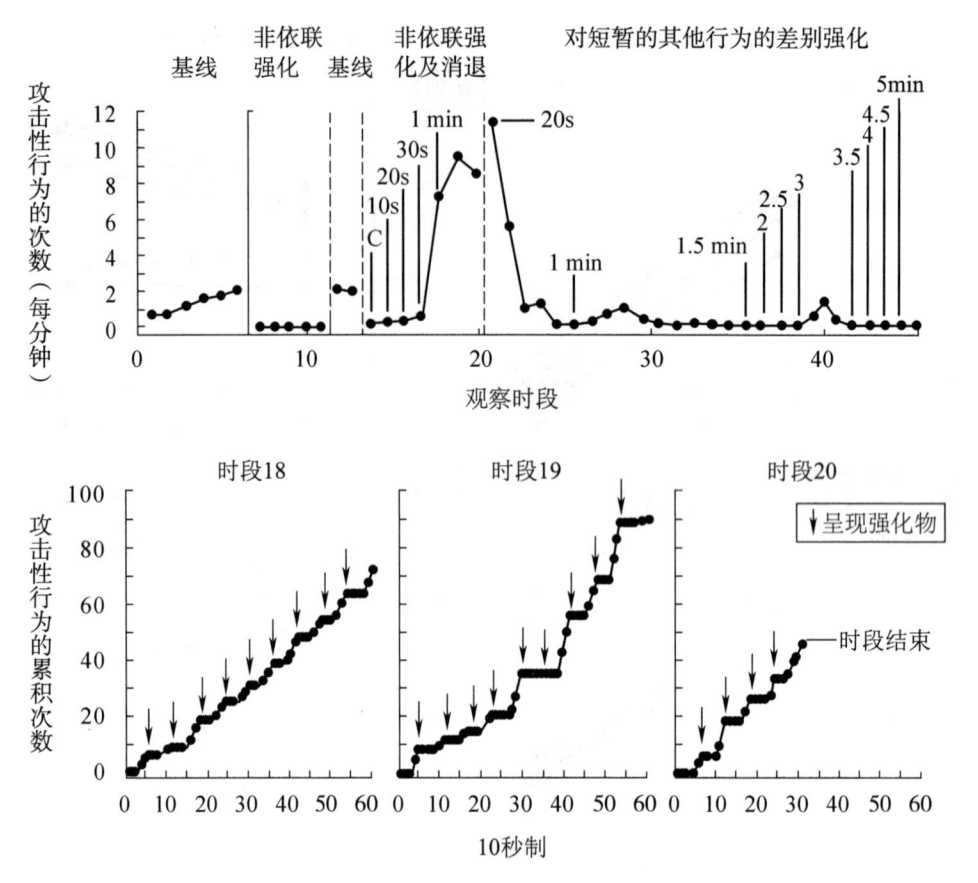

图 15.18　时段内分析和时段间分析的数据的例子

沃尔默等人（1997）描述了此图："上面的图呈现了在基线期、连续的 NCR、NCR 消退和 MDRO（用分钟来显示）条件下攻击性行为的比率。消退的步骤用折线表示，强化物的出现用时间表示。下面的图则是在第 18 个到第 20 个时段内的攻击性行为的累积次数。箭头表示呈现强化物。"

资料来源：T. R. Vollmer, J. E. Ringdahl, H. S. Roane, B. A. Marcus, Negative Side-Effects of Noncontingent Reinforcement（《非依联强化的负面效应》），*Journal of Applied Behavior Analysis*（《应用行为分析杂志》），1997, 30, 图 1, p.163. 1997 年版权归实验行为分析协会所有，同意翻印。

四、视觉化分析数据人员的培训

推断统计的支持者对视觉化分析数据的主要批评之一就是这种方法判断结果的不一致性。也就是说，如果有两个或三个不同的研究者审视同一幅图，他们可能得到不同的结论。这说明在进行视觉化分析数据时存在评估者间的差异性（DeProspero & Cohen, 1979; Furlong & Wampold, 1982; Jones, Weinrott, & Vaught, 1978）。研究结果显示，在某一条件下通过视觉化分析对实验效应大小进行分类时，结论也会有所不同。

过去开展这种研究的时候，数据一般是由不熟悉单一被试法的研究者进行解释，而单一被试法在那时的研究方法论中受到了严厉的批评（参见专栏15.2）。一些人认为这种新兴的数据分析方法是无效的，或至少结果是不一致的，从而导致了方法论的不恰当（Fisch, 2001; Shavelson & Towne, 2002）。这些人的逻辑是，如果研究者对图表进行视觉化的解释有变化，那么他们在行为分析中使用的数据分析方法就是有缺陷的。从表面来看，这个批评似乎很有道理，然而，这个逻辑并不符合科学研究过程中的某些实际情况。首先，研究者的分析判断主要是在这样的情况下发生变化的，即两个阶段之间行为水平发生了较小的变化，而某个阶段内行为的变化幅度非常大。在这种情况下，几乎没有单一被试研究者会去尝试说明功能关系。假如这么做了，他们的结论会受到其他单一被试研究者的质疑。基于任何关于功能关系的判断必须是高质量的，并且研究结果在发表前还要用其他被试进行直接复制，因此，对视觉检视可能导致 I 型错误（即当不存在效应时却声称有效应）增多的批评，忽视了在科学领域中评估数据时的更大的社会背景（Smith et al., 2002）。在单一被试研究中，很少出现基于单个 A-B 分析就断言有实验效应的情况。即使做了这样的论断，在同行审查过程中也是通不过的。同行审查过程作为主要的质量控制系统，把住了新结论进入研究文献这道关（参见第 1 章）。鉴于多个个体（即研究者、审稿人、编辑等）在研究论文发表前都对数据进行了视觉化分析，在接受这种方法训练之后，每个人都犯 I 型错误的概率就很低了。

对视觉检视数据的批评还指向了它的第二个缺陷，即认为该方法忽视了研究过程的自我校正性质。如果研究者从一个具有较小效应的、有限的数据集中判断功能关系，那么那些结论仍然需要能被独立地复制出来。如果研究者真的因为过度解释数据而犯了 I 型错误，那么他们和其他人都无法复制出原始结论。其结果是，原始结论会被认为是异常的，因而是一个无效的论断。需牢记，科学方法的核心是被称为复制的"质量控制系统"，这点很重要（参见第 4 章）。

对视觉化分析的最后一个批评是，这种数据分析方法只被证明是一种有效的科学技术。即使不考虑在过去的两个世纪里实验生物学和医学的发现（主要依靠数据的视觉化分析；Latour & Woolgar, 1986），在过去的 40 年里，教育研究中基于单一被试法的研究文献也已带来了许多重要的发现。正如第 2 章中所说的，那些研究一直以来被反复地复制、扩展和提炼，为人们理解行为过程注入了新的思路，为行为的教学训练带来了革新性的技术。如果单一被试研究的数据分析基础从根本上来说就是有缺陷的，那么就很难解释那些重要的发现为何会持续产生（并被反复地复制）。

> **专栏 15.2　应用心理学对视觉化数据分析的排斥**
>
> 　　在20世纪60和70年代，应用行为分析的出现引起了广泛的关注。一部分关注来自应用心理学家，他们批判这个新兴领域的数据分析的主要方法——图表呈现。这种数据分析方法与心理学的主要方法（即推断统计的使用）相矛盾。应用心理学家批评那些使用单一被试设计的研究者没有采用恰当的科学方法（Shavelson & Towne, 2002）。
>
> 　　这场争论的基本问题之一是这两种方法在设计实验和分析数据上从根本而言就是不同的。使用对照组的方法，被试被随机分配到特定的情境中；收集数据后，才对结果进行分析，估计某个特定发现来源于偶然事件的可能性。如果可能性非常低，则说明这个特定发现是由实验效应产生的，而非由其他变量产生。在行为分析中，设计实验是为了揭示行为发生的过程，数据分析是为了证明功能关系，这种功能关系可通过重复实验操作来获得。这种设计是归纳性的，根据数据的要求而改变。这两种方法具有不同的认识论假设，意味着它们是不可调和的（Catania, 1973）。因此，它们也就作为不同的实验方式而存在。用一种实验方式的评价标准来批评另一种实验方式在逻辑上是说不通的。
>
> 　　在研究者中一直存在一个老生常谈的话题，就是恰当的分析技术并非跟某个特定的研究方法学捆绑在一起，而是与它能否成功回答研究中的实验问题紧密相关。单一被试设计能否恰当地回答实验问题，不应由某个特定的人认为研究方法应该怎样的那种感觉来判断，而应由这个方法对回答实验问题的有效性来决定。考虑到在20世纪的大部分时间里，该行为分析领域的研究取得了蓬勃发展，从实验室到学校情境，并在学科间显现出逐渐流行的趋势，这种实验设计方法必然能够得到有用的结论。否则，在很久以前研究者就已经停止使用这种方法来理解人类本质了。
>
> 　　也许应用心理学排斥单一被试研究使用的方法，其根源不在于这些方法不恰当，而在于批评者对单一被试法及其基本假设不熟悉。现在像"从单一被试设计中得出的功能关系并不恰当，因为没有使用推断统计"这样的观点已不再广泛存在，反而是更多的行为分析师抱怨对照组设计掩盖了差异性或者是无效的，因为这个方法需要非常多的被试来验证实验控制。从根本上说，任何特定的实验方法是否恰当，取决于研究者能否运用这个方法得出结论和解决问题。

解决使用视觉化分析过程中面临的评分者差异性问题，一个比较恰当的办法就是培训人们学习如何分析图示数据，教育工作者和行为分析师对这一技术是非常熟悉的。在每个研究团队中，这样的过程通常会以非正式的方式进行（或至少没有明确的课程），而在大学里，视觉化分析一般都是行为分析课程中的必修内容。最新的数据表明，没有接受过培训的观察者（将观察者与专家的一致性作为指标），大概能准确解释55%的图示数据。而接受过培训后，同一批观察者的准确率能提高到接近95%（Fisher et al., 2003）。

我们可以将费希尔等人（Fisher et al., 2003）最近验证过的、用于培训视觉化分析技能的方法作为一个实例来说明这个问题。首先，绘制一组A-B图表，用来呈现关于趋势、水平、变动幅度、效应即时性和重叠等一系列结果。然后将图表按照两种条件之间不同的变化程度分类，用以表明学员的判断情况。之后，学员学习视觉检视的概念（在本章的前面部分已做过介绍）。接着，向学员一个一个地呈现A-B图表，要求学员记录是否存在某种效应，最后，学员会得到关于判断准确性的反馈。据费希尔等人（2003）所言，使用这个相对简单的方法来培训视觉检视者，所需时间不足1小时。

教授学员如何视觉化分析数据的最好方法是采用正式的培训计划，这种培训结合了针对已出版的研究成果的常规阅读和讨论。将这些方法同每天和每周的决策结合起来，这些决策是参与研究或实践所需要的，并有严格的规则。在经历过"视觉化数据分析是不是可接受的方法"这场争论后的25年里，关注点已经从这个方法是否有用转移到如何有效地教授学员使用这个已被证明有效的数据分析技术。换句话说，由事后得到的益处看来，关注点已不再是视觉化数据分析能否使用，而是如何使用的问题了。

五、小结

数据的视觉检视已被证明是科学领域中最强有力的分析技术之一。通过将一个数据集的不同方面进行视觉化呈现，研究者可以用不同的方式探讨和描述研究结果。这样一个过程使研究者能够更专注于研究数据的不同方面的特征和模式，以获得对研究发现的本质更深刻的理解。视觉化分析技术的使用，有助于探讨数据，以及提供容易建立的和更新的数据分析模式，符合单一被试设计的归纳性质。也就是说，随着实验的开展，为了做决策，可以每天追踪数据，并相应地调整实验过程。

由于其具有这些特性，从20世纪30年代开始，图示呈现数据已经成为做实验行为分析时进行数据分析的核心方法。随着基本的实验室结论逐渐扩展到社会相关问题，基础研究者的数据分析技术也被应用研究者所采用。虽然图表的使用与传统心理学方法相悖，但这种技术在生物学和医学领域已被证明是有效的，并取代推断统计成为数据分析的主要方法。本章介绍了视觉化数据分析法，并列举了一些案例以说明如何使用图表呈现来更好地理解基于单一被试研究的功能关系的本质。然而，就像所有其他的研究方法一样，并不存在绘制数据的唯一"正确的方式"。相反，研究者需要根据手中的分析任务来调整、使用，或者发展最恰当的方法，以揭示数据中存在的模式。

第 16 章　社会效度

如果本书仅仅述及实验室情境下的行为分析过程，那就不需要最后这一章了。然而本书并不关注基础性研究，而是明确地以"如何分析教育情境下的行为加工过程"为中心，这就要求研究者必须直接跟人打交道，这些人有不同类型的需求，并且需要他人的帮助。这一点使应用行为分析有别于实验行为分析。尽管两个学科都力图通过对行为过程的分析来探明人类行为的内在本质，但是应用性研究是在高度契合公众需求的背景下实施的。

在教育情境中，研究者通常致力于解决某些类型的问题，如阅读技能是否获得了提升，儿童发音的清晰度是否得到了改善，或者通过干预攻击行为是否减少了。此外，因为学校是公共场合，其他的学生、老师、辅导员、学校管理者和相关的服务人员都有可能被卷入，最直接受影响的是学生和他们的家庭。这样的研究背景当然处于社会环境之中，在这种环境中许多个体会受行为改变干预的影响，即使这种干预只集中于某一个学生身上。

由于教育研究具有应用性，用额外的分析活动来评价对一系列被试的干预效果是有必要的。如果研究者想要了解他们的干预对课堂的影响，除了画一个干预与数学成绩改善的功能关系图外，可能还需要了解更多的情况。额外的信息可以从下列问题中获得：教师觉得这种干预的实施简单还是困难？学生对于新程序是如何反应的？在研究结束后教师还运用这种干预方法吗？是否存在与干预有关的积极或者消极的副作用？干预对象的表现是否处在同龄学生的一般水平？校长认为研究结果值得推广到其他班级吗？这些信息能够帮助研究者了解他们的干预是否在更广阔的背景下产生了效果。了解这些情况有助于解释在各种社会背景中的功能关系，这些社会背景的存在潜在地改善了教育干预的效果，或者至少改变了教育干预的可接受性。为了理解单一被试研究实施的社会背景，研究者提出了一个叫作社会效度（social validity）的概念。

一、社会效度

社会效度是对不同人群体验到的与特定干预有关的重要性、有效性、适宜性和满意度的估计。如果前15章集中体现了科学的精确、客观、善于分析等优点，那么这一章似乎就有点主观了，确实因为它用的是主观的方法，这也是为什么要从整体上来把握应用效果的社会效度。由于教育研究发生在应用情境中，因此，知道人们在这些情境中如何对干预做出反应，是了解行为干预效果的重要组成部分。

卡兹丁（Kazdin, 1977）和沃尔夫（Wolf, 1978）将社会效度的概念引入应用行为分析领域，然而其他学科早已有这个概念了。在20世纪30年代，商业部门开始对"雇员生产产品与消费者使用产品是否满意"感兴趣（Rothlisberger & Dickson, 1939）。在心理治疗领域，心理学家和精神病学家对"服务对象对他们将要经历的事情的预期和是否相信能从治疗中获益"感兴趣（Rogers, 1942）。最终，在医学领域，研究者和临床医生开始对测量"病人是否对接受的治疗满意"感兴趣（Makeover, 1950）。每一条探究路线都强调人们所期待、体验和感知的东西确实反映了特定工作的效果。

卡兹丁（1977）和沃尔夫（1978）发展社会效度这一概念的时候，正是应用行为分析处于最初的快速成长的时期。正如第2章所提到的，应用行为分析从最初的实验室研究开始兴起，到20世纪70年代初已经发展成为比较完善的学科，但也具有争议性（Kazdin, 1978）。争议多源于公众对研究者"控制"他人的行为感到担忧。在一定程度上，这些担忧可归因于行为干预的效果，以及研究者只注重对行为反应采取明确的、可操作的程序（Goldiamond, 1976）。不管这些担忧有没有真凭实据，大量的争论集中于"行为矫正"符不符合伦理或者是否可取。

遗憾的是，当行为分析师试图消除公众的这些疑虑时，他们竟然无法从自己的研究中找到数据来支持自己工作的可接受性。因为行为分析师往往只关注被精确定义了的行为，这种行为与特定的实验问题直接相关，而几乎没有关于人们对于特定的实验"感觉"如何的数据。这使行为分析师如坐针毡，因为除了他们通常记录的行为变化外，几乎没有数据能够支持他们所做的干预。这种历史背景为卡兹丁（1977）和沃尔夫（1978）提出用社会效度的构想去测量行为干预的社会影响提供了契机。

在沃尔夫（1978）对社会效度最初的描述中，他主要用主观判断来评价行为干预的适当性和可取性。他建议，通过了解干预的主观作用，应用行为分析师可以更好地了解自身工作的社会意义。确切地说，他列出了主观分析的三个主要方面：目标、程序和结果。目标指的是干预要瞄准的对象，包括个人、环境和特定行为。程序是研究中用来改变行为的技术——实验者用什么方法来增加或减少特定行为发生的可能性。结果是由干预（包括直接的和间接的）导致的行为变化。

这三个方面构成了应用行为分析中研究社会效度的框架。有了这样一个系统，研究者就可以对主观数据进行系统的研究。然而，这些主张与数十年来在行为分析的研究中只允许对客观定义的变量进行分析的情况背道而驰。从某种意义上说，行为分析所捍卫的实证方法也要求研究者把主观数据纳入自己的研究中，以便更好地理解所产生的效果。这（至今依然）带有些许讽刺的意味，但是对于理解应用情境中行为干预的效果来说，这是一个必要的条件（参见专栏 16.1）。

专栏 16.1　应用社会效度

既然理解一个实验的社会影响是有价值的，那么是否所有应用行为分析的研究都应该进行社会效度的评估呢？有人可能主张，在应用的背景下任何力图改变个体行为的研究都应该对其所做工作的社会效度进行评估。然而，社会效度评估的适当性取决于"应用背景"的含义。在很多方面，"应用性"与"基础性"的区别是虚假的二分。这些概念不是真正的二分，事实上，它们涵盖了从基础研究到应用研究这个连续体。比如，一些研究者也许利用人做被试，甚至研究某种具有明确社会意义的行为（如自伤行为），但把焦点放在产生这些行为的基本行为加工过程上。

这种研究被称为"桥梁研究"，因为它们处在应用研究与基础研究之间（Mace, 1994）。在这种情况下，社会效度的数据可能对实验结果的解释不起什么作用。然而，这种调查研究的合理性有助于更好地理解影响重要社会情境的行为加工过程，以便能够制订更有效的干预计划（Lerman, 2003）。如果是这种情况，并且桥梁研究能够成功地识别新的行为—环境机制，那么就有必要将这样的研究结果转化为实际的干预措施。

因为这种转化要有一个清晰的干预目的，这些研究显然需要评估这些目标、程序和结果的社会效度。然而，此时，考虑到在行为分析领域里研究的复杂性，社会效度可能只适用于某些类型的干预效果的研究。

在这种历史背景下，沃尔夫（1978）写下了下面这段文字。

早期，华生和斯金纳曾强烈反对主观性测量，因为他们担心主观报告假定性的内部变量在社会科学中会扮演不恰当的因果角色，这导致我们中的许多人得出"所有的主观性测量都是不恰当的"结论。人们正在形成一种新的共识，似乎如果我们追求社会意义，就必须建立一个让服务对象给我们提供关于我们所应用的程序如何与他们的价值观、强化物相关联的反馈系统。这并不是对传统的舍弃。主观性测量的运用与研究内部的因果变量无关。相反，它是用社会能接受的、实用的方法评估复杂强化物的一种尝试。这是一个革命性的事件，是应用研究环境中一种偶然出现的功能，如果我们有机会要求应用行为研究的创始人对我们的行为给予主观上的反馈，他们也许会感谢这些偶然事件。(p.213)

二、社会效度的评价方法

在最近的 25 年里，已有三种方法用于估计社会效度（参见专栏 16.2），每种方法侧重于社会意义构想的不同方面。正如人们可能推测到的，每一种方法都有其优点和缺点，而且没有一种单一的社会效度的评估方法能被看作"黄金标准"（the gold standard）。因此，这一节将回顾对不同的社会效度所采取的不同的估计方法，解释每种方法的目的，提供应用实例，并对各种策略进行评论。

（一）主观评价

最初的社会效度的概念与卡兹丁（1977）和沃尔夫（1978）所说的主观评价紧密相关。这种评价方法用于收集人们对实验目标、程序和结果的某些方面的感知信息，其目的是估计人们如何看待实验情境的某些方面。究竟评估实验情境中的哪些方面，主要依实验问题以及研究者想要了解的内容而定。例如，如果研究者正着手解决新的应用性问题，那么他们所收集的社会效度的数据可能是关于人们认为该课题是否重要，以及他们制订的减少这些行为的目标是否符合需要。然而，如果研究者关注的是新的干预方法的使用，那么他们可能就要评估人们是否可以接受他们的新技术。或者，如果实验者想从定性方面证明这项技术成果是令人满意的，他们也可以让人们在干预前后对目标行为进行主观评价。根据实验者想了解的内容的不同，可以单独或综合使用这些主观评价方法。

> **专栏16.2 语言运用与社会效度**
>
> 与大多数行为分析研究（处理明确的事件）不同，社会效度向研究者呈现了一种不同类型的分析情境。行为分析当然聚焦于能被操作化和直接测量的自然事件。在过去的一个世纪中，这种严格的实验方法论路径一直都是行为分析成功的重要方面。然而，随着社会效度的引入，这种情况在某些方面发生改变了。
>
> 对于社会效度，尤其在主观评价运用方面的争论，其实质就是让诸如"喜欢""可接受的""不合适的"之类的语言构想进入实验分析之中。然而，虽然在行为分析社会效度的研究框架中运用这些词汇完全是恰当的，但是它已经导致用于描述社会效度的语言有些含糊。
>
> 由于社会效度是一个社会构想，也就是基于社会习俗和未被良好定义的概念，所以它不是一个事物。因此，就像它在"我们需要表明这项干预具有社会效度"这句话中那样，它作为名词来使用是不准确且容易令人误解的。更准确地说，社会效度是用来描述在所定义的社会背景下实验的目标、程序和/或结果的某些特征的形容词。基于语言运用方面的原因（Hineline, 1990），将"社会效度"表达为"估计或评估社会效度"会更准确。

1. 进行主观评价

应用主观评价的第一步是确定研究目的是否要从目标、程序、结果或这三方面的不同组合进行反馈。目标一旦确定下来，研究者就要明确将从谁那里采集信息。施瓦茨和贝尔（Schwartz & Baer, 1991）确定了四类信息提供者：直接的被试、间接的被试、最接近的社区成员、扩展的社区成员。直接的被试是指直接接受干预的人，例如，正努力提高拼写技能的学生或者为改善某种研究实践而学习新技术的教师。间接的被试是指与研究情境有关的人，可能包括正在接受拼写技能干预的学生家长或者负责监督教师学习使用新教学技术的校长。最接近的社区成员是指受研究间接影响的人，与直接和间接的被试有某种接触，可能包括其他的学生和家长、学校里的其他教师或教育委员会的成员。扩展的社区成员是指和被试没有直接接触，但可能对研究的潜在益处或负面作用感兴趣的人，如纳税人、立法者、媒体报道人、教育内容专家或任何其他对研究者的工作感兴趣的人（Kennedy, 2002a）。

此外，社会效度评估的重点放在哪类人群身上要依提出的问题而定。在这个连续体的一端，研究者也许想知道学生和教师对特定类型的教育干预如何反应。例如，研究者可能会将讲授为主的教学与合作学习小组的教学做比较，问直接的被试喜欢哪一种教学及原因。在连续体的另一端，研究者可能会对调查本地区业主代表团（即交财产税资助当地学校的人）的看法感兴趣，了解他们是否认为校园暴力是一个重要的事件，以至于要削减学校的其他项目（如校外体育活动）来增加服务，减少暴力。

一旦确定了信息提供者群体，研究者就要选择所要采用的评估策略。大致来说，有四种收集主观评价信息的方法：问卷、强迫选择程序、结构化访谈、开放式访谈。问卷法是最常用的方法（Kennedy, 1992）。使用问卷法，通常要呈现一系列问题，让特定的人通过书写或其他媒介做出反应。这些问题集中于实验者想要了解的调查内容的某些方面。例如，问卷可能会问一系列关于在某种假定的情况下，干预程序的可接受性问题（Kazdin, 1980）。强迫选择程序要求提供信息的人在可能的目标、程序和结果之间做选择。例如，让个体按照可接受程度将一系列用于减少行为问题的干预方法进行排序。在某些情况下，这些选择只是部分地抽取了个人观点；在另一些情况下，可能要求个体从其将要接受的各种可能的目标或程序中做出现实的选择（Chwartz & Baer, 1991）。

运用结构化访谈时需要拟订一系列问题，然后读给受访者听，并给予受访者回答的机会。通常，这些问题有固定数目的选项可供选择。例如，访谈者可以问受访者一系列问题，他们要回答"是""否"或者"也许"。开放式访谈则要向受访者提出几个不确定的问题，允许他做出扩展性的、非结构性的回答。例如，实验者可以问诸如"你觉得合作学习干预法怎么样？"或者"学生对大班化教学反应如何？"，等等。用一些工具来记录受访者的回答，之后进行总结分析。

主观评价的最后一步是资料分析。这一步是研究文献中表述得最不清楚的地方。如果资料是基于离散的、可计量的元素（如李克特式量表或者是/否反应），那么用描述统计来说明应答的平均数和方差是合适的。例如，在回答"这是我同意用到我自己的孩子身上的干预方法之一"这个问题时，父母报告的情况可以按照李克特式五点量表上的计分方式（1表示"非常不同意"，5表示"非常同意"）总结为平均分是4.3（在2~5之间）。还有一种做法是汇总每个问题的各选项被选择的频数。表16.1给出了对有严重残障和行为问题的学生干预的可接受性分析的结果，调查对象是特殊教育工作者（Kennedy, 1994）。

表 16.1　干预程序核查评估的结果

1. 你认为针对学生的问题行为，这个干预程序在多大程度上是可以接受的？

						1	2	5
完全不能接受			适度地接受					非常能接受

2. 如果一定要改变学生的问题行为，你在多大程度上愿意实施这个程序？

							3	5
完全不愿意			中等意愿					非常愿意

3. 你觉得这个干预程序残忍或不公正吗？

								8
非常残忍			一般					一点都不残忍

4. 这个程序对待学生的方式在多大程度上是人道的？

								8
非常不人道			一般					非常人道

5. 你有多喜欢这个干预的程序？

						1		7
完全不喜欢			一般					非常喜欢

6. 这个干预程序使学生得到永久性改善的可能性有多大？

						5	3	
不可能			一般					非常有可能

7. 这个干预程序有多大的可能性带来不希望出现的副作用？

					1	6	1	
可能有很多不希望出现的副作用			可能有一些不希望出现的副作用					可能没有不希望出现的副作用

8. 整体来说，你对这种干预形式的一般反应是什么？

								8
非常消极			喜忧参半					非常积极

注：N=8

资料来源：C. H. Kennedy, Manipulating Antecedent Conditions to Alter the Stimulus Control of Problem Behavior (《操纵前提条件改变问题行为的刺激控制》), *Journal of Applied Behavior Analysis* (《应用行为分析杂志》), 1994, 27, pp.161-170. 1994 年版权归实验行为分析协会所有，同意翻印。

如果收集的资料本质上是定性的（即口头回答），最有可能来自结构化访谈或开放式问题，那么可能需要对资料进行定性分析。一篇关于社会效度评估的文献综述指出，对这类资料做定性分析，最频繁发表的文章类型是内容分析（Miles & Huberman, 1984）。在内容分析中，被试对每个问题的回答都会被复制到答题卡或者其他媒介上。然后，研究团队的成员独自阅读并按主题把它们归入各自设定的类别中。一旦两个或两个以上成员完成了这项工作，研究团队就要开会讨论他们的分类结构。接着，团队成员要酌情修订分类结构，并且团队成员要对如何把特定问题的每一种回答进行归类达成共识。对应答者提出的每一个问题都要采取相似的程序。这些资料至少可以用两种方法来概括，我们将用一项研究（Cox & Kennedy, 2003）来说明两种概括资料的方法。资料来自家长关于有多重残障的孩子的住院治疗及随后的康复这个开放式问题做出的回答。表16.2呈现了一个内容分析的结果，对每个问题的回答都指明了大致的分类，并且统计了在每个回答的类别中所包含的应答者的百分比。概括这些资料还有一种方法是呈现对这些问题做出回答的各个子类，以及实际得到的各种回答的例子。表16.3以更加具体详细的方式呈现了来自表16.2的第1题回答的情况。由于有数据的视觉化分析，在分析这类资料时，最重要的一点是，尽量以清晰简洁的方式、通过程序和演示来揭示所收集到的资料的特点。

2. 优点和缺点

将主观评价作为估计社会效度的技术存在若干优点和缺点。一个最重要的优点，也是卡兹丁（1977）和沃尔夫（1978）所赞赏的，是主观评价允许定性信息纳入通过实验行为分析所收集到的数据中。主观评价的第二个优点是它的应用拓宽了研究所使用的因变量的范围。这两个优点有共同的基础，即将人们的感知及看法纳入对所做事情及实验设计为个体带来的有益结果的解释中。主观评价的主要缺点是它所提出的问题常常偏向于获得积极的结果，也就是说，研究者设计或呈现问题的方式往往会使应答者倾向于做出他们希望的回答。这种技术的第二个缺点是人们对于情境的感知也许并不意味着被试行为的变化。第三个缺点是大多数为主观评价研究开发的工具，其心理测量学的性能是不清楚的，即一般来说工具的信度和效度是未知的（Sax, 1996）。总而言之，如果所设计的实验问题能够收集到有用的信息，主观评价就可以作为一种重要的工具。

表 16.2　家长对开放式问题的回答

孩子的学校那样做有帮助吗?
　　没有（14.3%）
　　提供了支持（85.7%）
学校做什么会更有用?
　　更多的交流与合作（35%）
　　没有（50%）
　　学校没有发挥作用（15%）
医院那样做有帮助吗?
　　没有（20%）
　　给孩子提供了医疗服务（24%）
　　给家长提供了支持服务（8%）
　　支持者（48%）
医院做什么会更有用?
　　改善对家长的支持（13.3%）
　　改善护理（26.7%）
　　增强连续性和合作（13.3%）
　　更多的员工教育（26.7%）
　　没有（20%）
家庭—学校—医院的交流成功吗?
　　交流不是问题（10.5%）
　　各实体间没有交流（47.4%）
　　家长牵头（26.3%）
　　令人满意（15.8%）
做什么会增进家庭—学校—医院的交流?
　　改善交流（26%）
　　不确定建议什么（8.7%）
　　校院分离（65.3%）
住院治疗对您的孩子的教育有什么影响?
　　改善了行为表现（15.8%）
　　没有影响或影响很小（42.1%）
　　有点负面影响（21%）
　　显著的负面影响（21.1%）

资料来源：J. A. Cox, C. H. Kennedy, Transition between School and Hospital for Student with Multiple Disabilities: A Survey of Causes, Educational Continuity, and Parental Perceptions（《多重残障学生在学校和医院之间的转衔：原因、教育连续性和家长感知的调查》），*Research and Practice for People with Severe Disabilities*（《多重残障者的研究和实践》，JASH 的前身），2003, 28, pp.1-6. 2003 年版权归 TASH 所有，同意翻印。

表 16.3　在表 16.2 的第 1 题中对"提供支持的类型"做出回答的例子

准备提供一般性支持
　　"物理治疗（PT）、老师打电话和来医院。"
　　"老师打电话和送来家庭作业。"
提供一般性支持
　　"一听说孩子住院就打电话。"
　　"学校提供居家教学服务，但我们谢绝了。"
居家教学服务
　　"居家教学服务的老师已经是 IEP 的成员了。老师刚来过医院。"
　　"在医院，居家教学服务的老师提供笔记本电脑。"

资料来源：J. A. Cox, C. H. Kennedy. Transition between School and Hospital for Student with Multiple Disabilities: A Survey of Causes, Educational Continuity, and Parental Perceptions（《多重残障学生在学校和医院之间的转衔：原因、教育连续性和家长知觉的调查》），*Research and Practice for People With Severe Disabilities*（《多重障碍者的研究和实践》，JASH 的前身），2003, 28, pp.1-6. 2003 年版权归 TASH 所有，同意翻印。

（二）常模比较

第二种估计社会效度的方法主要是为了回应人们对主观评价所获得的高定性化资料的担忧而发展起来的。这种方法叫作常模比较，在卡兹丁（1977）和沃尔夫（1978）的论文发表后不久，范豪滕（Van Houten, 1979）对此进行了简要介绍。在常模比较中，将被试做出的特定行为与某些个体的参照样本做比较。一般情况下，选择参照组是因为它可以提供目标行为应有的水平和形态的样例。其焦点在于，应参照某些常模团体所认为典型的或符合要求的行为来确认研究中被试行为改变的目标和成果。

沃克和霍普斯（Walker & Hops, 1976）提供了一个运用常模参照的早期研究的例子。这两位研究者致力于改善那些被认为在普通班级中有品行问题的学生的行为。为了得到干预目标和干预结果的参照标准，沃克和霍普斯从教师鉴定为行为恰当的班级同学中抽取了各种水平的恰当和不恰当的行为样本。然后，在一个单独的情境中给这些有品行问题的学生实施干预，直到他们的行为接近普通班级同学的行为（参见图 16.1）。之后，再把这些有品行问题的学生带回普通班级中，这些学生保持了与他们的同学相似的行为水平。这样就从数量上证明，那些原来有品行问题的学生在干预后，其恰当行为的水平与那些没有行为问题的同学大致相同。

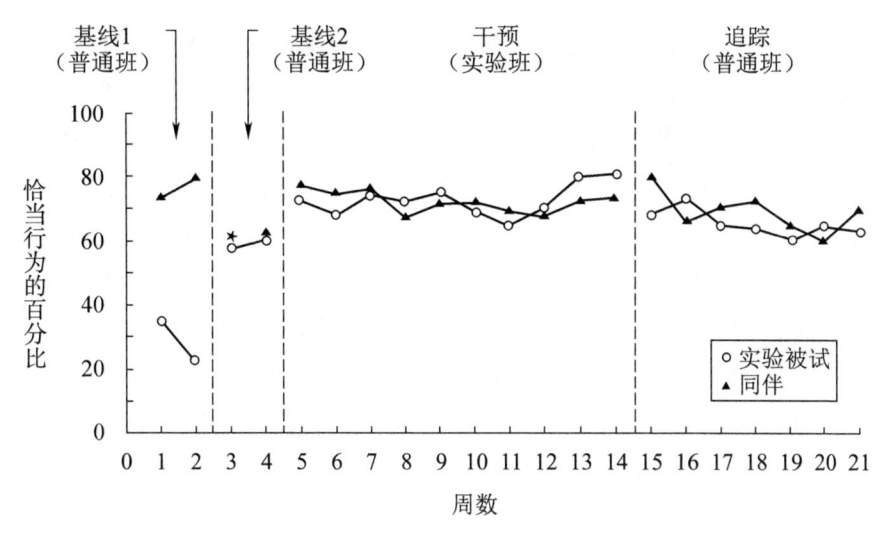

图 16.1 运用常模比较的例子

纵轴数据代表恰当行为的百分比，横轴数据代表在校的周数。变量为有品行问题的儿童的行为和教师认为行为恰当的班级同学的行为。

资料来源：H. M. Walker, H. Hops, Use of Normative Peers Data as a Standard for Evaluating Classroom Treatment Effects（《同伴常模资料用作评价课堂干预效果的标准》），*Journal of Appiled Behavior Analysis*（《应用行为分析杂志》），1976, 9, 图 1, p.164. 1976 年版权归实验行为分析协会所有，同意翻印。

1. 进行常模比较

为了进行常模比较，研究者首先要确定被干预者的目标行为。然后，研究者要决定是否根据常模样本来确定干预的目标或结果，或者同时包括两个方面。如果只选择用目标做比较，那么研究者将有一个要达到的干预目标，而没有关于常模的信息。如果重点只是比较结果，那么研究者将有一个干预效果的常模结果作为量尺，而没有引导他们工作的量化目标。基于这些原因，最好的做法可能是既运用常模比较确定要达到的目标，又进一步证明在这些目标达成后，它们仍然具有常模的价值。

一旦做了这些决定，研究者就要确定一个常模团体，并确定能从中进行数据取样。通常情况下是从目标行为已经符合期望水平的人群中取样，然后在自然发生的情况下测量这些行为的水平。这些数据汇总后，可以在随后的实验分析中为比较干预目标和结果提供基础。

2. 优点和缺点

这种方法用于社会效度评估的主要好处是，它为制订干预的目标提供了一个清晰且稳固的基础。似乎在教育研究中，当儿童在某些方面被鉴别为不正常时，随后对这个儿童的行为改变的期望要高于那些被认为不需要干预的同伴，收集常模资料也许能改善这种情况。这种方法的另一个优点是，它提供了一种参考标准，即在干预实施后，了解个体的行为是否在同伴行为的范围内，而同伴的行为已经被认为是可接受的。这种方法的最后一个优点是，它以干预的增益作为逻辑基础，这就使这种策略具有很高的表面效度。也就是说，大多数专家会根据表面数据说，这是确定干预目标和评价干预结果的一种合理且理性的方法。

常模比较的缺点是人们不确定被选为常模样本的团体是否确实是标准的。有可能所抽取的常模团体显示出太高或太低的行为水平，却被当成真正有代表性的样本。此外，如范豪滕（1979）所说，参照常模样本可能无法为特定个体设定目标。在某些情况下，个体在某种社会或学术背景下达到均值不一定就是成功的。既然达到均值并不一定代表成功，那么过度依赖常模数据就可能会妨碍对特定个体是否成功的准确评价。

（三）维持性

一种最新的社会效度的指标是特定干预的效果随时间推移能维持的程度（Kennedy, 2002b）。维持性是一旦研究完成或者研究者不再介入，一个实验的程序和结果是否延续的指标。如果处于特定背景下干预方案的实施者认为正在使用的程序以及由该程序带来的行为变化是令人满意的，那么他们有可能致力于持续使用这个程序。把维持性当成社会效度的指标，源于人们观察到"如果某种干预缺乏社会效度，那么它几乎不可能是有效的，即使它彻底改变了目标行为并且在其他方面有极好的成本效益比；对于有效性来说，社会效度并不是充分的，但它是必要的"（Baer, Wolf, & Risley, 1987, p.323）。因此，如果随着时间的推移，干预能够保持稳定，那么它就一定有一些性质与社会效度所包含的性质一致。

阿尔特斯等人（Altus et al., 1993）提供了一个维持性的例子。他们研究了一项用来帮助大学生公共寝室成员培养管理寝室单元责任心的计划。如图16.2所示，当将学分和罚款确定为依联事件时，该计划有效地让新成员完成了训练内容。在干预的前14周，研究者对这种依联事件进行控制。之后，研究者将这项训练计划移交给公共寝室成员。9年后，当研究者再次抽查新成员有关训练活动的行为时，该计划保持在和初期的分析大致相同的水平。这样的结果表明，这种干预对于运用它的人来说是有效且可接受的。

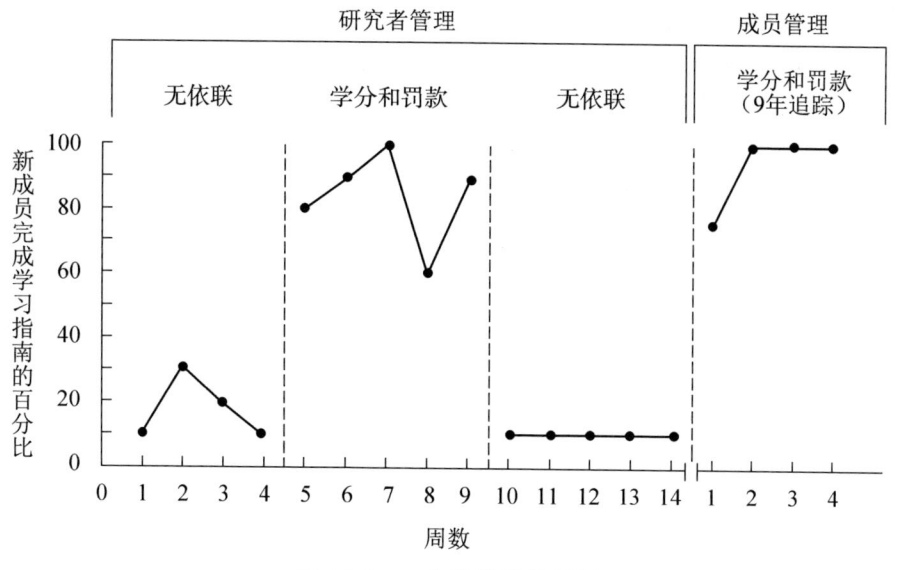

图 16.2　一个维持性的例子

作者研究了一项用来帮助大学生公共寝室成员培养管理寝室单元责任心的计划。如图16.2所示，当将学分和罚款确定为依联事件时，该计划有效地使新成员完成了训练内容。在干预的前14周，研究者对这种依联事件进行控制。之后，研究者将这项训练计划移交给公共寝室成员。9年后，当研究者再一次抽查新成员有关训练活动的行为时，该计划保持在和初期的分析大致相同的水平。

资料来源：D. E. Altus, T. M. Welsh, L. K. Miler, M. H. Merrill, Efficacy and Maintenance of an Education Program for a Consumer Cooperative (《用户合作教育项目的效果与维持》), *Journal of Applied Behavior Analysis* (《应用行为分析杂志》), 1993, 26, 图 1, p.404. 1993 年版权归实验行为分析协会所有，同意翻印。

在对影响干预成功的因素进行长期实验分析的背景下，鲁施和卡兹丁（Rusch & Kazdin, 1981）首次提出了维持性的研究。这两位研究者建议在延长时段内用移除设计（withdrawal designs）来分析干预的维持性及其对行为的影响。图16.3给出了几个用实验研究维持性时建议使用的移除设计的假设性例子。如果我们把鲁施和卡兹丁的建议放到第5章有关实验问题的框架中，这样的分析方案可为进行成分分析和参数分析提供机会（Kennedy, 2002）。成分分析允许研究者排除一个或多个自变量时，评估其对行为的影响，然后再返回至先前的状态。对于干预效果的维持而言，这种分析可以用来鉴别哪些是必要的干预成分。参数分析允许对不同的干预水平、对行为的影响以及干预方案的实

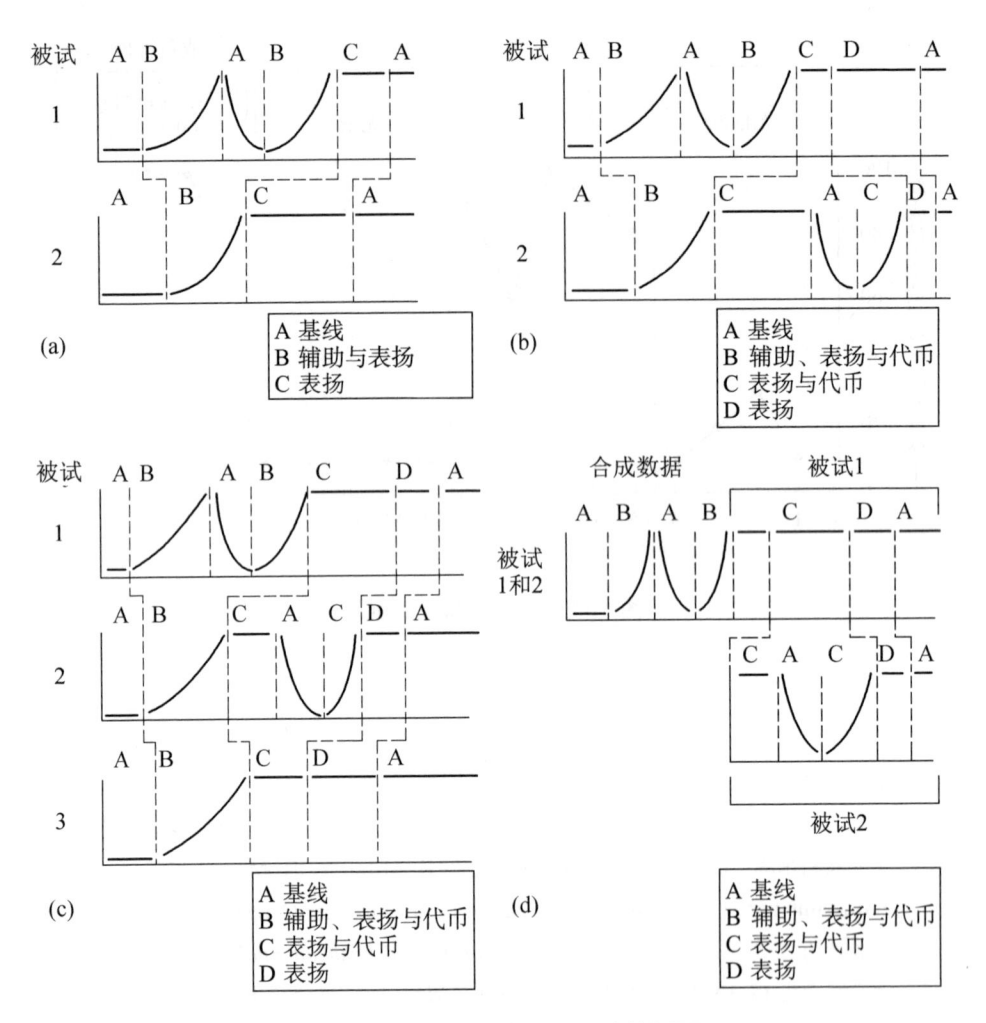

图 16.3　假设的几个移除设计的例子

（a）显示的是两个被试两个成分干预的系统移除。右上图（b）显示的是两个被试三个成分干预的移除。左下图（c）显示的是三个被试三个成分干预的系统移除。右下图（d）显示的是在 A-B-A-B 倒返设计中两个被试三个成分的移除。

资料来源：F. R. Rusch, A. E. Kazdin, Toward a Methodology of Withdrawal Design for the Assessment of Response Maintenance（《移除设计：一种反应维持评估的方法》）, *Journal of Applied Behavior Analysis*（《应用行为分析杂志》）, 1981, 14, 图 2, p.137. 1981 年版权归实验行为分析协会所有，同意翻印。

施者是否愿意维持干预分别进行成本效益分析。做这样的实验能够获得重要的信息，不仅包括干预如何长时间地维持，还包括为什么能（或不能）长时间维持。

优点和缺点

维持性作为社会效度的指标，其主要优点是它具有表面效度。如果一组被试在相当长的时间内保持了干预的效果，那么干预和效果一定有某些因素对这些被试起到了强化的作用。也许这是对主观评价评估结果的实证性检验。然而，维持性的概念存在一些局限性。首先，进行维持性分析需要相当长的时间，而有些事情在逻辑上是行不通的。其次，实验者未知的其他变量可能影响了干预的可接受性和维持性（如联邦法律或法庭的裁决），即使它的应用对实验所涉及的人是有害的。最后，维持性是一种程度上的间接指数，它反映了干预程序和结果之间有一定程度的社会效度。

三、社会效度的应用趋势

按照刚才阐述干预的维持性时的逻辑，如果研究者发现社会效度评估是一种有用的分析工具，那么在现有的文献中，它们的应用应该比较普遍。如果由这样的评估得到的资料对调查者有用，那么他们在做研究时就有可能利用这种信息。相反，如果社会效度的资料无用或者过于烦琐，以至于不得不用实验来收集数据，那么这些程序的应用频率可能会比较低。

这类档案资料是可以找到的，但其数量并不令人鼓舞。肯尼迪（Kennedy, 1992）和卡尔等人（Carr et al., 1999）论证了社会效度评估应在多大程度上纳入应用行为分析研究。卡尔等人分析的结果呈现在图16.4中。纵轴代表在《应用行为分析杂志》上发表的、报告了与社会效度有关的数据的研究论文的百分比，横轴代表发表的年份。最上面的一幅图给出了报告结果的文章数，中间的那幅图显示了报告程序可接受性的文章数，最下面的一幅图显示了报告其中一种或者两种社会效度的评估的文章数。不足为奇，在卡兹丁（1977）和沃尔夫（1978）的论文发表之前，几乎没有人用社会效度评估做研究，但在他们的论文发表之后则出现了增长。20世纪80年代，社会效度评估的应用出现了逐渐下降的趋势，在接下来的10年中，它们的应用稳定在20%。肯尼迪曾提到，发表在第二种杂志《行为矫正》上的、报告社会效度评估的论文情况有相似的模式。另外，肯尼迪还指出，已发表的应用常模比较法的研究数量不到5%。

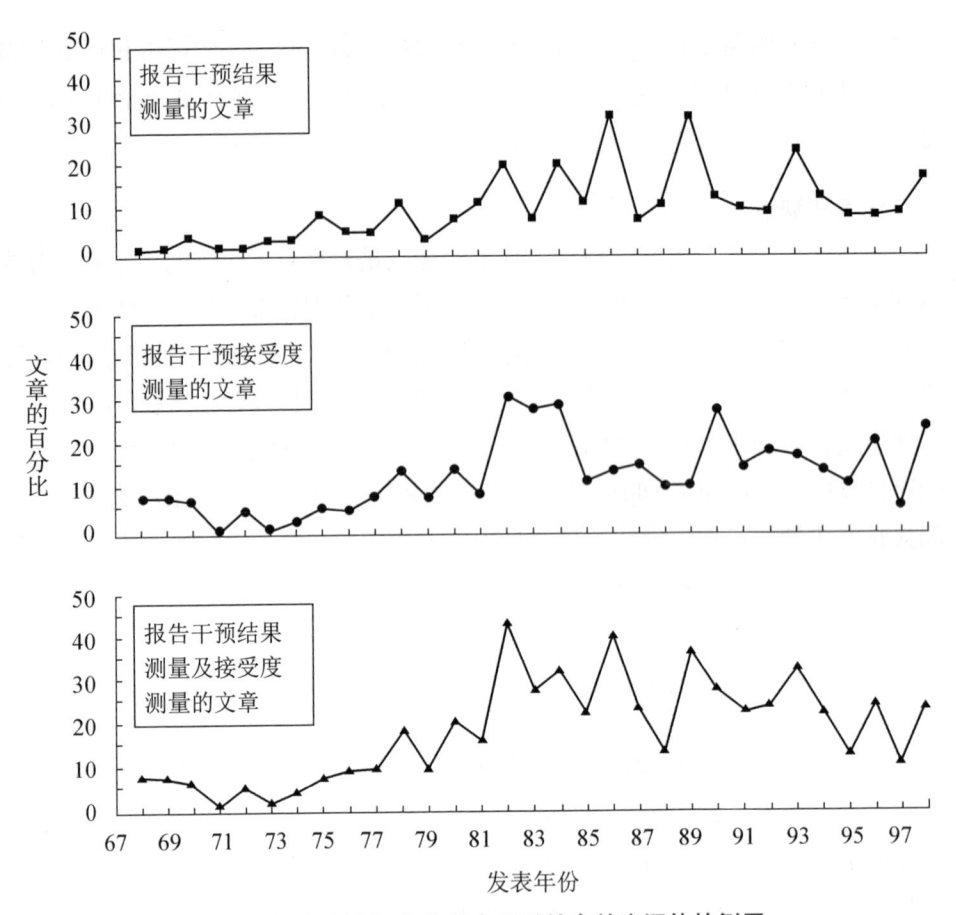

图 16.4　在应用行为分析中运用社会效度评估的例子

Y 轴表示在《应用行为分析杂志》上发表的、报告了与社会效度有关的数据的研究论文的百分比，X 轴表示发表的年份。最上面的一幅图显示了报告结果的文章数，中间的那幅图显示了报告程序可接受性的文章数，最下面的一幅图显示了报告其中一种或者两种社会效度的评估的文章数。

资料来源：J. E. Carr, J. L. Austin, L. N. Britton, K. K. Kellum, J. S. Bailey, An Assessment of Social Validity Trends in Applied Behavior Analysis (《应用行为分析中社会效度评估的趋势》), *Behavior Interventions* (《行为干预》), 1999, 14, 图 1, p.227. 1999 年版权归 John Wiley & Sons 所有，同意翻印。

这些数据似乎表明，研究者只是偶尔将社会效度评估纳入他们的实验方法中。对此，有两种可能的解释。第一种解释是，如专栏 16.1 所示，并不是所有的应用行为分析研究都直接致力于通过干预来改善个体的生活质量。很多实验（指桥梁研究）着重于分析行为的内在机制，并且处于基础性和应用性研究之间

（Maee, 1994），这能够解释为什么有一定比例的应用性研究没有使用社会效度评估。然而，通过仔细阅读过去几十年的文献，发现大量明确聚焦于改善行为的研究并没有将社会效度评估纳入数据收集方案之中。

关于社会效度评估未被充分利用的第二种解释是，各种程序可能都没有产出有助于研究者解释研究结果的数据。也许在许多社会效度评估中，收集资料的成本大于其所带来的收益，一部分原因可能与收集社会效度资料所要求的精确度有关。例如，福西特（Fawcett, 1991）建议提高社会效度评估的心理测量学的精确度，这样，在实际开展研究前就能确定评估的信度和效度。施瓦茨和贝尔（Schwartz & Baer, 1991）主张，把干预者的信息纳入研究是社会效度分析的中心工作，而不是某种次要的实验工作。最后，霍金斯（Hawkin, 1991）建议，不仅要评估社会效度，还要做实验分析，这样就可以获得与研究结果的社会意义有关的功能关系，而不是描述性的数据。如果将上述每一条建议整合到社会效度的研究中，将会改善所得信息的质量，并且很有可能致使研究者加大把这个重要的构想纳入他们的应用研究中的力度。

四、小结

对社会效度的研究兴趣开始于20世纪70年代的应用行为分析。公众担心行为分析的方法也许是有效的，但不能为社会所接受，于是这成为社会效度研究发展的动力。为了更好地了解这些担心是否有根据，卡兹丁（1977）和沃尔夫（1978）引入了社会效度的概念。这些方法现已整合成主观评价、常模比较和维持性等程序，可用来收集社会效度的信息。

如果像人们预期的那样来应用，社会效度评估便可用于研究行为干预如何直接或间接地影响调查所涉及的个体。主观评价允许研究者收集有关个人对研究目标、程序、结果的合理性的感知数据。常模比较可提供一种根据某些社会标准或参照物来确定研究目标和结果的方法。最后，维持性可评估一组个体采纳并保持某个实验程序和结果的程度。每个社会效度评估的方法都可以提供关于干预效果的重要信息，这要多于并超越应用研究中通常依据因变量所报告的干预效果的信息。

参考文献

Agras, W. S., Leitenberg, H., Barlow, D. H., & Thomson, L. E. (1969). Instructions and reinforcement in the modification of neurotic behavior. *American Journal of Psychiatry, 125,* 1435–1439.

Alper, T. G., & White, O. R. (1971). Precision teaching: A tool for the school psychologist and teacher. *Journal of School Psychology, 9,* 445–454.

Altus, D. E., Welsh, T. M., Miller, L. K., & Merrill, M. H. (1993). Efficacy and maintenance of an education program for a consumer cooperative. *Journal of Applied Behavior Analysis, 26,* 403–404.

American Psychological Association. (2001). *Publication manual* (5th ed.). Washington, DC: Author.

Anger, D. (1956). The dependence of interresponse times upon the relative reinforcement of different interresponse times. *Journal of Experimental Psychology, 52,* 145–161.

Ayllon, T., & Michael, J. (1959). The psychiatric nurse as a behavioral engineer. *Journal of the Experimental Analysis of Behavior, 2,* 323–334.

Azrin, N., Jones, R. J., & Flye, B. (1968). A synchronization effect and its application to stuttering by a portable apparatus. *Journal of Applied Behavior Analysis, 1,* 283–295.

Bacon, F. (1620/2000). *The new organon* (L. Jardine & M. Silverthorne, trans.). New York: Cambridge University Press.

Baer, D. M. (1962). Laboratory control of thumbsucking by withdrawal and re-presentation of reinforcement. *Journal of the Experimental Analysis of Behavior, 5,* 525–528.

Baer, D. M. (1977). Perhaps it would be better not to know everything. *Journal of Applied Behavior Analysis, 10,* 167–172.

Baer, D. M. (1986). In application, frequency is not the only estimate of the probability of behavioral units. In T. Thompson & M. D. Zeiler (Eds.), *Analysis and integration of behavioral units* (pp. 117–136). Hillsdale, NJ: Erlbaum.

Baer, D. M., & LeBlanc, J. M. (1977). *New developments in behavioral research: Theory, method, and application: In honor of Sidney W. Bijou.* Hillsdale, NJ: Erlbaum.

Baer, D. M., Wolf, M. M., & Risley, T. R. (1968). Some current dimensions of applied behavior analysis. *Journal of Applied Behavior Analysis, 1,* 91–97.

Baer, D. M., Wolf, M. M., & Risley, T. R. (1987). Some still-current dimensions of applied behavior analysis. *Journal of Applied Behavior Analysis, 20,* 313–327.

Bakeman, R., & Gottman, J. M. (1997). *Observing interaction: An introduction to sequential analysis* (2nd ed.). England: Cambridge University Press.

Baldwin, J. D. (1987). *George Herbert Mead: A unifying theory for sociology.* Beverly Hills, CA: Sage.

Barbetta, P. M., Heward, W. L., Bradley, D. M., & Miller, A. D. (1994). Effects of immediate and delayed error correction on the acquisition and maintenance of sight words by students with developmental disabilities. *Journal of Applied Behavior Analysis, 27,* 177–178.

Barlow, D. H., & Hayes, S. C. (1979). Alternating treatments design: One strategy for comparing the effects of two treatments in a single subject. *Journal of Applied Behavior Analysis, 12,* 199–210.

Barlow, D. H., & Hersen, M. (1984). *Single case experimental designs: Strategies for studying behavior change* (2nd ed.). New York: Pergamon Press.

Barlow, D. H., Hayes, S. C., & Nelson, R. O. (1984). *The scientist practitioner: Research and accountability in clinical and educational settings.* New York: Pergamon Press.

Barrish, H. H., Saunders, M., & Wolf, M. M. (1969). Good behavior game: Effects of individual contingencies for group consequences on disruptive behavior in a classroom. *Journal of Applied Behavior Analysis, 2,* 119–124.

Baum, W. M. (2002). The Harvard Pigeon Lab under Herrnstein. *Journal of the Experimental Analysis of Behavior, 77,* 347–355.

Bellamy, G. T., Horner, R. H., & Inman, D. P. (1979). *Vocational habilitation of severely retarded adults: A direct service technology.* Austin, TX: ProEd.

Berg, W. K., Peck, S., Wacker, D. P., Harding, J., McComas, J., Richman, D., & Brown, K. (2000). The effects of presession exposure to attention on the results of assessments of attention as a reinforcer. *Journal of Applied Behavior Analysis, 33*, 463–477.

Bernard, C. (1865/1927). *An introduction to the study of experimental medicine* (H. Copley & A. M. Greene, trans.). New York: Macmillan.

Bijou, S. W. (1963). Theory and research in mental (developmental) retardation. *Psychological Record, 13*, 95–110.

Bijou, S. W. (1968). Ages, stages, and the naturalization of human development. *American Psychologist, 23*, 419–427.

Bijou, S. W. (1995). *Behavior analysis of child development* (2nd ed.). Reno, NV: Context Press.

Bijou, S. W., Peterson, R. F., & Ault, M. H. (1968). A method to integrate descriptive and experimental field studies at the level of data and empirical concepts. *Journal of Applied Behavior Analysis, 1*, 175–191.

Birnbrauer, J. S. (1981). External validity and experimental investigation of individual behavior. *Analysis and Intervention in Developmental Disabilities, 1*, 117–132.

Bjork, D. W. (1993). *B. F. Skinner: A life*. New York: Basic Books.

Boakes, R. A. (1984). *From Darwin to behaviorism: Psychology and the minds of animals*. Cambridge: Cambridge University Press.

Boren, J. J. (1963). The repeated acquisition of new behavioral chains. *American Psychologist, 18*, 421.

Boren, J. J., & Devine, D. D. (1968). The repeated acquisition of behavioral chains. *Journal of the Experimental Analysis of Behavior, 11*, 651–660.

Boring, E. G. (1950). *A history of experimental psychology* (2nd ed.). New York: Appleton-Century-Crofts.

Boyajian, A. E., DuPaul, G. J., Handler, M. W., Eckert, T. L., & McGoey, K. E. (2001). The use of classroom-based brief functional analyses with preschoolers at-risk for attention deficit hyperactivity disorder. *School Psychology Review, 30*, 278–293.

Browning, R. M. (1967). A same-subject design for simultaneous comparison of three reinforcement contingencies. *Behavior Research and Therapy, 5*, 237–243.

Campbell, D. T., & Stanley, J. C. (1966). *Experimental and quasi-experimental designs for research*. Chicago: Rand McNally.

Carr, E. G. (1977). The motivation of self-injurious behavior: A review of some hypotheses. *Psychological Bulletin, 84*, 800–816.

Carr, E. G., & Durand, V. M. (1985). Reducing behavior problems through functional communication training. *Journal of Applied Behavior Analysis, 18*, 111–126.

Carr, E. G., Newsom, C. D., & Binkoff, J. A. (1980). Escape as a factor in the aggressive behavior of two retarded children. *Journal of Applied Behavior Analysis, 13*, 101–117.

Carr, J. E., Austin, J. L., Britton, L. N., Kellum, K. K., & Bailey, J. S. (1999). An assessment of social validity trends in applied behavior analysis. *Behavioral Interventions, 14*, 223–231.

Catania, A. C. (1973). The psychologies of structure, function, and development. *American Psychologist, 28*, 434–443.

Catania, A. C. (1988). *The Behavior of Organisms* as work in progress. *Journal of the Experimental Analysis of Behavior, 50*, 277–281.

Catania, A. C. (1998). *Learning* (4th ed.). Upper Saddle River, NJ: Prentice Hall.

Catania, A. C., Matthews, T. J., Silverman, P. J., & Yohalem, R. (1977). Yoked variable-ratio and variable-interval responding in pigeons. *Journal of the Experimental Analysis of Behavior, 28*, 155–162.

Chiesa, M. (1994). *Radical behaviorism: The philosophy and the science*. Boston: Authors Cooperative.

Christle, C. A., & Schuster, J. W. (2003). The effects of using response cards on student participation, academic achievement, and on-task behavior during whole-class, math instruction. *Journal of Behavioral Education, 12*, 147–165.

Clark, N. M., Cushing, L. S., & Kennedy, C. H. (2003). *An intensive on-site technical assistance model to promote inclusive practices for students with severe disabilities*. Manuscript submitted for publication.

Cohen, J. A. (1960). A coefficient of agreement for nominal scales. *Educational and Psychological Measurement, 20*, 37–46.

Cohen, M. R., & Nagel, E. (1962). *An introduction to logic*. Indianapolis, IN: Hackett.

Collins, F. S., Green, E. D., Guttmacher, A. E., & Guyer, M. S. (2003). A vision for the future of genomics research: A blueprint for the genomic era. *Nature, 422*, 835–847.

Cooper, L. J., Wacker, D. P., Sasso, G. M., Reimers, T. M., & Donn, L. K. (1990). Using parents as therapists to evaluate appropriate behavior of their children: Application to a tertiary diagnostic clinic. *Journal of Applied Behavior Analysis, 23*, 285–296.

Cooter, R., & Pickston, J. (2000). *Medicine in the twentieth century*. Amsterdam: Harwood Academic Publishers.

Cox, J. A., & Kennedy, C. H. (2003). Transitions between school and hospital for students with multiple disabilities: A survey of causes, educational continuity, and parental perceptions. *Research and Practice for*

People with Severe Disabilities (formerly *JASH*), *28*, 1–6.

Critchfield, T. S., & Vargas, E. A. (1991). Self-recording, instructions, and public self-graphing: Effects on swimming in the absence of coach verbal interaction. *Behavior Modification, 15*, 95–112.

Cushing, L. S., & Kennedy, C. H. (1997). Academic effects of providing peer support in general education classrooms on students without disabilities. *Journal of Applied Behavior Analysis, 30*, 139–150.

Danforth, J. S., Chase, P. N., Dolan, M., & Joyce, J. H. (1990). The establishment of stimulus control by instructions and by differential reinforcement. *Journal of the Experimental Analysis of Behavior, 54*, 97–112.

Daniels, A. C. (1989). *Performance management.* Tucker, GA: Performance Management Publications.

Darwin, C. (1859). *On the origin of species by means of natural selection, or the preservation of favoured races in the struggle for life.* London: Murray.

Davison, M., & McCarthy, D. (1987). *The matching law: A research review.* Hillsdale, NJ: Erlbaum.

De Prey, R. L., & Sugai, G. (2002). The effect of active supervision and pre-correction on minor behavioral incidents in a sixth grade general education classroom. *Journal of Behavioral Education, 11*, 255–262.

Deitz, S. M. (1988). Another's view of observer agreement and observer accuracy. *Journal of Applied Behavior Analysis, 21*, 113.

Deno, S. L., Fuchs, L. S., Marston, D., & Shin, J. (2001). Using curriculum-based measurement to establish growth standards for students with learning disabilities. *School Psychology Review, 30*, 507–524.

DeProspero, A., & Cohen, S. (1979). Inconsistent visual analyses of intrasubject data. *Journal of Applied Behavior Analysis, 12*, 573–579.

Dewey, J. (1958). *Experience and nature.* New York: Dover.

Dews, P. B. (1987). An outsider on the inside. *Journal of the Experimental Analysis of Behavior, 48*, 459–462.

Dinsmoor, J. A. (1990). Academic roots: Columbia University, 1943–1951. *Journal of the Experimental Analysis of Behavior, 54*, 129–150.

Dugan, E., Kamps, D., Leonard, B., Watkins, N., Rheinberger, A., & Stackhaus, J. (1995). Effects of cooperative learning groups during social studies for students with autism and fourth-grade peers. *Journal of Applied Behavior Analysis, 28*, 175–188.

Eckert, T. L., Ardoin, S. P., Daly, E. J., III, & Martens, B. K. (2002). Improving oral reading fluency: A brief experimental analysis of combining an antecedent intervention with consequences. *Journal of Applied Behavior Analysis, 35*, 271–281.

Fawcett, S. B. (1991). Social validity: A note on methodology. *Journal of Applied Behavior Analysis, 24*, 235–239.

Ferster, C. B., & DeMyer, M. K. (1961). The development of performances in autistic children in an automatically controlled environment. *Journal of Chronic Diseases, 13*, 312–345.

Ferster, C. B., & Skinner, B. F. (1957). *Schedules of reinforcement.* New York: Appleton-Century-Crofts.

Fisch, G. S. (2001). Evaluating data from behavioral analysis: Visual inspection or statistical models? *Behavioural Processes, 54*, 137–154.

Fisher, W. W., & Mazur, J. E. (1997). Basic and applied research on choice responding. *Journal of Applied Behavior Analysis, 30*, 387–410.

Fisher, W. W., Kelley, M. E., & Lomas, J. E. (2003). Visual aids and structured criteria for improving visual inspection and interpretation of single-case designs. *Journal of Applied Behavior Analysis, 36*, 387–406.

Fisher, W. W., Piazza, C. C., & Roane, H. S. (2002). Sleep and cyclical variables related to self-injurious and other destructive behaviors. In S. Schroeder, M. L. Oster-Granite, & T. Thompson (Eds.), *Self-injurious behavior: Gene-brain-behavior relationships* (pp. 205–202). Washington, DC: American Psychological Association.

Flood, W. A., Wilder, D. A., Flood, A. L., & Masuda, A. (2002). Peer-mediated reinforcement plus prompting as treatment for off-task behavior in children with attention deficit hyperactivity disorder. *Journal of Applied Behavior Analysis, 35*, 199–204.

Fuchs, L. S., & Fuchs, D. (1996). Combining performance assessment and curriculum-based measurement to strengthen instructional planning. *Learning Disabilities Research and Practice, 11*, 183–192.

Fuller, P. R. (1949). Operant conditioning of a vegetative human organism. *American Journal of Psychology, 62*, 587–590.

Furlong, M. J., & Wampold, B. E. (1982). Intervention effects and relative variation as dimensions in experts' use of visual inference. *Journal of Applied Behavior Analysis, 15*, 415–421.

Garfinkle, A., & Kaiser, A. P. (in press). Communication. In C. H. Kennedy & E. Horn (Eds.), *Inclusion of students with severe disabilities.* Boston: Allyn and Bacon.

Gillat, A., & Sulzer-Azaroff, B. (1994). Promoting principals' managerial involvement in instructional improvement. *Journal of Applied Behavior Analysis, 27*, 115–129.

Gold, M. W. (1976). Task analysis of a complex assembly task by retarded children. *Exceptional Children, 43*, 78–85.

Goldiamond, I. (1965). Stuttering and fluency as manipulatable operant response classes. In L. Krasner & L. P. Ullmann (Eds.), *Research in behavior modification: New developments and implications* (pp. 231–259). New York: Holt, Rinehart, & Winston.

Goldiamond, I. (1976). Protection of human subjects and patients. *Behaviorism, 4,* 1–42.

Goldstein, H., & Cisar, C. L. (1992). Promoting interaction during sociodramatic play: Teaching scripts to typical preschoolers and classmates with disabilities. *Journal of Applied Behavior Analysis, 25,* 265–280.

Gould, S. J. (1981). *The mismeasure of man.* New York: Norton & Company.

Gould, S. J. (2002). *The structure of evolutionary theory.* Cambridge, MA: Harvard University Press.

Gresham, F. M., Gansle, K. A., & Noell, G. H. (1993). Treatment integrity in applied behavior analysis with children. *Journal of Applied Behavior Analysis, 26,* 257–263.

Guess, D., Sailor, W., Rutherford, G., & Baer, D. M. (1968). An experimental analysis of linguistic development: The productive use of the plural morpheme. *Journal of Applied Behavior Analysis, 1,* 297–306.

Hacking, I. (1983). *Representing and intervening.* Cambridge, England: Cambridge University Press.

Hagopian, L. P., Rush, K. S., Lewin, A. B., & Long, E. S. (2001). Evaluating the predictive validity of a single stimulus engagement preference assessment. *Journal of Applied Behavior Analysis, 34,* 475–485.

Hains, A. H., & Baer, D. M. (1989). Interaction effects in multielement designs: Inevitable, desirable, and ignorable. *Journal of Applied Behavior Analysis, 22,* 57–69.

Hake, D. F. (1982). The basic-applied continuum and the possible evolution of human operant behavior social and verbal research. *The Behavior Analyst, 5,* 21–28.

Hall, R. V., Lund, D., & Jackson, D. (1968). Effects of teacher attention on study behavior. *Journal of Applied Behavior Analysis, 1,* 1–12.

Halle, J. W., Marshall, A. M., & Spradlin, J. E. (1979). Time display: A technique to increase language use and facilitate generalization in retarded children. *Journal of Applied Behavior Analysis, 12,* 431–439.

Haring, N. G., & Phillips, E. L. (1972). *Analysis and modification of classroom behavior.* Englewood Cliffs, NJ: Prentice Hall.

Haring, T. G., & Kennedy, C. H. (1988). Units of analysis in task-analytic research. *Journal of Applied Behavior Analysis, 21,* 207–216.

Harrop, A., & Daniels, M. (1986). Methods of time sampling: A reappraisal of momentary time sampling and partial interval recording. *Journal of Applied Behavior Analysis, 19,* 73–77.

Hartmann, D. (1977). Considerations in the choice of inter-observer reliability estimates. *Journal of Applied Behavior Analysis, 10,* 103–116.

Hartmann, D. P., Gottman, J. M., Jones, R. R., Gardner, W., Kazdin, A. E., & Vaught, R. S. (1980). Interrupted time-series analysis and its application to behavioral data. *Journal of Applied Behavior Analysis, 13,* 543-559.

Harvey, M. T., May, M. E., & Kennedy, C. H. (in press). Nonconcurrent $N = 1$ experimental designs for educational program evaluation. *Journal of Behavioral Education.*

Hawkins, R. P. (1991). Is social validity what we are interested in? Argument for a functional approach. *Journal of Applied Behavior Analysis, 24,* 205–213.

Hawkins, R. P., & Dotson, V. A. (1975). Reliability scores that delude: An Alice in Wonderland trip through misleading characteristics of interobserver agreement scores in interval recording. In E. Ramp & G. Semb (Eds.), *Behavior analysis: Areas of research and application* (pp. 359–376). Englewood Cliffs, NJ: Prentice Hall.

Hayes, S. C., Rincover, A., & Solnick, J. V. (1980). The technical drift of applied behavior analysis. *Journal of Applied Behavior Analysis, 13,* 275–285.

Hayes, S. C., Rosenfarb, I., Wulfert, E., Munt, E. D., Korn, Z., & Zettle, R. D. (1985). Self-reinforcement effects: An artifact of social standard setting? *Journal of Applied Behavior Analysis, 18,* 201–214.

Healy, A. F., Kosslyn, S. M., & Shiffrin, R. M. (1992). *Essays in honor of William K. Estes,* Vol. 1: *From learning theory to connectionist theory;* Vol. 2: *From learning processes to cognitive processes.* Hillsdale, NJ: Erlbaum.

Heckaman, K. A., Alber, S., Hooper, S., & Heward, W. L. (1998). A comparison of least-to-most prompts and progressive time delay on the disruptive behavior of students with autism. *Journal of Behavioral Education, 8,* 171–201.

Herrnstein, R. J. (1970). On the law of effect. *Journal of the Experimental Analysis of Behavior, 13,* 243–266.

Herrnstein, R. J. (1990). Rational choice theory: Necessary but not sufficient. *American Psychologist, 45,* 356–367.

Hersen, M., & Barlow, D. H. (1976). *Single-case experimental designs: Strategies for studying behavior change.* New York: Pergamon Press.

Higgins, S. T., Woodward, B. M., & Henningfield, J. E. (1989). Effects of atropine on the repeated acquisition and performance of response sequences in humans. *Journal of the Experimental Analysis of Behavior, 51,* 5–15.

Hineline, P. N. (1990). The origins of environment-based psychological theory. *Journal of the Experimental Analysis of Behavior, 53,* 305–320.

Hineline, P. N. (1991). Modesty, yes; humility, no. *The Behavior Analyst, 14,* 25–28.

Hodos, W., & Ator, N. A. (1994). A festschrift in honor of Joseph V. Brady in his 70th year. *Journal of the Experimental Analysis of Behavior, 61,* 131–134.

Holz, W. C., Azrin, N. H., & Ayllon, T. (1963). Elimination of behavior of mental patients by response-produced extinction. *Journal of the Experimental Analysis of Behavior, 6*, 407–412.

Horner, R. D., & Baer, D. M. (1978). Multiple-probe technique: A variation of the multiple baseline. *Journal of Applied Behavior Analysis, 11*, 189–196.

Horner, R. H., Day, H. M., & Day, J. R. (1997). Using neutralizing routines to reduce problem behaviors. *Journal of Applied Behavior Analysis, 30*, 601–614.

Horner, R. H., Dunlap, G., & Koegel, R. L. (1988). *Generalization and maintenance: Life-style changes in applied settings.* Baltimore: Brookes.

Individuals with Disabilities Education Act Amendments of 1997, *P. L. 105-17, 1400, 37 stat. 111.*

Iversen, I. H. (1988). Tactics of graphic design: A review of Tufte's *The Visual Display of Quantitative Information. Journal of the Experimental Analysis of Behavior, 49*, 171–189.

Iwata, B. A., Dorsey, M. F., Slifer, K. J., Bauman, K. E., & Richman, G. S. (1994). Toward a functional analysis of self-injury. *Journal of Applied Behavior Analysis, 27*, 197–209. Reprinted from *Analysis and Intervention in Developmental Disabilities*, 1982, vol. 2, pp. 3–20.

Johnson, K. R., & Layng, T. V. J. (1996). On terms and procedures: Fluency. *The Behavior Analyst, 19*, 281–288.

Johnson, S. M., & Bolstad, O. D. (1973). Methodological issues in naturalistic observation: Some problems and solutions for field research. In L. A. Hamerlynck, L. C. Handy, & E. J. Mash (Eds.), *Behavior change: Methodology, concepts, and practice* (pp. 7–67). Champaign, IL: Research Press.

Johnston, J. M., & Hodge, C. (1989). Describing behavior with ratios of count and time. *The Behavior Analyst, 12*, 177–185.

Johnston, J. M., & Pennypacker, H. S. (1993). *Strategies and tactics of behavioral research* (2nd ed.). Hillsdale, NJ: Erlbaum.

Joncich, G. (1968). *The sane positivist: A biography of Edward L. Thorndike.* Middletown, CN: Wesleyan University Press.

Jones, R. R., Weinrott, M. R., & Vaught, R. S. (1978). Effects of serial dependency on the agreement between visual and statistical inference. *Journal of Applied Behavior Analysis, 11*, 277–283.

Journal of Applied Behavior Analysis (1968–present). Bloomington, IN: Society for the Experimental Analysis of Behavior. Online at http://www.envmed.rochester.edu/wwwrap/behavior/jaba/.

Journal of the Experimental Analysis of Behavior (1958–present). Bloomington, IN: Society for the Experimental Analysis of Behavior. Online at http://www.envmed.rochester.edu/wwwrap/behavior/jeab/jeabhome.htm.

Kahng, S., & Iwata, B. A. (1998). Computerized systems for collecting real-time observational data. *Journal of Applied Behavior Analysis, 31*, 253–261.

Kantor, J. R. (1963). *The scientific evolution of psychology* (vol. 1). Chicago: Principia Press.

Kazdin, A. E. (1977). Artifact, bias, and complexity of assessment: The ABCs of reliability. *Journal of Applied Behavior Analysis, 10*, 141–150.

Kazdin, A. E. (1977). Assessing the clinical or applied significance of behavior change through social validation. *Behavior Modification, 1*, 427–452.

Kazdin, A. E. (1978). *History of behavior modification.* Baltimore: University Park Press.

Kazdin, A. E. (1980). Acceptability of alternative treatments for deviant child behavior. *Journal of Applied Behavior Analysis, 13*, 259–273.

Kazdin, A. E. (1982). *Single-case research designs: Methods for clinical and applied settings.* New York: Oxford University Press.

Kazdin, A. E., & Geesey, S. (1977). Simultaneous-treatment design comparisons of the effects of earning reinforcers for one's peers versus oneself. *Behavior Therapy, 8*, 682–693.

Keller, E. F. (2002). *Making sense of life: Explaining biological development with models, metaphors, and machines.* Cambridge, MA: Harvard University Press.

Keller, F. S. (1968). Good-bye, teacher... *Journal of Applied Behavior Analysis, 1*, 79–89.

Keller, F. S., & Schoenfeld, W. N. (1950). *Principles of psychology: A systematic text in the science of behavior.* New York: Appleton-Century-Crofts.

Kelley, M. E., Lerman, D. C., & Van Camp, C. M. (2002). The effects of competing reinforcement schedules on the acquisition of functional communication. *Journal of Applied Behavior Analysis, 35*, 59–63.

Kelly, M. B. (1977). A review of the observational data-collection and reliability procedures reported in the *Journal of Applied Behavior Analysis. Journal of Applied Behavior Analysis, 10*, 97–101.

Kennedy, C. H. (1992). Trends in the measurement of social validity. *The Behavior Analyst, 15*, 147–156.

Kennedy, C. H. (1994). Manipulating antecedent conditions to alter the stimulus control of problem behavior. *Journal of Applied Behavior Analysis, 27*, 161–170.

Kennedy, C. H. (2002). The maintenance of behavior as an indicator of social validity. *Behavior Modification, 26*. 594–606.

Kennedy, C. H. (2004). Facts, interpretations, and explanations: A review of Evelyn Fox Keller's *Making Sense of Life. Journal of Applied Behavior Analysis.*

Kennedy, C. H., & Itkonen, T. (1993). Effects of setting events on the problem behavior of students with severe disabilities. *Journal of Applied Behavior Analysis, 26*, 321–328.

Kennedy, C. H., & Meyer, K. A. (1996). Sleep deprivation, allergy symptoms, and negatively reinforced problem behavior. *Journal of Applied Behavior Analysis, 29,* 133–135.

Kennedy, C. H., & Souza, G. (1995). Functional analysis and treatment of eye poking. *Journal of Applied Behavior Analysis, 28,* 27–37.

Kennedy, C. H., Caruso, M., & Thompson, T. (2001). Experimental analyses of gene-brain-behavior relations: Some notes on their application. *Journal of Applied Behavior Analysis, 34,* 539–549.

Kennedy, C. H., Cushing, L., & Itkonen, T. (1997). General education participation increases the social contacts and friendship networks of students with severe disabilities. *Journal of Behavioral Education, 7,* 167–189.

Kennedy, C. H., Meyer, K. A., Knowles, T., & Shukla, S. (2000). Analyzing the multiple functions of stereotypical behavior for students with autism: Implications for assessment and treatment. *Journal of Applied Behavior Analysis, 33,* 559–571.

Kennedy, C. H., Meyer, K. A., Werts, M. G., & Cushing, L. S. (2000). Effects of sleep deprivation on free-operant avoidance. *Journal of the Experimental Analysis of Behavior, 73,* 333–345.

Kern, L., Childs, K. E., Dunlap, G., Clarke, S., & Falk, G. D. (1994). Using assessment-based curricular intervention to improve the classroom behavior of a student with emotional and behavioral challenges. *Journal of Applied Behavior Analysis, 27,* 7–19.

Kipfer, B. A. (1998). *The order of things: How everything in the world is organized into hierarchies, structures, and pecking orders.* New York: Random House.

Kirby, M., & Kenndey, C. H. (2003). Variable-interval reinforcement schedule value influences responding following REM sleep deprivation. Journal of the Experimental Analysis of Behavior.

Kostewicz, D. E., Kubina, R. M., & Cooper, J. O. (2000). Managing aggressive thoughts and feelings with daily counts of non-aggressive thoughts and feelings: A self-experiment. *Journal of Behavior Therapy and Experimental Psychiatry, 31,* 177–187.

Kracotchwill, T. R. (1978). *Single subject research: Strategies for evaluating change.* New York: Academic Press.

Kuhn, T. S. (1957). *The Copernican revolution: Planetary astronomy in the development of western thought.* Cambridge, MA: Harvard University Press.

Lagemann, E. C. (2002). *An elusive science: The troubling history of education research.* Chicago: University of Chicago Press.

Lamarck, J-B. (1809/1984). *Philosophical zoology: An exposition with regard to the natural history of animals.* Chicago: University of Chicago Press.

Lancioni, G. E., Singh, N. N., O'Reilly, M. F., Oliva, D., Baccani, S., & Canevaro, A. (2002). Using simple hand-movement responses with optic microswitches with two persons with multiple disabilities. *Research and Practice for Persons with Severe Disabilities, 27,* 276–279.

Lane, H. (1963). The autophonic scale of voice level for congenitally deaf subjects. *Journal of Experimental Psychology, 66,* 328–331.

Laraway, S., Snycerski, S., Michael, J., & Poling, A. (2003). Motivating operations and terms to describe them: Some further refinements. *Journal of Applied Behavior Analysis, 36,* 407–414.

Latour, B. (1990). Drawing things together. In M. Lynch & S. Woolgar (Eds.), *Representation in scientific practice* (pp. 19–68). Cambridge, MA: MIT Press.

Latour, B., & Woolgar, S. (1986). *Laboratory life: The construction of scientific facts.* Princeton, NJ: Princeton University Press.

Lee, R., McComas, J. J., & Jawor, J. (2002). The effects of differential and lag reinforcement schedules on varied verbal responding by individuals with autism. *Journal of Applied Behavior Analysis, 35,* 391–402.

Leicester, J., Sidman, M., Stoddard, L. T., & Mohr, J. P. (1971). The nature of aphasic responses. *Neuropsychologia, 9,* 141–155.

Leitenberg, H. (1973). The use of single-case methodology in psychotherapy research. *Journal of Abnormal Psychology, 82,* 87–101.

Lerman, D. C. (2003). From the laboratory to community application: Translational research in behavior analysis. *Journal of Applied Behavior Analysis, 36,* 415–419.

Lindsley, O. R. (1956). Operant conditioning methods applied to research in chronic schizophrenia. *Psychiatric Research Reports, 5,* 118–139.

Lindsley, O. R. (1991). Precision teaching's unique legacy from B. F. Skinner. *Journal of Behavioral Education, 1,* 253–266.

Lippman, L. G., & Tragesser, S. L. (2003). Contingent magnitude of reward in modified human-operant DRL-LH and CRF schedules. *The Psychological Record, 53,* 429–442.

Logan, K. R., Jacobs, H. A., Gast, D. L., Murray, A. S., Daino, K., & Skala, C. (1998). The impact of typical peers on the perceived happiness of students with profound multiple disabilities. *Journal of the Association for Persons with Severe Handicaps, 23,* 309–318.

Lovaas, O. I., Freitag, G., Gold, V. J., & Kassorla, I. C. (1965). Experimental studies in childhood schizophrenia: Analysis of self-destructive behavior. *Journal of Experimental Child Psychology, 2,* 67–84.

Lovaas, O. I., Schreibman, L., Koegel, R. L., Rehm, R. (1971). Selective responding by autistic children to multiple sensory input. *Journal of Abnormal Psychology, 77*, 211–222.

Lovitt, T. C., & Curtiss, K. A. (1969). Academic response rate as a function of teacher- and self-imposed contingencies. *Journal of Applied Behavior Analysis, 2*, 49–53.

MacCorquodale, K., & Meehl, P. E. (1948). On a distinction between hypothetical constructs and intervening variables. *Psychological Review, 55*, 95–107.

Mace, F. C. (1994). Basic research needed for stimulating the development of behavioral technologies. *Journal of the Experimental Analysis of Behavior, 61*, 529–550.

Mager, R. F. (1962). *Preparing instructional objectives.* Palo Alto, CA: Fearon.

Makeover, H. B. (1950). The quality of medical care. *American Journal of Public Health, 41*, 824–832.

Malouf, D. B., & Schiller, E. P. (1995). Practice and research in special education. *Exceptional Children, 61*, 414–424.

March, R. E., & Horner, R. H. (2002). Feasibility and contributions of functional behavioral assessment in schools. *Journal of Emotional and Behavioral Disorders, 10*, 158–170.

Marr, M. J. (1986). Mathematics and verbal behavior. In T. Thompson & M. D. Zeiler (Eds.), *Analysis and integration of behavioral units* (pp. 161–183). Hillsdale, NJ: Erlbaum.

Martens, B. K., Ardoin, S. P., Hilt, A. M., Lannie, A. L., Panahon, C. J., & Wolfe, L. A. (2002). Sensitivity of children's behavior to probabilistic reward: Effects of a decreasing-ratio lottery system on math performance. *Journal of Applied Behavior Analysis, 35*, 403–406.

McDowell, E. (1817). Three cases of extirpation of diseased ovaria. *Eclectic Repertory, and Analytical Review, Medical and Philosophical, 7*, 242–244.

McGill, P. (1999). Establishing operations: Implications for the assessment, treatment, and prevention of problem behavior. *Journal of Applied Behavior Analysis, 32*, 393–418.

McGonigle, J. J., Rojahn, J., Dixon, J., & Strain, P. S. (1987). Multiple treatment interference in the alternating treatments design as a function of the intercomponent interval length. *Journal of Applied Behavior Analysis, 20*, 171–178.

McKenzie, T. L., & Rushall, B. S. (1974). Effects of self-recording on attendance and performance in a competitive swimming training environment. *Journal of Applied Behavior, 7*, 199–206.

Medland, M. B., & Stachnik, T. J. (1972). Good-behavior game: A replication and systematic analysis. *Journal of Applied Behavior Analysis, 5*, 45–51.

Michael, J. (1974). Statistical inference for individual organism research: Mixed blessing or curse? *Journal of Applied Behavior Analysis, 7*, 647–653.

Miles, M. B., & Huberman, A. M. (1984). *Qualitative data analysis: A sourcebook of new methods.* Beverly Hills, CA: Sage.

Miltenberger, R. G., Rapp, J. T. & Long, E. S. (1999). A low-tech method for conducting real-time recording. *Journal of Applied Behavior Analysis, 32*, 119–120.

Moore, J. (1984). On privacy, causes, and contingencies. *The Behavior Analyst, 7*, 3–16.

Murray, L. K., & Kollins, S. H. (2000). Effects of methylphenidate on sensitivity to reinforcement in children diagnosed with attention deficit hyperactivity disorder: An application of the matching law. *Journal of Applied Behavior Analysis, 33*, 573–592.

Neuringer, A. (1991). Humble behaviorism. *The Behavior Analyst, 14*, 1–14.

Neuringer, A. (2002). Operant variability: Evidence, functions, and theory. *Psychonomic Bulletin and Review 9*, 672–705.

Nevin, J. A. (1991). Beyond pride and humility. *The Behavior Analyst, 14*, 35–36.

Nevin, J. A. (1996). The momentum of compliance. *Journal of Applied Behavior Analysis, 29*, 535–547.

Nevin, J. A., Milo, J., Odum, A. L., & Shahan, T. A. (2003). Accuracy of discrimination, rate of responding, and resistance to change. *Journal of the Experimental Analysis of Behavior, 79*, 307–321.

Newman, D. L., & Brown, R. D. (1993). School board member role expectations in making decisions about educational programs. *Urban Education, 28*, 267–280.

Nunes, E. V., Carroll, K. M., & Bickel, W. K. (2002). Clinical and translational research: Introduction to the special issue. *Experimental and Clinical Psychopharmacology, 10*, 155–158.

O'Reilly, M. F. (1995). Functional analysis and treatment of escape-maintained aggression correlated with sleep deprivation. *Journal of Applied Behavior Analysis, 28*, 225–226.

Pace, G. M., & Toyer, E. A. (2000). The effects of a vitamin supplement on the pica of a child with severe mental retardation. *Journal of Applied Behavior Analysis, 33*, 619–622.

Page, T. J., & Iwata, B. A. (1986). Interobserver agreement: History, theory, and current methods. In A. Poling, R. W. Fuqua, & R. Ulrich (Eds.), *Research methods in applied behavior analysis: Issues and advances* (pp. 99–126). New York: Plenum.

Parsons, M. B., Reid, D. H., Green, C. W., & Browning, L. B. (1999). Reducing individualized job coach assistance provided to persons with multiple severe disabilities in work settings. *Journal of the Association for Persons with Severe Handicaps, 24*, 292–297.

Parsonson, B. S., & Baer, D. M. (1978). The analysis and presentation of graphic data. In T. R. Kratochwill

(Ed.), *Single subject research: Strategies for evaluating change* (pp. 101–166). New York: Academic Press.

Parsonson, B. S., & Baer, D. M. (1992). The visual analysis of data, and current research into the stimuli controlling it. In T. R. Kratochwill & J. R. Levin (Eds.), *Single-case research design and analysis: New directions for psychology and education* (pp. 15–40). Hillsdale, NJ: Erlbaum.

Pavlov, I. P. (1960). *Conditioned reflexes: An investigation of the physiological activity of the cerebral cortex* (G. V. Anrep, trans.). New York: Dover.

Peterson, L., Homer, A. L., & Wonderlich, S. A. (1982). The integrity of independent variables in behavior analysis. *Journal of Applied Behavior Analysis, 15,* 477–492.

Piazza, C. C., Fisher, W. W., Hanley, G. P., LeBlanc, L. A., Worsdell, A. S., Lindauer, S. E., & Keeney, K. M. (1998). Treatment of pica through multiple analyses of its reinforcing functions. *Journal of Applied Behavior Analysis, 313,* 165–190.

Powell, J., Martindale, A., & Kulp, S. (1975). An evaluation of time-sample measures of behavior. *Journal of Applied Behavior Analysis, 8,* 463–469.

Reese, H. W. (1997). Counterbalancing and other uses of repeated-measures Latin-square designs: Analyses and interpretations. *Journal of Experimental Child Psychology, 64,* 137–158.

Repp, A. C., Deitz, D. E. D., Boles, S. M., Deitz, S. M., & Repp, C. F. (1976). Differences among common methods for calculating interobserver agreement. *Journal of Applied Behavior Analysis, 9,* 109–113.

Repp, A. C., Roberts, D. M., Slack, D. J., Repp, C. F., & Berkler, M. S. (1976). A comparison of frequency, interval, and time-sampling methods of data collection. *Journal of Applied Behavior Analysis, 9,* 501–508.

Richman, D. M., Wacker, D. P., & Winborn, L. (2001). Response efficiency during functional communication training: Effects of effort on response allocation. *Journal of Applied Behavior Analysis, 34,* 73–76.

Richman, D. M., Wacker, D. P., Brown, L. J. C., Kayser, K., Crosland, K., Stephens, T. J., & Asmus, J. (2001). Stimulus characteristics within directives: Effects on accuracy of task completion. *Journal of Applied Behavior Analysis, 34,* 289–312.

Ringdahl, J. E., Winborn, L. C., Andelman, M. S., & Kitsukawa, K. (2002). The effects of noncontingently available alternative stimuli on functional analysis outcomes. *Journal of Applied Behavior Analysis, 35,* 407–410.

Robinson, P. W., Newby, T. J., & Ganzell, S. L. (1981). A token system for a class of underachieving hyperactive children. *Journal of Applied Behavior Analysis, 14,* 307–315.

Roethlisberger, F. J., & Dickson, W. J. (1939). *Management and the worker.* Cambridge, MA: Harvard University Press.

Rogers, C. R. (1942). *Counseling and psychotherapy: New concepts in practice.* New York: Houghton Mifflin.

Ross, D. F., Read, J. D., & Toglia, M. P. (2003). *Adult eyewitness testimony: Current trends and developments.* Cambridge, UK: Cambridge University Press.

Rusch, F. R., & Kazdin, A. E. (1981). Toward a methodology of withdrawal designs for the assessment of response maintenance. *Journal of Applied Behavior Analysis, 14,* 131–140.

Sagan, C. (1995). *The demon-haunted world: Science as a candle in the dark.* New York: Random House.

Sax, G. (1996). *Principles of educational and psychological measurement and evaluation.* New York: Wadsworth.

Schepis, M. M., Reid, D. H., Behrmann, M. M., & Sutton, K. A. (1998). Increasing communicative interactions of young children with autism using a voice output communication aid and naturalistic teaching. *Journal of Applied Behavior Analysis, 31,* 561–578.

Schoenfeld, W. N. (1995). "Reinforcement" in behavior theory. *The Behavior Analyst, 18,* 173–185.

Schwartz, I. S., & Baer, D. M. (1991). Social validity assessments: Is current practice state of the art? *Journal of Applied Behavior Analysis, 24,* 189–204.

Sechenov, I. M. (1965). *Reflexes of the brain: An attempt to establish the physiological basis of psychological processes* (S. Belsky, trans.). Cambridge, MA: MIT Press.

Shapiro, E. S., Kazdin, A. E., & McGonigle, J. J. (1982). Multiple-treatment interference in the simultaneous- or alternating-treatments design. *Behavioral Assessment, 4,* 105–115.

Shavelson, R. J., & Towne, L. (2002). *Scientific research in education.* Washington, DC: National Academy Press.

Sherman, J. A. (1965). Use of reinforcement and imitation to reinstate verbal behavior in mute psychotics. *Journal of Abnormal Psychology, 70,* 155–164.

Sherrington, C. E. (1975). Charles Scott Sherrington (1857–1952). *Notes and Records of the Royal Society of London, 30,* 45–63.

Sherrington, C. S. (1906/1989). *The integrative action of the nervous system.* Birmingham, AL: Classics of Medicine.

Shinn, M. R., Ramsey, E., Walker, H. M., Stieber, S., et al. (1987). Antisocial behavior in school settings: Initial differences in an at risk and normal population. *Journal of Special Education, 21,* 69–84.

Sidman, M. (1952). A note on functional relations obtained from group data. *Psychological Bulletin, 49,* 263–269.

Sidman, M. (1960a). Normal sources of pathological behavior. *Science, 132,* 61–68.
Sidman, M. (1960b). *Tactics of scientific research: Evaluating experimental data in psychology.* New York: Basic Books.
Sidman, M. (1989). *Coercion and its fallout.* Boston: Authors Cooperative.
Sidman, M. (1994). *Equivalence relations and behavior: A research story.* Boston: Authors Cooperative.
Skinner, B. F. (1938). *The behavior of organisms: An experimental analysis.* New York: Appleton-Century-Crofts.
Skinner, B. F. (1945). The operational analysis of psychological terms. *Psychological Review, 52,* 270–277.
Skinner, B. F. (1950). Are theories of learning necessary? *Psychological Review, 57,* 193–216.
Skinner, B. F. (1953). *Science and human behavior.* New York: Free Press.
Skinner, B. F. (1954). The science of learning and the art of teaching. *Harvard Educational Review, 24,* 86–97.
Skinner, B. F. (1961). Why we need teaching machines. *Harvard Educational Review, 31,* 377–398.
Skinner, B. F. (1981). Charles B. Ferster—a personal memoir. *Journal of the Experimental Analysis of Behavior, 35,* 259–261.
Skinner, B. F. (1983). *A matter of consequences: Part three of an autobiography.* New York: Knopf.
Skinner, B. F. (1985). Cognitive science and behaviorism. *British Journal of Psychology, 76,* 291–301.
Smith, L. D., Best, L. A., Stubbs, D. A., Archibald, A. B., & Roberson-Nay, R. (2002). Constructing knowledge: The role of graphs and tables in hard and soft psychology. *American Psychologist, 57,* 749–761.
Smith, R. G., & Churchill, R. M. (2002). Identification of environmental determinants of behavior disorders through functional analysis of precursor behaviors. *Journal of Applied Behavior Analysis, 35,* 125–136.
Smith, R. G., Iwata, B. A., Goh, H., & Shore, B. A. (1995). Analysis of establishing operations for self-injury maintained by escape. *Journal of Applied Behavior Analysis, 28,* 515–535.
Spradlin, J. E., Cotter, V. W., & Baxley, N. (1973). Establishing a conditional discrimination without direct training: A study of transfer with retarded adolescents. *American Journal of Mental Deficiency, 77,* 556–566.
Springer, B., Brown, T., & Duncan, P. K. (1981). Current measurement in applied behavior analysis. *The Behavior Analyst, 4,* 19–32.
Staats, C. K., Staats, A. W., & Schutz, R. E. (1962). The effects of discrimination pretraining on textual behavior. *Journal of Educational Psychology, 53,* 32–37.

Stokes, T. F., & Baer, D. M. (1977). An implicit technology of generalization. *Journal of Applied Behavior Analysis, 10,* 349–367.
Strain, P. S., & Timm, M. A. (1974). An experimental analysis of social interaction between a behaviorally disordered preschool child and her classroom peers. *Journal of Applied Behavior Analysis, 7,* 583–590.
Strain, P. S., Shores, R. E., & Kerr, M. M. (1976). An experimental analysis of spillover effects on the social interaction of behaviorally handicapped preschool children. *Journal of Applied Behavior Analysis, 9,* 31–40.
Sulzer, B., & Mayer, G. R. (1972). *Behavior modification procedures for school personnel.* Oxford, England: Dryden.
Sulzer-Azaroff, B., & Mayer, G. R. (1991). *Behavior analysis for lasting change.* New York: Harcourt Brace Jovanovich.
Symons, F. J., Davis, M. L., & Thompson, T. (2000). Self-injurious behavior and sleep disturbance in adults with developmental disabilities. *Research in Developmental Disabilities, 21,* 115–123.
Tang, J.-C., Patterson, T. G., & Kennedy, C. H. (2003). Identifying specific sensory modalities maintaining the stereotypy of students with multiple profound disabilities. *Research in Developmental Disabilities, 24,* 433–451.
Taubes, G. (1993). *Bad science: The short life and weird times of cold fusion.* New York: Random House.
Tawney, J. W., & Gast, D. L. (1984). *Single subject research in special education.* New York: Merrill.
Taylor, L. K., Alber, S. R., & Walker, D. W. (2002). The comparative effects of a modified self-questioning strategy and story mapping on the reading comprehension of elementary students with learning disabilities. *Journal of Behavioral Education, 11,* 69–87.
Thiemann, K. S., & Goldstein, H. (2001). Social stories, written text cues, and video feedback: Effects on social communication of children with autism. *Journal of Applied Behavior Analysis, 34,* 425–446.
Thompson, T. (1984). The examining magistrate for nature: A retrospective review of Claude Bernard's *An Introduction to the Study of Experimental Medicine. Journal of the Experimental Analysis of Behavior, 41,* 211–216.
Thompson, T., Felce, D., & Symons, F. (1999). *Behavioral observation: Technology and applications in developmental disabilities.* Baltimore: Brookes.
Thorndike, E. L. (1898). Animal intelligence: An experimental study of the associative processes in animals. *Psychological Review Monograph Supplement, 73,* 16–43.

Todd, J. T., & Morris, E. K. (1994). *Modern perspectives on John B. Watson and classical behaviorism*. Westport, CT: Greenwood.

Todd, J. T., & Morris, E. K. (1995). *Modern perspectives on B. F. Skinner and contemporary behaviorism*. Westport, CT: Greenwood.

Touchette, P. E. (1971). Transfer of stimulus control: Measuring the moment of transfer. *Journal of the Experimental Analysis of Behavior, 15,* 347–354.

Trent, J. W. (1994). *Inventing the feeble mind: A history of mental retardation in the United States*. Berkeley: University of California Press.

Trout, J. D. (1998). *Measuring the intentional world: Realism, naturalism, and quantitative methods in the behavioral sciences*. New York: Oxford University Press.

Tufte, E. R. (1983). *The visual display of quantitative information*. Cheshire, CT: Graphics Press.

Tufte, E. R. (1997). *Visual explanations: Images and quantities, evidence and narrative*. Cheshire, CT: Graphics Press.

Ulman, J. D., & Sulzer-Azaroff, B. (1975). Multielement baseline design in educational research. In E. Ramp & G. Semb (Eds.), *Behavior analysis: Areas of research and application* (pp. 377–391). Englewood Cliffs, NJ: Prentice Hall.

Underwood, B. J. (1957). *Psychological research*. Englewood Cliffs, NJ: Prentice Hall.

Van Houten, R. (1979). Social validation: The evolution of standards of competency for target behaviors. *Journal of Applied Behavior Analysis, 12,* 581–591.

Vargas, A. U., Grskovic, J. A., Belfiore, P. J., & Halbert-Ayala, J. (1997). Improving migrant students' spelling of English and Spanish words with error correction. *Journal of Behavioral Education, 7,* 13–24.

Vollmer, T. R., Ringdahl, J. E., Roane, H. S., & Marcus, B. A. (1997). Negative side effects of noncontingent reinforcement. *Journal of Applied Behavior Analysis, 30,* 161–164.

Von Neumann, J., & Morgenstern, O. (1947). *Theory of games and economic behavior* (2nd ed.). Princeton: Princeton University Press.

Wacker, D., Berg, W., Harding, J., & Cooper-Brown, L. (2004). Use of brief experimental analyses in outpatient clinic and home settings. *Journal of Behavioral Education.13,* 213–226.

Wacker, D. P. (2000). Building a bridge between research in experimental and applied behavior analysis. In J. C. Leslie & D. Blackman (Eds.), *Experimental and applied analysis of human behavior* (pp. 205–234). Reno, NV: Context Press.

Wacker, D. P., Steege, M. W., Northup, J., Sasso, G., Berg, W., Reimers, T., et al. (1990). A component analysis of functional communication training across three topographies of severe behavior problems. *Journal of Applied Behavior Analysis, 23,* 417–430.

Walker, H. M., & Buckley, N. K. (1968). The use of positive reinforcement in conditioning attending behavior. *Journal of Applied Behavior Analysis, 1,* 245–250.

Walker, H. M., & Hops, H. (1976). Use of normative peer data as a standard for evaluating classroom treatment effects. *Journal of Applied Behavior Analysis, 9,* 159–168.

Wallace, A. R. (1875). *Contributions to the theory of natural selection*. London: Macmillan.

Wallace, M. D., & Iwata, B. A. (1999). Effects of session duration on functional analysis outcomes. *Journal of Applied Behavior Analysis, 32,* 175–183.

Ward, P., & Carnes, M. (2002). Effects of posting self-set goals on collegiate football players' skill execution during practice and games. *Journal of Applied Behavior Analysis, 35,* 1–12.

Ware, C. (2000). *Information visualization: Perception for design*. New York: Morgan Kaufmann.

Watson, J. B. (1924). *Behaviorism*. New York: Norton.

Watson, P. J., & Workman, E. A. (1981). The nonconcurrent multiple baseline across-individuals design: An extension of the traditional multiple baseline design. *Journal of Behavior Therapy and Experimental Psychiatry, 12,* 257–259.

Wehby, J. H., & Hollahan, M. S. (2000). Effects of high-probability requests on the latency to initiate academic tasks. *Journal of Applied Behavior Analysis, 33,* 259–262.

Werle, M. A., Murphy, T. B., & Budd, K. S. (1993). Treating chronic food refusal in young children: Home-based parent training. *Journal of Applied Behavior Analysis, 26,* 421–433.

Werts, M. G., Caldwell, N. K., & Wolery, M. (2003). Instructive feedback: Effects of a presentation variable. *Journal of Special Education, 37,* 124–133.

Whaley, D. L. (1973). *Psychological testing and the philosophy of measurement*. Kalamazoo, MI: Behaviordelia.

White, O. R. (1971). *A pragmatic approach to the description of progress in the single case*. Unpublished doctoral dissertation, University of Oregon, Eugene.

Whitehead, A. N., & Russell, B. (1925). *Principia mathematica* (2nd ed.). Cambridge, England: Cambridge University Press.

Wolery, M. (in press). Norris G. Haring: Biographical sketch. In G. M. Sugai & R. H. Horner (Eds.), *Encyclopedia of behavior modification and cognitive be-*

havior therapy (Vol. 3: *Educational applications*). Menlo Park, CA: Sage.

Wolery, M., Ault, M. J., & Doyle, P. M. (1992). *Teaching students with moderate to severe disabilities*. New York: Longman.

Wolf, M. M. (1978). Social validity: The case for subjective measurement, or how applied behavior analysis is finding its heart. *Journal of Applied Behavior Analysis, 11*, 203–214.

Wolf, M. M., Risley, T. R., & Mees, H. (1964). Application of operant conditioning procedures to the behavior problems of an autistic child. *Behaviour Research and Therapy, 1*, 305–312.

译后记

多年从事教育和心理学研究的经历让我深切地体会到，选择一条适合研究对象的研究途径有多么重要。我们研究特殊儿童，然而，无论在特殊学校还是在普通学校里，可用作被试的特殊儿童的数量都是比较少的，而且个体差异非常大。如果我们沿着传统的途径，即以大样本对照组的方式做研究，要么行不通，要么研究结论不具有推广性，因此需要寻找一条恰当的研究途径。21世纪初，国内开始有学者介绍单一被试研究法，这引起了我的极大关注。通过深入了解，我发现单一被试研究法具有许多传统的研究方法无法比拟的优点。首先，它只需要一个或几个被试，因此，在大多数情况下开展特殊教育或临床心理学研究都具有可行性；其次，它通过操纵自变量，观察因变量的变化，能够探讨教育干预与行为变化之间的因果关系；再次，它简便易行，只需要操作化目标行为并确定测量的方法，制订干预计划，做好观察记录，就可以在自然情境中开展实验研究；最后，它具有很大的灵活性，研究者可以根据实际情况的变化及时调整研究方案。

近年来，虽然在国内的学术期刊上看到一些研究者运用单一被试研究法进行研究，但是目前国内仍缺少一本全面、系统地介绍这种研究法的专著，为此，我和我的学生们从国外众多的单一被试研究法专著中挑选了这本著作进行翻译，以便帮助国内特殊教育和心理学专业的博士生、硕士生，以及这些领域的研究者们学习和掌握这种研究方法。

本书系统地介绍了单一被试设计的历史、基本原理、设计类型、实验的实施过程和方法。它的结构紧凑，文字表达简洁明了，逻辑性强。书中列举了大量课堂和研究中的实例，可以帮助读者理解各种概念和方法。书中还给出了大量的图表，也有助于读者掌握并实际应用单一被试研究法。

参与本书翻译的人员是我和我的博士生、硕士生，每人负责翻译的章节如下：韦小满，前言、第1章、第14章；杨希洁，第2章；陈墨，第3章、第

12 章；田霖，第 4 章、第 5 章；刘宇洁，第 6 章、第 7 章；江彩链，第 8 章、第 9 章；李婧君，第 10 章、第 11 章；朱乙艺，第 13 章；蔡雅娟，第 15 章；张智天，第 16 章。田霖、刘宇洁和我还对全书进行了统校。

在本书的翻译过程中，华夏出版社的刘娲副编审给了我们许多帮助。她对翻译质量的严格要求，让我们不敢有半点马虎；她丰富的出版经验和一些建设性的建议使翻译工作得以顺利进行，在此，我对她表示衷心的感谢！

这本书里有一些术语在国内有多种译法，我们最多只能采取其中的一种译法，可能不符合某些读者朋友的阅读习惯，请予以包涵。译著中一定存在许多问题和不足，恳请读者朋友批评指正。

韦小满

2013 年 10 月于北京师范大学

图书在版编目（CIP）数据

教育研究中的单一被试设计 /（美）克雷格·H. 肯尼迪（Craig H. Kennedy）著；韦小满等译. --北京：华夏出版社有限公司，2022.1

书名原文：Single-Case Designs for Educational Research, 1E

ISBN 978-7-5222-0127-6

Ⅰ.①教… Ⅱ.①克… ②韦… Ⅲ.①特殊教育－教育研究 Ⅳ.①G76

中国版本图书馆 CIP 数据核字（2021）第 110759 号

Authorized translation from the English language edition, entitled Single-Case Designs for Educational Research 1e, ISBN 0-205-34023-7 by Craig Kennedy, Published by Pearson Education, Inc, Copyright © 2005 Pearson Education, Inc.

All rights reserved. No part of this book may be reproduced or transmitted in any form or by any means, electronic or mechanical, including photocopying, recording or by any information storage retrieval system, without permission from Pearson Education, Inc.

CHINESE SIMPLIFIED language edition published by HUA XIA PUBLISHING HOUSE CO., LTD Copyright © 2022.

©华夏出版社有限公司　未经许可，不得以任何方式使用本书全部及任何部分内容，违者必究。

本书封面贴有 Pearson Education（培生教育出版集团）激光防伪标签，无标签者不得销售。

北京市版权局著作权合同登记号：图字 01-2013-1548 号

教育研究中的单一被试设计

作　　者	[美]克雷格·H. 肯尼迪
译　　者	韦小满　等
策划编辑	刘　娲
责任编辑	贾晨娜
责任印制	顾瑞清
出版发行	华夏出版社有限公司
经　　销	新华书店
印　　装	三河市少明印务有限公司
版　　次	2022 年 1 月北京第 1 版　2022 年 1 月北京第 1 次印刷
开　　本	787×1092　1/16 开
印　　张	17.75
字　　数	307 千字
定　　价	88.00 元

华夏出版社有限公司　地址：北京市东直门外香河园北里 4 号　邮编：100028
网址：www.hxph.com.cn　电话：(010) 64663331（转）

若发现本版图书有印装质量问题，请与我社营销中心联系调换。